KB169957

인권의학 강의

의료 현장에서 꼭 알아야 할 인권 쟁점

의료인과
예비 의료인을 위한
인권교육 교재

의료 현장에서 꼭 알아야 할
인권 쟁점

인권
의학

강의

인권의학연구소 엮음

이화영 이인재 이주영 장형윤 장창현 최재필 박진노
백재중 추혜인 공유정옥 정형준 최규진 백종우 신좌섭 지음

"여러분의 참여로 이 책이 태어납니다.
씨앗과 햇살이 되어주신 분들, 참 고맙습니다."

강민구 강정혜 고경심 곽현주 김기태 김나연 김동은 김봉구 김소형 김유라 김은영 김지현 김태현 박경덕 박기수 박병은 박봉희 박왕용 반은기 박유경 박혜경 백수홍 백재중송현석 신동호 신현정 안지현 양영모 오현정(뜻밖의상담소) 이광호 이보라 이석호 이종국 이주영 이해령 이화영 임성미 임신화 전진용 전진한 정근와 정세연 조규석 조원경 채윤태 채진병 채찬영 최재필 홍상의 홍승권 펭귄의 날갯짓 법무법인 우성 (사)인권의학연구소

1장.   의료와 인권

2장.   의료 현장에서 만나는
환자 인권 쟁점

3장.   의사가 알아야 할 우리 사회 건강권 쟁점

4장.   의료인의 인권

환자 인권과 결합하는
의료인문학 환영

안덕선 _ 한국의학평가원 원장

　의료와 의료인이 추구해야 할 핵심 가치는 원론적으로는 질병에서의 탈피와 이를 통한 건강 증진에 있음은 자명합니다. 다만 이를 추구하는 과정에서 중점을 두는 영역은 계속해서 변화하여 왔습니다. 해방 후 우리의 임상 진료 수준이 열악한 상황에서는 사회 전체의 보건 향상과 임상 술기 향상에 관심이 주어졌다면, 경제 발전에 따라 사회 전체적인 수준의 향상이 이루어진 시점에선 의료를 단순한 술기의 관점이 아니라 인문학적 관점에서 접근하게 되었습니다. 즉 질병의 과학적 해결이란 관점에 더해 환자 개개인의 상황에 관심을 좀 더 집중하는 쪽으로의 교육, 즉 의료인문학 교육이 의료인 양성과정에서 중요한 위치를 차지하게 되었습니다.

　그런데 기존의 의료인문학 교육에선 주로 의료윤리나 우리 사회의 보건의료 체계 등에 대한 내용이 주로 교육되면서 환자 개개인의 인권 문제를 의료와 연관지어 교육하는 부분에 대해선 상대적으로 미흡하였던 것이 현실입니다. 인권교육이 제대로 이루어지지 못하였던 것에는 여러 가지 원인이 있겠지만 교육 현장에서 사용할 수 있는 제대로 된 교재의 미흡 또한 원인 중의 하나라고 생각합니다. 이런 점에서 인권의학을 본격적으로 다룬 『인권의학 강의』가 출판되게 된 것을 환영하는 바이며, 이를 통해 의료인문학 교육과정에 인권의학 교육이 순조롭게 도입되기를 희망합니다. 요즘 들어 의료가 담당해야 할 사회적 책무에 대해 사회뿐 아니라 의료계 내에서도 여러 논의가 활발하게 진행되는 상황에서 이번에 출간되는 『인권의학 강의』가 좋은 안내서가 되기를 희망합니다.

인권을 다시,
제대로 생각하며 품기

손창호 _ 정신건강의학과 의사

의사는 질병을 치료하여 사람을 건강하게 살리는 일을 하는 사람입니다. 사람을 살리는 것만큼 인권을 지키는 것은 없다고 생각하였습니다. 의사가 되기 위해 공부하고 수련을 받는 것은 그래서 바로 인권을 지키는 방법을 배우는 과정이라 여겼습니다. 의사가 되고 나서는 의술뿐 아니라 인권에 대해서도 전문가가 되었다고 자부하였습니다. 고통을 겪는 환자들 역시 자신을 도와주는 의사들은 당연히 인권 의식이 투철하다고 생각을 합니다. 정신건강의학과 전문의로서 접하게 되는 국가인권위원회는 사실 의사로서의 전문성과 진료 현실을 무시한 채 규제와 간섭만 하는 성가신 존재라고 느끼기도 하였습니다. 하지만 "어떻게 의사 선생님이 이러실 수 있나요?"라는 인권침해 피해자들이 저와 제 동료들에게 하는 질문을 받으면서 문득 의사가 인권 전문가가 아니라는 것을 자각하였습니다.

돌이켜 생각하면 의과대학이나 수련 과정 어디에서도 인권에 대해 수업을 들은 적도 토론을 한번 해 본 적도 없었습니다. 인권에 대해 모르면서 안다고 큰 착각을 해 온 것입니다. 모른다는 사실조차 모르다 보니 인권에 대해 공부해 보려는 시도도 해 본 적이 없었습니다. 몰랐을 때는 쉬워 보였던 인권이란 명제는 허투루 볼 것이 아니었습니다. 피해자의 인권과 가해자의 인권이 대립하고, 인권 보호란 명분 아래 이루어지는 반인권적 행태도 적지 않습니다. 다른 세상사처럼 인권의 문제도 악마는 디테일에 있을 때가 많습니다. 사실 의사는 인권 전문가가 아니라 가장 첨예한 인권침해 현장의 참여자 중 하나일 뿐입니다. 의사는 인권을 지키는 존재가 될 수 있는 만큼 인권을 해칠 수도 있습니다.

『인권의학 강의』는 이러한 무지(無知)에서 벗어나고자 하는 의사들의 시도입니다. 책은 인권과 의학에 대한 일반론에서 출발하여 의료 현장에서 벌어지는 인권 문제, 사회 건강권 그리고 의료인 자신의 인권침해 위험에 대해서까지 폭넓고 다양한 문제를 다루고 있습니다. 의사로서 가져야 할 인권에 대한 원론적 고민뿐 아니라 진료 현장에서 대처할 때 실질적 도움이 됩니다. 무엇보다 참여 저자들이 자신의 영역에서 오랜 기간 경험하고 숙고한 결과물들이라 각 장의 논의의 정도가 깊으면서도 잘 정리가 되어 있습니다.

추천사란 원래 그 분야의 대가이거나 사회적 원로가 쓰는 것입니다. 저는 인권과 의학 모두에서 그렇지 않습니다. 하지만 인권에 대한 자신의 무지를 깨달은 한 명의 의사로서 이 책이 주는 울림과 도움이 많이 크기에 감히 선·후배와 동료들에게 이 책을 읽어 볼 것을 추천합니다.

　이 책은 의료 관련 인권 쟁점을 추려 분석하여 의사와 예비 의사들이 의료 현장에서 인권 감수성을 높이고 인권 문제에 관한 태도를 변화시키는 데 도움을 주고자 기획되었습니다. 다양한 의료 현장에서 만나는 환자 또는 취약 계층이 경험해 왔던 차별이나 인권침해를 예방하고, 인권에 기초한 의료 서비스가 제공되게 하며, 인권 의식에 기초해 우리나라 보건의료 정책이 수립 실행되도록 돕고자 합니다.

　이 책의 주 독자는 의사와 예비의사인 의과대학생과 의학전문대학원생으로 기대합니다. 또한 인문의학, 사회의학, 의료윤리, 의학교육을 담당하는 의과대학 교수나 지도 강사, 현재 의료 현장에서 활동하고 있는 의사들입니다. 원고 집필 시 주 독자가 될 분들을 가장 염두에 두고, 그들이 이해하기 쉽고 흥미로워하면서 인식과 태도 변화를 유발하는 집필이 되도록 노력했습니다.

　그러나 의사와 예비의사를 구체적 독자로 삼으면서도 의사와 환자를 포함해 모든 이들이 질병 중심의 건강 모델을 탈피하여 가난, 폭력, 차별과 같은 사회적 고통에 관심을 갖도록 돕는 의료인문학 교재가 되길 바랍니다. 의료인문학에서 윤리와 보건의료 행정을 다룬 책들은 많으나, 인권 중심 관점으로 접근하는 교재는 쉽게 찾아볼 수 없습니다.

현재 우리 사회에서 환자들은 환자의 인권과 당사자 권리 운동을 활발히 벌이고 있으나, 의사와 예비의사를 대상으로 한 의료 관련 인권교육은 거의 없는 실정입니다. 따라서 이 책은 의사와 예비의사의 인권 감수성 증진을 위해 의료 현장에서 발생할 수 있는 인권이라는 주제를 사례와 함께 다룬 시도라고 할 수 있습니다.

책의 형식은 공동 집필이나, 필자들이 각자 다양한 현장에서 오랜 기간 활동해 온 의사로서 실천과 교육 경험, 현장에서의 인권 증진과 보호라는 고민을 토대로 하였습니다. 집필진의 인권 감수성과 현장 경험을 의사 또는 예비의사들과 공유함으로써 의료기관을 비롯한 여러 현장에서 취약 계층의 권리가 더욱 향상하고 인권 피해자들의 이차 피해 예방과 적절한 의료 서비스를 가능케 하는 실천 지침서라는 특징을 떱니다. 따라서 독자들의 자기 학습을 위한 교재 또는 의료 관련 대학 인문학 교재로 사용할 수 있도록 주제별로 학습 개요와 학습 목표 및 참고문헌을 소개했습니다. 또한, 각 의료 현장 또는 쟁점 별로 '의사가 해야 할 일(DOs)'과 '하지 말아야 할 일(DON'Ts)'과 같은 구체 행동 지침을 제시하여 다양한 현장에서 인권에 기초한 의료가 실천될 수 있도록 하였습니다.

　이 책에서 만나는 의료 인권 쟁점을 통해 자신을 존중함은 물론 환자를 존중하는 의사 또는 예비의사가 되시기를 간절히 희망합니다.

2023년 11월
저자를 대표하여 이화영

1장

의료와

인권

의료와
인권

_이화영

◆ 주요 내용

- 의료 현장에서 인권의 중요함을 인식하고 의료와 인권이 어떻게 연결되는지 알아본다.
- 개인과 공동체의 건강 보호와 증진에 책임이 있는 전문가로서 의사가 인권 감수성이 높아야 할 이유를 확인한다.
- 의료 현장에서 환자와 의사의 인권 보호를 위한 실천 지침을 확인한다.

◆ 목표

1. 의료 현장에서 인권의 중요함을 설명할 수 있다.
2. 인권과 건강은 상호의존 관계임을 설명할 수 있다.
3. 전문가로서 의사의 인권 감수성이 개인과 공동체 건강에 미치는 영향을 설명할 수 있다.
4. 의료 현장에서 환자와 의사의 인권 보호를 위한 실천 지침으로 의사가 해야 할 것과 하지 말아야 할 것을 설명할 수 있다.

◆ 글쓴이

이화영 내과 전문의. 미국 연수 중 9.11 사건 이후 인권 문제를 전쟁 정당화 수단으로 활용하는 부시 정권 목격을 계기로 대학원에서 국제분쟁학을 공부하였다. 귀국 후 의료인의 인권 감수성 증진을 위해 의과대학에서 '인권의학' 교육을 시작한다. 2009년 '인권의학연구소' 설립, 취약 계층의 건강권 실태조사와 인권 피해자 치유 지원 활동을 펼치면서, 2013년 김근태기념치유센터 '숨'을 설립하여 국가 폭력 피해자의 삶 회복을 위해 의료적 법적 지원을 추진한다. 2017년 인권교육서 『의료, 인권을 만나다』를 기획 발간하였다.
email: icarpeace@naver.com

오늘날 우리 사회에서 인권이 고려되지 않는 분야는 드물다. 생명권 존중을 비롯해 안전하고 건강한 삶에 바탕을 둔 행복추구권 보장과 같은 인권 개념이 보편화하고 있기 때문이다. 최근에는 동물권 입법과 생태계 보호를 위해 자연의 권리 보전 운동에 대한 논의까지 전개되는 양상이다.

그러나 의료 분야는 인권을 중심으로 하는 의제가 정신장애인 입원 시설 등 몇몇 특수한 분야를 제외하고는 아직 폭넓게 논의되지 않았다. 의료의 성격과 행위를 고려하면 이는 다소 이례적이다. 의료 문제야말로 인권과 가장 밀접한 분야임에도 말이다. 의료는 외래 진료, 입원, 수술, 응급환자 조치, 장례 절차 등에서 보듯이 행위 하나하나가 건강, 질병, 생명에 직접 관계한다. 따라서, 개개인의 존엄을 지키고자 하는 인권적 관점을 고려하지 않고서는 구체적인 의료 행위에 대해 그것이 과연 올바르게 이루어지는 것인지 판단할 수 없는 경우가 많다.

다음 사례에서처럼 의료시설을 이용하는 것이 일상화된 현실에서 환자나 가족은 정도의 차이가 있을 뿐 의료와 관련된 인권 문제에 직간접적으로 관여하기 마련이다. 2021년 초 언론에 제기된 노인 환자

인권 관련 기사를 살펴보자.

사례 1

> 한 대형병원 응급실에서 간호사가 배뇨 장애로 응급처치가 필요한 80대 여성 환자의 아들에게 노모의 하의를 벗기도록 하였다. 명료한 의식 상태인 노모는 수치심에 저항했으나 간호사는 '이러시면 처치할 수 없다' 하였고, 결국 환자는 아들의 도움을 받았다. 아들은 현장에서 간호사에게 바로 문제로 삼지 못한 것과 어머니에게 상처를 준 것을 후회하며 이후 언론에 제보했다.[1]

이 사례는 병원 응급실에서 발생한 것이나, 응급실의 상황이 환자 권리를 제한할 수 있는 정도는 아니었다. 이 사례에서 환자는 '사생활을 보호받을 권리'와 '존엄하게 대우받을 권리'가 모두 명백히 침해되었다. 이 경우 성별의 같고 다름을 떠나 의료진이 의료 처치 전 환자와 보호자에게 설명하고 반드시 동의를 구해야 한다. 만약 환자가 수치심이 들어 동의하지 않으면 간호사는 처치를 위해 다른 의료진에게 도움을 청해야만 한다.

다음 사례는 2020년 노인 환자 인권 관련하여 유족이 국가인권위원회에 진정한 건에 대한 국가인권위원회의 결정이다.

---

1. 「아들에게 노모 바지 벗기라 한 병원」, 『경남도민일보』, 2021.3.10

사례 2

국가인권위원회는 2020년 12월, 의사의 진단명 미고지로 인한 노인 환자 인권침해에 대한 결정문[2]을 공개하였다. 2020년 4월 A대학교 B병원에서 위출혈로 사망한 노인 환자가 사망 6개월 전에 초기 위암 진단을 받았다. 그러나, 주치의는 환자에게 위암 사실을 미고지하여 수술과 같은 완치의 기회를 놓쳐 결국 사망하였다. 이에 국가인권위원회는 환자의 자기 결정권을 주치의가 침해한 것으로 판단하여 피진정인(주치의)에게 인권교육을 시행하도록 하였다. 국가인권위원회의 결정문을 보면 "수술을 진행하지 않기로 한 (의사의) 결정이 의학적으로 유일한 선택이 아니라면 환자에게 그 사실을 알리고 환자가 판단할 수 있도록 기회를 제공했어야 마땅하며, 이는 환자가 주체성을 갖고 인간다운 삶을 영위하는 데 핵심적으로 필요한 과정이었다"라고 하면서 "A대학교 B병원장에게 피진정인(의사)에 대하여 인권교육을 시행할 것"을 권고하였다.

이 사례를 자세히 들여다보면 피진정인(의사)은 해당 병원의 전직 병원장이었다. 국가인권위원회 결정문에 따르자면 현 병원장이 전 병원장에게 인권교육을 시행해야 하는 상황이 되었는데, 어떤 내용으로 어떻게 인권교육을 시행하였는지 지금까지 알 수가 없다. 다만 이 시점에서 확실한 것은 입원 시설이 있는 정신보건 시설 종사자를 제외하고는

2. 2020년 12월 23일, 국가인권위원회 침해 구제 제2위원회는 2020년 4월 A대학교 B병원에서 위출혈로 사망한 노인 환자가 6개월 전에 초기 위암 진단을 받았으나, 환자에게 위암 사실을 알리지 않아 수술과 같은 완치의 기회를 놓친 것은 환자의 자기 결정권을 주치의가 침해한 것으로 판단하고, 피진정인(주치의)에게 인권교육을 시행하도록 권고하였다. (20 진정 0400700)

의료 분야에서 의사를 대상으로 한 인권교육의 경험이 거의 없다는 사실이다.

두 사례를 통해 의료 현장에서의 환자 권리의 침해 문제가 발생한 경우, 환자 가족들은 언론에 알리거나 국가인권위원회와 같은 국가기관에 진정함으로써 그 해결책을 찾고자 했음을 알 수 있다. 이는 환자 권리 침해를 인지한 환자나 가족이 문제를 쟁점화하고 해결을 위해 적극적으로 노력했음을 뜻한다. 이렇듯 의료 현장에서의 인권에 대해 환자의 인권 감수성은 높고, 문제 해결을 위해 적극적으로 행동하고 있으나, 의료기관이나 의사 단체 그리고 의과대학 당국은 환자 인권 쟁점에 관한 관심이나 자정적 노력을 크게 기울이지 않는다. 의료기관에서의 환자 권리 침해에 대해 국가인권위원회에 진정하는 사례가 이어지고, 최근 들어 의사에 대한 불신으로 수술실 CCTV 설치와 같은 법안[3]이 국회 본회의에서 통과되는 것을 보면, 의료 현장에서의 인권 문제는 여전히 갈 길이 멀다.

인권침해 문제 해결에서 가장 중요한 단계는 그것을 '문제점'으로 인식하는 것이다. 그러나 의료기관이나 의사 단체 그리고 의과대학 당국의 의사와 예비 의사의 인권 감수성 증진을 위한 관심과 교육은 거의 없다고 해도 지나치지 않다. 한 예로 우리나라 의과대학 평가인증 기준에 의해 의학교육에 도입한 '의료인문학'에서 문학, 예술, 윤리, 정책 등을 가르치나, 인권적 접근을 다루고 있지는 않다. 또한, 뿌리가 깊

---

3. 2021년 8월 31일 국회는 본회의에서 수술실 내부에 CCTV를 설치하도록 하는 '수술실 CCTV 설치법'을 의료법 일부 개정안으로 통과시켰다. 이에 따라 2023년 8월 30일 법 시행 이후 환자나 환자 보호자가 요청할 경우 의료기관은 수술 장면을 의무적으로 촬영해야 한다.

은 의료계의 권위적인 문화는 관행, 전통이란 이름으로 학생들과 전공의들의 인권을 광범위하고 빈번하게 침해하는 것으로 우리 사회에 알려졌으나,[4] 의료기관 평가인증 기준에 구체적인 부당한 대우와 차별에 대한 기준은 여전히 미흡하다. 미국 의과대학협회(AAMC)는 의과대학 졸업생에게 의과대학 교육과정에서 경험한 '부당한 대우'에 대한 설문조사를 매년 시행하여 실태를 파악하고 예방책 마련에 노력하고 있으나, 국내 의과대학협회에서는 이런 노력이 보이지 않는 것도 이를 뒷받침하는 예다. 의료기관에서는 환자의 권리 헌장을 병원 로비와 병실마다 걸어는 두고 있으나, 환자 권리증진에 대한 구체적 노력과 침해 방지를 위한 의료인 대상 인권교육 및 교재가 없는 현실이다.

의료인을 대상으로 인권을 교육하는 일은 그동안 의사의 전문가 영역 또는 의료계 관행으로 여겨진 의료기관에서의 인권침해 문제를 인식하게 하는 중요한 전환점이다. 이 교재가 의사의 인권교육을 위해 의료 현장에서 발생하는 사례 중심의 인권 교안으로 활용되어 의료계 인권교육의 접근성을 높이는 계기가 된다면, 향후 의료기관은 환자와 의사의 인권이 더 보호되고 안전한 곳이 될 것이다.

1. 의사의 인권 의식과 환자의 건강

대부분 의사는 의과대학 교육이나 전공의 수련 과정에서 인권을 주제로 한 교육을 받은 적이 없다. 봉직의가 된 이후에 의사 단체가 시행

---

4. 국가인권위원회, 『의과대학 학생들의 인권 상황 실태조사』, 인권의학연구소, 2018

하는 보수교육에서도 마찬가지다. 따라서 "환자의 질병을 치료하는 의사가 왜 인권에까지 관심을 가져야 하나?", "의사의 인권 의식이 환자의 건강을 지킬 수 있다는 건가?"라는 질문을 던질 수 있다. 그러나 개인과 공동체의 건강을 지키고 책임지는 전문가가 의사고 인권과 건강이 서로 어떤 식으로든 영향을 미친다면, 이제는 의사가 인권에 대해 인식하고 의료 현장에서 이를 실천해야 할 책임이 생긴다. 그렇다면 건강과 인권이 어떻게 연결되어 있는지 확인해 보자.

세계보건기구는 오래전부터 건강(H, Health)과 인권(HR, Human Rights)의 관계를 두고 한마디로 "건강은 곧 인권이다"라고 선언한다.

[그림 1] 건강은 인권이라고 정의하는 세계보건기구(WHO)

또한 건강과 인권의 관계를 다음과 같은 그림을 통해 설명한다.[5]

5. 세계보건기구, 『건강과 인권에 관한 25가지 질문과 답변』, 건강과 인권 출판 시리즈 제1호, 2002

[그림 2] 건강과 인권 관계를 설명하는 세계보건기구 자료

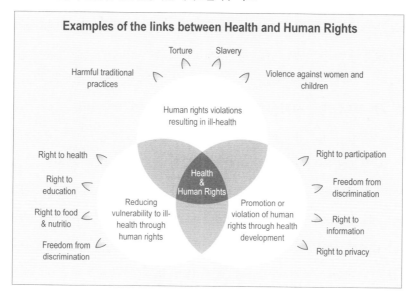

1) 인권침해는 건강에 부정적 영향을 미친다(H←HR)

개인이 어떠한 인권침해를 경험하면 신체적·정신적 건강에도 직접 부정적 영향을 미친다. 예를 들어 가정에서 여성과 어린이에 대한 학대로 나타나는 가정 폭력은 어느 사회에서나 대표적인 인권침해로 알려져 있다. 또한, 정치적으로 억압적인 국가에서 국민을 대상으로 한 도청, 미행, 불법 구속, 고문, 사법 살인과 같은 국가 폭력도 인권침해의 심각한 예다.[6]

우리나라도 예외가 아니어서 폭력으로 인한 인권침해의 대표적 예가 가정 폭력, 학교 폭력, 국가 폭력, 성폭력이라 할 수 있다. 이와 같은

---

6. 국가인권위원회, 『고문 피해자 인권 상황 실태조사』, 인권의학연구소, 2011

폭력으로 인한 인권침해 경험은 피해자 개인에게는 삶을 위협하는 심각한 트라우마 사건으로, 일생 신체적·정신적으로 깊은 상처를 남겨서 건강에 매우 해로운 결과를 가져온다.[7]

2) 의료 정책과 서비스는 환자 인권에 영향을 준다(H→HR)

보건의료 정책이나 의료 서비스가 인권에 기초하지 않을 경우, 개인 특히 환자에게 막대한 인권침해를 초래하는 것으로 알려져 있다. 의료 현장에서 그 예를 쉽게 찾을 수 있다.

정신과 폐쇄 병동에서 빈번하게 발생하는 것으로 알려진 정신장애인들에 대한 지나친 격리나 신체적 강박, 비자의 입원들이 그것이다.[8] 그 의료 현장에서 환자는 자기 결정권, 존엄하고 동등하게 대우받을 권리, 신체적 자유를 억압받지 않을 권리를 침해당한 것이다. 의료기관에서 환자가 경험한 인권침해는 환자의 건강에 심각한 영향을 미친다. 정신과 병동에서 인권침해를 경험한 환자는 의사와 의료기관에 대한 불신으로 자신에게 필요한 치료를 중지하고, 그 결과 환자 개인과 환자가 속한 공동체의 건강과 안전에 부정적 결과를 가져온다.

HIV/AIDS 감염인은 그들의 삶에 마지막 보루라고 할 수 있는 의료기관에서 모순적으로 차별과 인권침해를 경험해왔다. 실태조사 결과를 보면 우리나라 HIV 감염인들이 의료기관이나 의료인의 편견으로 인해 치과 진료나 수술을 거부당하는 경우가 빈번한 것으로 나타났다.[9]

7. Mann, JM, Gruskin S, Grodin MA, Annas GJ., *Health and Human Rights.* Routledge, 1999
8. 국가인권위원회, 『정신질환자의 격리·강박에 대한 실태조사』, 인권의학연구소, 2015
9. 국가인권위원회, 『HIV 감염인에 대한 인권 상황 실태조사』, 2005

그 결과 감염인들은 발치와 같은 치과 시술이나 비교적 간단한 외과적 치료를 위해 내원하면서 자신들의 감염 사실을 숨겼다. 심지어, 의사에 대한 실망과 불신으로 HIV/AIDS 치료제 복용을 포기하기도 했다.[10] 의료 현장에서 감염인들이 경험한 차별적 대우는 제때 적절한 의료 서비스를 받을 그들의 권리를 침해하고, 때로 치료를 포기하게 만드는 대표적 사례다.

3) 환자 인권을 보호하면 질병 발생과 건강을 호전시킨다

HIV/AIDS 감염인이나 정신장애인이 당사자로서 목소리를 내어 관련 보건의료 정책 결정에 참여한다면 그 결과는 어떻게 나타날까? 당사자가 도저히 받아들이지 못하는 비자의(강제) 입원이 줄어들 것이다. 또한, 개인의 사생활이 보호되고 질병이나 장애로 인해 차별받지 않으니 이들이 의료기관 진료를 피하거나 치료제를 포기하지 않을 것이다. 그 결과, 환자의 치료 순응도와 재활도가 높아질 것으로 예상한다. 이는 환자 개인의 건강은 물론이거니와 전체 공동체의 건강이 함께 호전한다. 이처럼 인권과 건강은 서로 직접적 영향을 미치고 있어서 따로 떼어서 생각할 수 없다. 인권과 건강은 상호연계적이며 상호의존적 관계에 있다. (H↔HR)

의사가 환자의 건강을 효과적으로 지켜내기 위해서도 환자의 인권 또한 보호하고 증진해야 할 이유가 분명하다. 이는 의사들이 환자의 질병 치료를 위해 노력하는 것만이 아니라 건강에 필수적인 환경, 교육, 음식,

---

10. 질병관리본부, 『의료인과 예비의료인 대상 에이즈 관련 교육사업 개발 및 운영 사업』, 인권의학연구소, 2010

차별 금지 등이 잘 실행되는지 감시하고 행동해야 함을 의미한다. 의사는 환자의 질병만을 보는 것이 아니라 인권을 통해 총체적으로 보아야 한다. 이러한 의사들의 노력은 의료 서비스 제공 못지않게 개인과 공동체의 질병 발생을 감소시키고 건강 상태를 증진할 것이다. 이제 개인과 공동체의 건강을 돌보는 전문가인 의사에게 환자 건강을 확보하기 위해 환자의 인권을 보호하고 증진해야 하는 새로운 책임이 생긴 것이다.

1978년 이후 세계보건기구는 "건강이란 단순히 질병이 없는 상태가 아니라 완전한 신체적, 정신적, 사회적 안녕(well-being)"이라고 정의하였다. 또한 2000년 유엔사회권위원회는 "건강권(Rights to Health)이란 아플 때 적절한 의료 서비스를 받을 권리뿐 아니라, 건강할 수 있는 조건까지 포함하는 포괄적 권리"라고 규정하였다. 즉 보건의료 정책이나 의료 서비스는 인권에 기초한 접근이어야 한다는 말이다. 이를 위해 의료기관에서는 환자의 차별 금지, 자기 결정권, 정보 접근권, 사생활권들이 보장되어야 하며, 의사에게 환자의 건강을 위해 이러한 권리를 보호하고 증진해야 할 책임이 있음을 명시하고 있다.[11]

그러나 20세기의 의료계와 의학교육은 인간 고통의 원인을 질병에만 국한하고 건강과 인권의 관계를 제대로 인식하지 못했다. 그 결과 인간 고통의 사회적 측면을 놓치고, 개인과 공동체 건강에 책임이 있는 전문가로서 의사는 제 역할을 다하지 못하였다. 원하거나 의도하지 않았지만 때로 인권침해의 주체가 되기도 했다.

11. 세계보건기구, 『건강과 인권에 관한 25가지 질문과 답변』, 건강과 인권 출판 시리즈 제1호, 2002

2. 의사가 인권에 관심을 두지 않았을 때 발생한 결과

1) 의사에 의한 인권침해 사례들

인간의 건강과 고통 문제에 접근할 때 의사들이 인권에 관심을 두지 않는다면 자의 또는 타의로 인권침해의 주체가 될 수 있음을 우리는 역사에서 확인할 수 있다. 대표적 예가 제2차 세계대전 중 나치 정권의 의사들이다. 제2차 세계대전이 끝나고 나치 전범 재판에서 나치 정권의 의사들이 전쟁 범죄와 반인도적 범죄에 연루되었음이 밝혀졌으며 7명의 의사가 사형에 처한다. 나치 정권의 의사들은 대량 학살과 생체실험과 같은 잔혹한 범죄에 자발적으로 적극적으로 가담했다. 과학적으로 우수한 교육을 받았던 나치 의사들은 그들이 초래한 사람들의 고통을 왜 제대로 보지 못했을까? 나치 의사들은 의료적 연구와 실천을 통해 '모든 사람'을 구하려 했다고 말한다. 단지 우생학적 관점에서 자신들의 국가 조직에 적대적 요소가 무엇인지를 구별하고 그 불완전함을 제거하여 희생시켰다는 것이다. 나치 의사들의 이러한 행동은 편의주의와 과학적 효율성에서 비롯되었고, 국가 조직에 대한 왜곡된 충성심이 그 바탕을 이룬다. 인간의 가장 빛나는 성과라고 할 수 있는 도덕적 성찰과 사유를 하지 않은 '악의 평범성'[12] 그 자체였다.

그러나 오늘날에도 현대판 인권침해 사례에 의사들이 지속해서 가담

---

12. '악의 평범성(Banality of Evil)'은 독일계 미국인 정치철학자 한나 아렌트가 1963년 저작 『예루살렘의 아이히만』에서 제시한 개념이다. '악의 평범성'이란 모든 사람이 당연하게 여기고 평범하게 행하는 일이 악이 될 수 있다는 개념으로, 자기 행동의 의미를 생각하지 않고 기계적으로 명령에 순종하는 경우에 적용된다.

하고 있다는 많은 증거가 있다. 전 세계에 걸쳐 고문이 자행되는 곳에서 의사들이 정부 당국을 도와 고문 피해자가 고문 중 사망하지 않도록 감독하였다 한다. 또한 고문 피해자의 의무 기록을 조작하고, 사망 진단서를 허위로 작성하여 고문 사실을 은폐까지 했음이 드러났다.[13]

우리나라도 예외는 아니었다. 2011년 인권의학연구소가 시행한『고문 피해자 인권 상황 실태조사』에서 과거 우리나라 정보기관 수사 과정에서 고문을 당한 피해자 중 약 25%가 고문 중에 의사를 목격한 것으로 나타났다.[14] 대표적 수사 기관이 국가정보원(구 중앙정보부, 구 안전기획부)으로 수사 기관 안에 의사를 직접 고용하였다. 그 내용을 보면 과거 중앙정보부(중정)나 안전기획부(안기부)에서 감금되어 피해자가 고문을 받고 혈압이 높아지면, 수사 기관이 고용한 의사가 혈압을 측정하고 투약을 지시하였고, 혈압이 안정되면 피해자는 다시 고문을 당하였다 증언한다. 이는 엘살바도르에서 의사들이 와서 진찰하고 검사한 후 나가면 전기고문이 시작되었다는 피해자 증언과 일치한다.[15] 또한 칠레에서 고문 중 혈압이 높게 오를 때마다 의사가 약을 투여하거나 고문을 멈추도록 지시한 것에 대한 증언과도 같은 내용이다. 즉 국가를 막론하고 고문 현장에서 의사들은 고문 전에 피해자들이 고문을 견딜 수 있는지를 확인했고, 고문 과정에서 피해자를 관찰하면서 고문에 협조한 것으로 드러났다.

2016년 광화문 시위 중 경찰의 무차별 살포한 물대포에 맞아 뇌출

13. 스티븐 H. 마일스, 『배반당한 히포크라테스-고문에 가담한 의료인들』, 이화영 옮김, 백산서당, 2008
14. 국가인권위원회, 『고문 피해자 인권 상황 실태조사』, 인권의학연구소, 2011
15. Amnesty International, "El Salvadore: Killings Torture and Disappearance", *AMR 2/92*, July 1990

혈로 입원한 백남기 농민이 결국 사망하였다. 백남기 농민이 입원했던 서울대학병원의 신경외과 과장은 사망 진단서의 사인을 외인사가 아닌 질병사로 기입하여 경찰의 공권력 남용 사실을 적극적으로 희석하려 하였음이 밝혀진다. 이에 2019년 법원은 유족에게 위자료를 지급하라는 판결을 내렸고[16] 서울대학병원 병원장은 직권으로 그 교수의 신경외과 과장 보직을 해임했다.[17]

과거 권위주의 독재 정권에 저항하다가 교도소에 갇힌 수용자가 교도관의 가혹 행위 중단과 교도소 수용 환경 개선을 주장하며 단식 투쟁을 하는 일이 비일비재하였다. 이때 교도소 내 대부분 의사는 교도소장의 명령으로 단식 투쟁 중인 수용자에게 위 튜브를 삽입하여 음식을 강제 투여하였다. 그 후 교도소 내 교도관의 가혹 행위가 시정되지 않았다면 이 의사의 강제 행위를 어떻게 판단해야 할까?

1991년에 열린 세계의사회 제43차 총회에서 참석자들은 '단식 투쟁자에 대한 말타 선언'을 채택하여 단식자를 진료하는 의사가 직면한 인권 문제에 대해 지침을 발표하였다.

말타 선언에 따르면 의사는 단식자의 진료 기록을 자세히 확인하고, 단식 투쟁이 시작됐을 때 철저한 검진을 수행해야 한다. 단식자에게 단식을 지속할 것인지를 매일 확인하여 이를 진료 기록으로 남겨두되, 비밀 엄수의 의무를 지켜야 한다. 무엇보다 이 선언에서 가장 강조한 것은 바로 '단식자의 자율성 존중'이다. 의사는 단식 투쟁을 중지시키기

16. 고한솔, 「법원 "백선하 교수, 외인사→병사로 잘못 기재… 백남기 농민 유족에 위자료 줘야"」, 『한겨레』, 2019.11.26

17. 신성식, 「서울대병원, "명예실추" 백선하 교수 보직 박탈」, 『중앙일보』, 2016.11.17

위해 단식자의 의사에 반하는 어떤 종류의 부당한 압력도 행사해서는 안 되며, 단식 투쟁을 중지시키는 조건으로 진료해서도 안 된다는 것이다. 특히 2006년 세계의사회 총회에서 개정된 말타 선언은 단식 투쟁자에 대한 '강제 급식'을 비인간적이고 굴욕적인 처우라고 규정하면서 의사는 이런 행위에 결코 동참하면 안 된다고 명시했다.

2) 위험에 처한 의사와 의료윤리

인권을 위한 의사회[18]는 조직의 명령과 환자의 이익 사이에 갈등하는 상황에 놓인 의사들을 '위험에 처한 의사들(Doctors at Risk)'이라 하였다. 그러나 군사 독재 정권과 같은 억압적 사회나 테러와의 전쟁과 같은 특수한 상황에 놓인 의사들만 위험에 처했을까? 교도소와 같은 구금시설의 의사들, 군대에 소속된 군 의무관들, 폐쇄 병동에서 일하는 정신과 의사들 역시 환자의 건강과 조직의 요구 사이에서 갈등하는 위험에 처한 의사들이다. 또한, 권위적인 의사-환자의 관계, 과다한 처방, 검사에 지나치게 의존하는 기계화된 진료, 이윤 추구가 목표가 된 상업화된 의료, 제약 회사 리베이트 등 이 모든 것들이 의료 현장에서 의사들을 매일 위험에 빠뜨리고 있다.

우리나라는 사형 제도 폐지국이 아니다. 다만 오랫동안 사형 집행을 하지 않고 있을 뿐이다. 그러나 지금 이 순간에도 사형 집행 국가의 의사들은 사형 집행을 감독하고 있다. 미국 정신과 의사들과 심리학자들

---

18. 인권을 위한 의사회(Physicians for Human Rights)는 1986년 설립한 미국 보스턴, 뉴욕, 워싱턴DC에 사무실을 두고 있는 비영리 의사 전문가 단체로 전 세계 인권침해를 기록하고 인권을 옹호하는 활동을 하며 1997년 노벨평화상을 받았다.

이 정부에 협조하여 새로운 심문 기술들을 개발하고 조언하고 있음이 알려졌다. 구금시설에서 일하는 의사들은 수용자나 포로들의 의료 서비스나 생존에 필요한 요구를 방치하였고, 인권침해 현장을 목격했지만 침묵했다고 한다. 아부 그라이브와 아프가니스탄, 관타나모에서 미군 의사들이 이와 비슷하게 포로 학대에 가담하고 있음이 밝혀졌다.[19]

의사들이 이처럼 인권에 관심을 두지 않으면 환자의 건강권과 인권을 침해함은 물론 자신의 인권까지도 스스로 침해하는 결과를 초래한다. 특히 수사 기관이나 구금시설에서 일하는 의사들, 군대에 소속된 군 의무관들, 폐쇄 병동에서 일하는 의사들은 환자의 건강 이익과 조직의 명령이나 요구 사이에서 갈등하는 상황에 쉽게 처한다. 이곳에서 일하는 의사는 의료윤리상 환자의 이익을 위해 최선을 다해야 할 의무가 있으나, 한편 의사가 속한 조직의 명령에 따라 일할 의무가 있다는 점에서 '이중 의무'[20]를 갖고 있다. 이러한 '이중 의무'에서 발생하는 딜레마는 경찰서, 군대 또는 그 밖의 국가 안보 기관이나 구금시설에서 일하는 의사에게 특히 심각하다. 권력자나 직장 상사의 이익이 환자들의 이익과 상충할 수 있기 때문이다.

그러나 어떠한 갈등 상황에서도 의사는 진료를 요청해온 사람들을 진료해야 할 의무가 있고, 전문가 독립성을 침해받을 수 없으며, 환자들의 건강을 편견 없이 평가하고 행동해야 한다. 이를 위해 의사들이 전문가로서 의료윤리 원칙과 지침을 숙지하는 것은 매우 중요하다. 세

---

19. 스티븐 H. 마일스, 『배반당한 히포크라테스-고문에 가담한 의료인들』, 이화영 옮김, 백산서당, 2008
20. 영국의 의사면허 관리기구인 General Medical Council (GMC)는 환자와 의사가 속한 조직에 대한 의사의 '이중 의무'를 'dual obligation'이라고 정의하면서 갈등 상황에서 원칙과 지침을 제공하고 있다.

계의사회의 국제의료윤리강령[21]은 의료 서비스가 필요한 사람에게 최선을 다하도록 의사의 도덕적 책임을 규정하고 있다. 이 책무는 의사들이 어떠한 압력에도 불구하고 환자를 위한 최상의 진료에 충실해야 한다는 전문가 독립성 원칙을 통해 표현되기도 한다. 세계의사회의 도쿄 선언[22]을 보면, 의료인은 고용주, 교정 당국, 정부보다 최우선으로 환자의 이익을 위해 자유롭게 행동해야 함을 지침으로 삼는다.

모든 의료윤리의 중심 원칙은 외부의 압력과 상관없이 환자의 최대 이익을 위해 행동해야 한다는 것이다. 즉 환자의 인권은 의사의 전문가 윤리 원칙에 고스란히 명시되어 있다. 의료윤리는 모든 의사에게 '환자에게 위해를 가하지 않고, 환자를 도우며, 취약한 자를 보호하고, 의료적으로 응급한 상황 이외의 다른 기준으로 환자들을 차별하지 않는다'라는 의무를 부여하고 있다. 전문가 독립성의 원칙은 외부 압력에도 불구하고 오직 환자의 고통을 덜어주고 위해를 가하지 않는 것을 말한다. 배려 깊은 진료를 제공하고, 위해를 가하지 않으며, 환자의 권리를 존중하라는 것이다. 이것은 모든 의사에게 요구되는 인권에 기초한 윤리 원칙이다.

이 같은 윤리 원칙에 기초하여 국가별 의사 단체가 제공하는 전문가 윤리 강령과 지침이 존재한다. 또한, 세계의사회와 같은 국제적으로 존경을 받는 의사 단체는 말타 선언과 같은 위험에 처한 의사들을 위한 행동 지침을 쟁점별로 제공하고 있다. 의사 단체와 의과대학 교육 당국은 의사와 예비 의사에게 이와 같은 상황에서의 전문가 윤리 원칙과 인권에 기초한 실천 지침을 쟁점별로 수립하여 교육해야 할 책임이 있다.

21. 1949년 세계의사회가 채택한 윤리 강령
22. 1986년 세계의사회가 채택한 선언

3. 의료 영역에서 인권을 어떻게 적용할까?

이제 의료 영역 전반에서 인권을 어떻게 이해하고 적용하는지를 알아보자. 이를 각 의료 현장에서 '해야 할 일'과 '하지 말아야 할 일'로 구분하여 행동 지침을 확인하고자 한다.

1) 해야 할 일

(1) 환자를 위해 불의한 제도와 관행에 맞서기

인권은 모든 사람이 동의하는 자유와 평등, 인간의 존엄이라는 보편 원칙에서 시작한다. 이 인권의 원칙을 지키기 위해서 구체적 현장에서 인권을 침해하는 반인권 구조를 알고 그 구조를 정당화하기 위해 만들어진 그럴듯한 담론의 정체를 꿰뚫어 볼 수 있는 비판 의식이 요구된다. 특히 권위적이고 획일적인 문화를 가진 우리나라 의료계에서 이는 매우 중요하다. 인권을 통한 비판 의식은 기존의 제도와 문화 또는 관행들을 인권 관점에서 다시 바라보게 하며 인권침해 상황을 민감하게 발견하도록 한다. 이와 같은 비판 의식에 기초해서 그동안 인지하지 못한 채 침해하고 침해당한 인권을 찾으려는 방안을 찾고 실천하게 한다. 그것은 환자 인권일 수 있고 학생들과 전공의의 인권일 수도 있다.

한편 인권은 보편적 개념이지만 구체적 현실 속에서 약자의 목소리로 등장하며, 우리의 권리뿐 아니라 아직 인권을 누리지 못한 소외된 이들에 대한 책무를 수반하게 한다. 따라서 의사는 다양한 의료 현장-강의실, 진료실, 응급실, 입원실, 검사실, 의국, 수술실, 정신과 폐쇄 병동 등-에서 기존의 제도, 관행을 인권적 시각으로 재조명할 수 있어야 한다. 또한, 환자를 비롯한 약자와 소수자의 입장을 먼저 고려하여 다양한 현장-경찰서, 군대, 의료기관 등-에서 이들의 인권 보호와 증진을 위해 실천할 수 있어야 한다. 그 사례를 들면 다음과 같다.

지난 1987년 경찰청 남영동 대공분실에서 조사받던 한 학생이 의식을 잃고 쓰러졌다. 당시 용산병원에서 근무 중인 한 의사가 경찰에 의해 불려가 남영동 고문실 현장을 목격하였다.[23] 이후 경찰의 철저한 감시와 회유 및 압력에도 불구하고, 고 박종철 학생의 사인이 자연사가 아닌 물고문에 의한 외인사임을 우리 사회에 폭로한 의사들은 남영동 대공분실에 불려갔던 용산병원의 오연상 내과 의사와 국립과학수사연구소의 황적준 부검의다. 이들은 자신들의 행동에 대해서 "환자의 상태에 대해 사실대로 얘기하는 건 의사로서 당연한 본분이었다", "직업윤리에 따라 행동한 것뿐 그 이상도 이하도 아니다"라고 하였다.[24]

2005년 '김 일병 사건'으로 불리는 530 GP 피격 사건이 발생한다. 군 상부가 신속한 사고 처리를 위해 부검을 하지 말고 24시간 이내에 검안을 끝내라는 명령을 내렸을 때, 사망한 장병들에 대한 부검을 주장하고 유족을 설득한 군의관이 있었다.[25]

2016년 시위 중 경찰의 물대포에 맞아 뇌출혈로 입원 중이었던 백남기 농민이 결국 사망하였다. 그런데 사망한 고 백남기 농민의 사망진단서에 사망 원인을 경찰의 강경 진압에 의한 '외인사'가 아닌 '병사'로 작성해 유가족과 사회단체의 저항이 거세어졌다. 당시 담당 교수인

23. 박기용, 「박종철 고문 첫 폭로 의사 "23살 학생이 무슨 짓 했다고…"」, 『한겨레』, 2018.1.9
24. 한영익 외, 「물고문 알린 검안의도 확인한 부검의도 "당연한 일 했다"」, 『중앙일보』, 2017.1.9
25. 유경상, 「유성호 "김일병 총기 난사 사건, 24시간 내 검안 끝내라고" (당혹사2)[결정적장면]」, 『뉴스엔』, 2021.8.20

신경외과 전문의는 병사 진단서 작성 과정에 직접 저항하지 못했으나 환자의 의무 기록에 그 과정을 기록한 대학병원 전공의가 있었다.

이들의 행동은 전문가인 의사로서 강력한 권력의 명령과 외압에도 불구하고 환자 또는 피해자의 이익을 위해 불의에 맞서 인권을 실천한 좋은 사례다. 고통과 불의가 있는 곳에 의사는 결코 중립 태도를 보여서는 안 된다. 의사는 약자와 소수자의 관점에서 선을 행하여야 함이 히포크라테스 선서에도 명시되어 있다.

(2) 의료 현장의 인권침해 알리기

현재 일반인들이 공권력에 의한 인권침해를 피부로 느끼지 못할 정도로 우리 사회 인권 수준은 과거보다 많이 향상되었지만, 구금시설이나 군대, 폐쇄 병동과 같은 정신장애인 시설은 여전히 인권의 사각지대로 남아있다.

인권의학연구소는 국가인권위원회의 용역 사업으로 수행한 『구금시설 수용자 인권 상황 실태조사』,[26] 『고문 피해자 인권 상황 실태조사』,[27] 『군 의료관리 체계에 대한 인권 상황 실태조사』,[28] 『정신병원 격리·강박 실태조사』[29] 들을 통해 우리 사회 대표 폐쇄 현장의 인권 실태를 확인할 수 있었다. 교도소의 수용자, 수사 기관의 고문 피해자, 군 복무 중인 사병, 정신과 폐쇄 병동 환자들은 물리적으로 가족이나 외부와의 접근이 제한된 인권 사각지대에 놓여있다. 이곳들은 모두 폐쇄 구조 속에서 갇혀 지내면서 의료 서비스 접근이 적절하지 않았고, 다양한 인

---

26. 국가인권위원회, 『구금시설 수용자 건강권 실태조사』, 인권의학연구소, 2010
27. 국가인권위원회, 『고문 피해자 인권 상황 실태조사』, 인권의학연구소, 2011
28. 국가인권위원회, 『군 의료 관리체계에 대한 인권 상황 실태조사』, 인권의학연구소, 2013
29. 국가인권위원회, 『정신병원 격리·강박 실태조사』, 인권의학연구소, 2015

권침해를 호소할 만한 시스템도 원활하지 않았다. 그들은 교도소 공중 보건의사, 고문 과정에서 만난 의사, 군 의무관, 정신과 의사들에 대한 불신과 불만을 드러내었다.

인권을 위한 의사회는 이와 같은 의료 현장에서 일하는 의사들을 '위험에 처한 의사들'이라 해서 권력과 환자 사이에서 갈등 상황에 놓인 의사를 위한 실천 지침을 제공한다. 그러나 우리나라 의사 단체들은 외압에 따른 인권침해에 의사가 연루되지 않도록 위험한 현장에서 일하는 의사들을 위한 행동 지침을 제공하지 못하였다. 아울러 교도소 수용자나 군 사병, 폐쇄 병동 입원 환자를 가장 가까이에서 돌보는 전문가로서의 의사들에게 인권침해 모니터링 의무도 교육하지 않았다. 위험한 현장에서 일하는 의사는 설령 외압이 있다 할지라도 결코 인권침해에 연루되어서는 안 된다. 나아가 공권력 남용과 관행의 이름으로 반복되는 불의와 반인권 행위에 대한 감시를 지속하고 알리는 것은 현장에서 의사들의 인권에 기초한 실천이다.

(3) 의료계 내부의 권위주의 인지하기

메디칼 드라마나 언론 매체를 통해 우리나라 의료계와 의료 현장의 권위성과 폭력성이 우리 사회에 공공연하게 알려졌다. 우리나라에는 가정 폭력, 학교 폭력, 군대 폭력, 성폭력 등 폭력 문화가 곳곳에 만연해 있으나 전문가 집단인 의료계가 신체적 언어적 성적 폭력에 오랫동안 무방비 상태로 노출되어 온 사실은 일반인에게 놀라운 것이었다.

예비 의사인 의과대학 학생들은 강의실이나 병원 실습 현장에서 경험한 언어폭력, 신체폭력, 부당 대우 등을 인권침해라고 인지하지 못했고, 일부 인지했을 때도 보고할 만한 곳이 없었다. 보고하지 않은 이유 중 하나는 추후 돌아올 불이익과 낙인이 두려웠기 때문이었다.[30] 수련 기간 중 전공의들은 과다한 근무 시간 이외에도 흔히 경험하는 폭언, 폭행, 강요된 음주, 성적 모욕감 등을 수련 중 겪을 수 있는 관행으로 생각했다.[31]

가정 폭력은 적절한 개입이 없어서 폭력적 환경이 지속하면 피해자가 다시 가해자가 되는 폭력의 악순환이 생겨나는데 이는 의료계에 만연한 폭력에도 그대로 적용된다. 의사로서 가정 폭력, 성폭력, 학교 폭력 등의 피해자를 적절히 돕고 또한 악순환의 고리를 끊기 위한 제도적 장치를 위해 노력해야 하며 의료계 내부의 폭력 문제에 대해서도 정면으로 맞서야 한다. 무엇보다 관행이라는 명목으로 행해졌던 다양한 폭력행위가 타인에 대한 엄중한 인권침해라는 사실을 인지하는 것에서부터 시작해야 한다.

의사 자신이 이러한 폭력의 주체나 피해자가 되지 않도록 자기 성찰과 타인 존중과 같은 노력을 해야 하지만 피해자 보호 시스템과 가해자 처벌, 인권교육 역시 필요하다. 의료계 내부 폭력 예방을 위한 설문조사, 모니터링, 신고 시스템이 의료 현장 내에 존재하고 피해 신고자에 대한 철저한 비밀 유지가 보장되어야 한다.

2) 하지 말아야 할 일

(1) 진료 거부

생각보다 많은 HIV 감염인들이 자신이 AIDS 환자임을 가장 심각하

30. 국가인권위원회, 『의과대학 학생들의 인권 상황 실태조사』, 인권의학연구소, 2018
31. 김지환, 김자영, 김승섭, 「국내 병원 레지던트들의 직장 내 폭력 경험과 우울 증상에 관한 연구」, 『보건과 사회과학』 2015, pp. 75-95

게 느끼는 때가 의료기관을 찾았을 때라고 한다. 그 이유는 의료기관에서의 감염인에 대한 편견과 차별이 심각하기 때문이라고 말한다.[32] 의료기관은 드러내놓고 진료를 거부할 수 없지만 마땅한 다른 이유를 들어 쉽게 진료를 거부하였다. 심지어는 치료나 수술 일정을 결정해 놓은 상태에서조차 HIV 감염인임을 확인하는 순간 갑자기 기자재의 부족 혹은 역량의 부족 등을 이유로 다른 의료기관으로의 이송을 권유하는 일이 흔하다 한다.

(2) 환자에 대한 차별

환자의 의무 기록이나 병실에 눈에 띄게 감염인 표식을 한다거나, 소독을 위해 식기 등을 따로 분류할 때 지나칠 정도의 표식을 붙여 모든 사람이 알도록 하는 것은 분명히 사생활권과 같은 인권침해다. HIV 감염인을 비롯한 인권침해 피해자를 돌봄에 있어 무엇보다 중요한 것은 비밀 보장과 자존감을 심어주는 일이다. 피해자들은 신분 노출에 대해 염려를 하고 있으며 비밀이 유지되지 않을 수도 있다는 불안감이 의료진에게 쉽게 마음을 열거나 신뢰하는 것을 어렵게 만든다. 삶의 마지막 보루라고 여긴 의료기관에서의 피해 경험은 지속적 치료를 포기하게 만들기도 한다. 이러한 피해자를 가까이에서 만나게 되는 의사는 모든 편견과 판단을 넘어 오직 돌봄이 필요한 환자로서 격려할 수 있어야 한다.

세계의사회 '환자 권리에 관한 리스본 선언'은 모든 이들은 차별 없이 적합한 의료 서비스를 받을 권리가 있음을 인정하며, 의사는 언제나

---

32. 질병관리본부, 『의료인과 예비 의료인 대상 에이즈 관련 교육사업 개발 및 운영 사업』, 인권의학연구소, 2010

환자의 최선의 이익을 위해 행동해야 한다고 강조하고 있다.[33] 다만 환자들 간에 차별이 허용되는 단 하나의 경우는 의료적 필요에 관한 '상대적 응급성'이라고 하였다.

(3) 환자의 사생활권 침해

히포크라테스 선서를 시작으로 현대의 모든 윤리 강령들은 비밀 준수 의무를 기본 원칙으로 포함하고 있으며, 세계의사회 리스본 선언에도 뚜렷이 드러나 있다. 일반적으로 신분 확인할 수 있는 개인 건강 정보를 포함한 비밀 준수 의무는 환자의 사전 동의로 폐기될 수 있다.[34] 익명의 환자 정보는 자유로이 사용될 수 있으나 가능하면 환자의 신분 노출이 불필요한 상황에서 사용되어야 한다.

그러나 의사가 외부의 압력이나 법정의 요구로 신원 확인할 수 있는 정보를 누설함으로써 환자가 위험에 처하면 딜레마가 발생한다. 이때 의사의 윤리적 기준은 환자에게 가해지는 위해를 막고(avoid harm), 환자에게 이익이 되도록 하는 것이다.(do good) 정보를 요청하는 당국이나 법정에서 의사들은 비밀 준수라는 전문가 의무를 이행해야 함을 명백히 말할 수 있어야 한다. 또한, 국제인도법은 전쟁 중에 의사가 환자나 부상자를 고발하지 않도록 의사-환자 비밀 준수에 관한 보호를 명시하고 있다.[35] 의사는 이러한 상황에서 환자에 대한 정보 누설을 강요당하지 않도록 보호받게 된다.

---

33. 1981년 세계의사회 리스본 선언 채택, 1995년 9월 총회 47번째 회기에서 수정됨
34. 전염병, 마약 중독, 정신질환 등을 앓고 있는 개인의 이름을 보고하는 것처럼 공중보건상 필요한 경우는 제외됨
35. 1949년 제네바협약에 이어서 제1의정서 16조(1977)와 제2의정서 10조(1977)

(4) 환자의 알 권리와 자기 결정권 침해

현대 의료윤리의 절대 근본 지침은 환자 스스로 자신의 이익을 판단해야 한다는 것이다. 환자에게 무엇이 최선인가를 판단할 때 의사 같은 권위자의 견해보다 성인 환자의 선택이 우선되어야 한다. 다만 환자가 의식이 없거나 적합한 동의를 할 수 없는 상태일 때, 의사는 환자의 최선의 이익을 어떻게 보호하고 증진할 것인지 판단해야 한다.

세계의사회 리스본 선언은 모든 진료 과정에서 정신적으로 적합한 환자의 자발적 사전 동의를 얻어야 하는 의사의 의무를 상세히 규정하였다. 의사는 모든 검사와 치료의 목적을 설명해야 하며, 강압적이거나 거짓 정보로 얻은 사전 동의는 실효성이 없다는 것이다. 진찰과 치료가 환자에게 명백한 이익을 주는 경우, 환자의 암묵적 동의는 절차상 협력으로 충분할 수 있다. 그러나 진찰이 치료 목적이 아닐 때, 환자가 동의하고 이것이 환자의 이익에 절대 상반되지 않아야 한다. 예를 들어 과거 억압적 정권하에서 고문 전에 피해자의 혈압을 측정하고 혈압강하제를 투약한 후 고문을 지속하도록 도왔던 의사들의 의료 행위는 윤리적으로 명백한 위반 행위다.[36] 단식 중인 수용자에게 강제 음식 투여 역시 비윤리적이고 의료 목적에 상반되는 것이다.

(5) 전공의와 예비 의사에 대한 폭력과 강요

의료계 권위주의 조직문화의 극단적 형태로 나타난 전공의에 대한 폭력은 전공의 단계에서 갑자기 시작되는 것이 아니다. 의과대학의 위계질서와 조직문화는 의과대학 교실에서의 교수-학생과의 관계뿐만

---

36. 국가인권위원회, 『고문 피해자의 인권 상황 실태조사』, 인권의학연구소, 2011

아니라 동아리 동문회 향우회에서의 선배-후배 관계로까지 널리 만연해 있어서 각종 강요, 폭력, 성추행 등이 발생할 수 있는 토양이었다. 무엇보다 심각한 것은 의과대학 학생들이 이러한 인권침해를 당하더라도 학내에서 문제를 제기하거나 외부에 신고하는 것이 사실상 불가능하다는 점이다. 의과대학 교수들은 대부분 부속병원 의사들이고 선배들도 장차 부속병원 의사가 되기 때문에 학생들은 원하는 대학 부속병원 수련 과정에 들어갈 수 없게 되거나, 전공의 과정에 들어가더라도 원하는 과에 들어갈 수 없는 등 부정적 영향을 받을까 두려워 여간해서 발설하거나 신고하지 못했다. 의과대학 교육과정에서 습득하고 체화한 이러한 학생들의 인식과 태도가 의료계 권위주의를 용인하게 만들고 그 구조를 견고하게 만드는 행위자를 확대·재생산한다. 이는 전공의 수련과정으로 그대로 연장되어 전공의 폭행 사건이라는 극단적인 모습으로 나타난다. 그리고 예비 의사인 학생과 전공의의 권리를 침해하는 의료계 권위주의의 폐해는 결국 환자의 안전과 권리에까지 영향을 미친다. 따라서 어떤 경우라도 의료계의 폭력이나 강요를 허용해서는 안 되며, 의사는 절대 폭력 가해자가 되어서는 안 된다.

마치며

의료는 불행했던 한국의 현대사 속에서 때로 인권침해의 도구가 되기도 했다. 인권의학연구소에서 수행한 『고문 피해자의 인권 상황 실태조사』[37] 결과를 보면, 군사 독재 정권하의 군의관을 포함한 의사들이

37. 국가인권위원회, 『고문 피해자 인권 상황 실태조사』, 인권의학연구소, 2011.

그들의 임무에서 의료윤리를 앞세우는 일에 실패한 사례들이 많았던 것으로 드러났다. 그들은 저항해야만 했을 때 쉽게 동의했고, 폭로해야만 했을 때 침묵함으로써 가혹한 고문 진행을 허락하였다. 또한 단식과 같은 극단적 방법으로 표출한 수감자들의 의료적 요구나 처우 개선에 대한 요청을 묵살하고 운영되는 구금시설 내의 환경을 의사들은 방치했다. 소수의 군의관과 간호사들은 군 또는 국가 정보기관에서 일하는 동안 숙지해야 할 윤리 기준이다 보니 이미 아는 사항이라 해도 아무도 그들에게 전문가로서 책임을 요구하지 않았다.

신체적으로 성적으로 학대받는 아동 학대, 가정 폭력, 성폭력 피해자들의 건강이 의사들의 책임이라는 인식하에 신고하거나, 피해자들 편에 서서 법적 진술을 통해 지원을 아끼지 않았던 의사는 많지 않았다. 시간적으로나 심리적으로 그리고 경험적으로 법적 진술이나 진술서를 작성하는 일은 훈련받지 못해 익숙하지 않았다. 아동 학대 사실을 인지하면 신고해야 하는 의사의 의무에 대해서도 잘 알지 못했다.

인권침해 관련한 문제의 해결에서 가장 중요한 단계는 그것을 '문제'로 인식하는 것이다. 서구사회에서 아동 학대 문제에 대한 일반 대중의 인식이 바로 아동 학대 발생률을 낮춘 원동력이 되었다.[38] 만약 전문가인 의사가 인권을 보호하고 증진해야 하는 전문가 책임과 피해자의 맥락 등을 잘 인지하고 있다면, 인권침해에 대한 일반인의 인식을 변화시킬 수 있다. 또한 인권에 기초한 의료 서비스를 통해 인권 피해자들이 진료 중 겪을 수 있는 이차 피해 경험을 방지하면서 적절히 도울 수 있을 것이다.

---

38. Bentovim, "Trauma-organized Systems" *Physical and Sexual Abuse in Families*, Katnac Books, 1992

이제 의사에게 환자의 인권을 보호하고 증진하려는 전문가 책임이 있음을 확인하면서, 의료는 궁극적으로 인권 보호와 증진을 위해 사용될 수 있음을 알았다.

의료 현장에서의 반인권 제도와 관행들을 고쳐나가는 것도 의료 현장과 우리 사회에서 생명의 존엄성을 지켜나가는 한 방법이다. 전문가로서 의사들은 인권에 기초한 활동으로 인권 인식 확대, 인권침해 신고, 보건의료 정책과 예산의 우선순위에 대한 로비 등을 통해 사회를 정의롭게 변화시키는 중요한 역할을 한다. 의사가 의료 현장에서 경험할 수 있는 '아동 학대, 성폭력, 가정 폭력, 난민, 장기 이식, 고문, 윤리, 법의학 그리고 건강권의 보호와 증진'들과 같이 업무를 수행하면서 마주칠 수 있는 윤리 문제들이나 사회 쟁점을 함께 어떻게 대처할 것인지에 대한 지침[39]을 제공할 수도 있다.

미국에서는 정신과 전문의 시험 응시 자격에 인권 피해자들을 위한 의사의 법적 진술 경험을 요구한다. 따라서 수련 과정에 폭력 피해자 지원 프로그램이 존재하고, 전공의는 성폭력, 가정 폭력 등 각종 인권 피해자를 위한 법적 진술서를 의사가 어떻게 기록해야 하는가를 배운다. 이는 전문가로서 의사가 인권 피해자의 이차 피해를 방지하면서 어떻게 잘 도울 수 있는가를 교육받는 기회다.

우리나라 의과대학이나 전공의 수련 병원에는 '인권 피해자 치유 프로그램'과 같은 피해자를 대상으로 한 의료지원 인권교육이 없다. 의과대학을 졸업하고 군 의무관 또는 구금시설 공중보건의로 근무하게 될 의과대학 졸업생들을 대상으로 특수 현장 배치 전에 인권교육이 절실

---

39. 영국의사협회(British Meidcal Association)가 발행한 『의료 전문가와 인권 - 변화하는 의제에 관한 핸드북』 참조

히 필요하나, 이를 실시할 수 있는 제도가 마련되지 않았다. 정신과 전문의 수련 과정에 폭력으로 인한 피해자들의 정신과 진료나 법정 진술과 같은 경험을 포함하는 것은 의료기관에서 피해자들의 이차 피해를 방지하고 적절한 의료지원 제공을 가능하게 한다. 또한, 의사 보수교육에 인권교육을 도입한다면 개원의나 봉직의의 인권 감수성이 높아져서 의료 현장에서 환자 권리가 증진되고 아동 학대, 성폭력, 가정 폭력 피해자가 구제될 뿐 아니라 환자-의사의 신뢰 관계가 더욱 강화될 것으로 기대한다.

특히 우리나라 의사들이 인권 측면에서 놓치지 않아야 할 것은 의료계 내부의 권위주의 문화에 대한 인식이다. 그동안 의료계 내부에 만연한 폭력적 언행이 결코 의료계 관행이나 문화가 아닌 명백한 인권침해라는 사실을 분명히 인지하는 것이 첫걸음이다.

수업이나 수련 과정에서 학생이나 전공의가 경험하는 피해 사실을 감시하고 가해자가 공정하게 처벌된다면, 의료 현장은 지금보다 훨씬 안전한 곳이 될 것이다. 의사 자신들의 인권 존중 경험이 환자의 인권 존중으로 이어지는 것은 자명한 일이다.

질문

1. 교도소 내 처우 개선을 요구하며 단식 투쟁 중인 교도소 재소자가 건강상 위험에 빠지지 않도록 위 튜브 삽입 후 음식을 강제 투여한 의사의 행위는 타당한가?

2. 환자의 인권을 존중하고 보호하는 조처를 한다면 질병의 발생과 취약한 건강 상황을 호전시킬 수 있는가?

3. 정신과 폐쇄 병동에서의 격리·강박 조치는 환자의 폭력적 행동에 대해 다른 조치가 모두 실패한 후 '최후 수단'으로서 허용하는 것이 맞는가?

4. 정신과 폐쇄 병동에서 필요할 때마다 격리와 강박을 수행하도록 허용하는 '필요할 때 사용하라는 처방(PRN order)'은 환자의 치료를 위해 정당한가?

참고문헌

· 경제적 사회적 문화적 권리 위원회 일반논평 14 "The right to the highest attainable standard of health" E/C.12/2000/4
· 국가인권위원회, 『고문 피해자 인권 상황 실태조사』 인권의학연구소, 2011
· 국가인권위원회, 『군 의료관리 체계에 대한 인권 상황 실태조사』 인권의학연구소, 2013
· 국가인권위원회, 『의과대학 학생들의 인권 상황 실태조사』 인권의학연구소, 2018
· 국가인권위원회, 『정신병원 격리·강박 실태조사』 인권의학연구소, 2015
· 국가인권위원회, 『HIV 감염인에 대한 인권 상황 실태조사』 2005
· 김지환, 김자영, 김승섭, 「국내 병원 레지던트들의 직장 내 폭력 경험과 우울 증상에 관한 연구」, 『보건과 사회과학』, 2015, p.35
· 세계보건기구, 『건강과 인권에 관한 25가지 질문과 답변』 건강과 인권 출판 시리즈 제1호, 국가인권위원회 옮김, 2002
· 스티븐 H. 마일스, 『배반당한 히포크라테스 선서-고문에 가담한 의료인들』 이화영 옮김, 백산서당, 2008
· 질병관리본부, 『의료인과 예비 의료인 대상 에이즈 관련 교육사업 개발 및 운영 사업』 인권의학연구소, 2010
· Amnesty International, "El Salvadore : Killings Torture and Disappearance," *AMR*, 2/92, July 1990
· Mann, JM, Gruskin S, Grodin MA, Annas GJ, *Health and Human Rights*, Routledge, 1999

환자 권리와 법체계

_이인재

◆ 주요 내용

임상 현장에서 환자의 안전과 인권, 의료인의 안전과 인권 개념을 숙지하고, 환자와 의료인의 권리와 의무를 정확하게 인식한다. 환자의 인권을 구체화한 보건의료기본법과 의료법상 기본권 내용을 숙지하고, 관련 법령(환자의 생명권 및 건강권의 법적 근거, 의사의 설명 행위 및 환자의 동의에 관한 법적 근거, 의료인의 선관 주의 의무 및 보고 의무, 진료 거부 금지, 연명의료 중단) 내용을 숙지한다.

◆ 목표

1. 환자의 생명권 및 건강권의 법적 근거를 설명할 수 있다.
2. 의사의 설명 행위 및 환자의 동의에 관한 법적 근거, 의료인의 선관 주의 의무 및 보고 의무, 진료 거부 금지, 연명의료 중단의 법적 근거를 설명할 수 있다.
3. 진료 계약의 성립, 의료 행위의 재량성, 환자 권리와 의료인 권리가 충돌하는 경우 우선 보호되어야 하는 법익이 무엇인지 숙지한다.
4. 의료인이 하지 말아야 할 행위를 정확히 확인하여 환자와 의료인 상호 간에 인권침해 행위가 발생하지 않도록 한다.

◆ 글쓴이

이인재 변호사. 사법연수원에서 대한의사협회 전문기관 연수를 거쳐 의료전문변호사를 표방, 연세대학교 보건대학원 의료와 법 고위자 과정, 고려대학교 법무대학원 의료법학과 석사 과정을 수료하였다. 의료 문제를 생각하는 변호사 모임 대표를 역임, 서울중앙지방법원 조정위원, 한국의료분쟁조정중재원 조정위원, 산업재해 보상재심사위원회 심사위원, 국민건강보험공단 장기요양심사위원, 법무법인 우성 구성원 변호사로 활동 중이다.
email: yeocha@hanmail.net

환자가 죽고 싶다고 하면서 의사에게 도와달라고 하면, 의사는 환자를 사망하게 할 수 있을까? 당연히 불가능하다. 산모가 의사에게 낙태해 달라고 하면, 의사는 모자보건법에서 인정하는 인공 임신중절 수술의 허용 범위에서 낙태 시술을 시행할 수 있다. 가족 간에 의견이 불일치한 상태에서 환자에게서 받은 DNR 동의서만으로 심폐소생술을 거부할 수 있을까? 의료사고 발생 원인과 관련하여 해명을 요구하는 환자나 보호자에게 의료진이 알고 있는 사고 원인을 사실대로 정확히 다 설명할 수 있을까? 검사나 치료를 포기하고 죽어도 좋다는 환자를 상대로 검사나 치료의 필요성을 설명, 설득해서 검사나 치료를 하다가 의료사고가 발생하는 경우는 어떤가? 술에 취한 환자가 응급실에 내원하여 의사소통이 잘 안 된다는 이유로 영상 검사나 응급처치 순위가 뒤로 밀렸다가 적절한 진단 및 치료가 지연되어 신경학적 후유증 등 나쁜 결과가 발생한 때, 의료진의 책임은 없는 것일까? 수술 과정에서 마취 사고로 저산소성 뇌 손상을 입어 중환자실에 입원 중인 환자의 보호자가 진료비를 내지 않는다는 이유로 병실 명도 소송을 하는 것은 정당할까? 제일 중요한 것은 환자와 의사 상호 간 소통과 신뢰 회복이다. 신뢰 회복은 환자와 의료인 상호 간에 인권침해를 없애는 가장 중요하고 빠른 길이다. 신뢰 회복이 전제되면 의료진은 진료 거부 문제, 의료사고 해명 문제, 병실 명도 문제뿐만 아니라 낙태나 연명치료 중단 문제 등 임상 현장에서 발생할 수 있는 여러 인권침해 문제 들을 해결할 수 있을 것이다.

1. 의료 인권을 구체화한 의료 권리

1) 문제 제기

환자와 의료인 간에 법률관계는 의료 계약[40]에서 출발한다. 환자가 의사 또는 의료기관에 진료를 의뢰하고, 의료인이 그 요청에 응하여 치료 행위를 개시하면 의료인과 환자 사이에는 의료 계약이 성립한다. 의료 계약에 따라 의료인은 질병 치료를 위하여 모든 의료 지식과 의료 기술을 동원하여 환자를 진찰하고 치료할 의무를 지며 이에 대하여 환자 측은 보수를 지급할 의무를 진다.[41] 의료 계약은 민법상 위임 계약과 유사하지만, 응급환자나 성형수술 환자는 다른 특성이 있다. 사적 자치의 원칙상 위임 계약에서 당사자 일방은 언제든지 계약을 해지할 수 있어야 하는데, 의료 계약의 경우 의료법 및 응급의료에 관한 법률상 진료 거부 금지 의무가 있어서 사적 자치가 제한된다. 의료인에게 환자가 마음에 들지 않는다고 진료를 거부할 수 없도록 규정한 이유는 의료 인권을 침해하지 않기 위한 것이다.

---

40. 진료는 진단과 치료의 준말이므로 진료 계약은 좁은 의미로 해석. 판례는 진료 계약이라고 하지 않고 의료 계약이라고 표현. 의료는 진단 및 치료뿐만 아니라 진찰, 검사, 경과 관찰 등의 의미를 포함하는 넓은 개념
41. 대법원 2009. 5. 21. 선고 2009다17417 전원합의체 판결 참조

2) 의료 인권의 헌법 근거 = 인간으로서 존엄과 가치 및 행복추구권(헌법 제10조)

모든 국민은 인간으로서 존엄과 가치를 가지고, 행복을 추구할 권리를 가진다. 국가는 개인이 가지는 불가침의 기본적 인권을 확인하고 이를 보장할 의무를 진다. 인간으로서 존엄과 가치 및 행복추구권에서 생명권, 인격권(성명권, 초상권, 명예권, 사생활권), 일반적 행동자유권 등이 파생된다. 이러한 기본권은 다소 추상적이라서 포괄적인 기본권이라 한다.

환자는 헌법 제10조에서 규정한 개인의 인격권과 행복추구권에 따라 생명과 신체의 기능을 어떻게 유지할 것인지에 대하여 스스로 결정하고 의료 행위를 선택할 권리를 보유한다. 환자는 자신의 결정에 따라 의료진이 권유하는 진료를 동의 또는 거절할 권리가 있지만, 의학지식이 미비한 상태에서는 실질적인 자기 결정을 하기 어려우므로, 의료진은 환자의 증상, 진료의 내용 및 필요성, 예상되는 위험성과 함께 진료를 받지 않으면 예상되는 위험성 등 합리적인 사람이 진료의 동의 또는 거절 여부를 판단하는 데 중요하다고 생각되는 사항을 설명할 의무를 진다.[42]

3) 의료인의 기본권 = 직업 선택의 자유(제15조, 직업 결정의 자유, 영업의 자유, 직업 수행의 자유)

모든 국민은 직업 선택의 자유를 가진다. 좁은 의미의 직업 선택의 자유란 자신이 원하는 직업을 자유롭게 선택할 자유를 말하고, 광의

---

42. 대법원 2010. 3. 25. 선고 2009다95714 판결 등 참조

의 직업 선택의 자유란 선택한 직업을 자기가 원하는 방식으로 자유롭게 수행할 수 있는 직업 수행의 자유까지 포함한다. 직업 수행의 자유를 제한하는 경우 입법자의 재량의 여지가 많으므로, 그 제한을 규정하는 법령에 대한 위헌 여부를 심사하는 데 있어서 좁은 의미의 직업 선택 자유보다 상대적으로 폭넓은 법률상 규제가 가능할 것으로 보아 다소 완화된 심사 기준을 적용한다.[43] 모든 기업은 그가 선택한 사업 또는 영업을 자유롭게 경영하고 이를 위한 의사결정의 자유를 가지며, 사업 또는 영업을 변경(확장, 축소, 전환)하거나 처분(폐지, 양도)할 수 있는 자유를 가지며, 이는 헌법이 보장한다.[44] 의료인 역시 의사로서 의료기관을 개설, 운영할 때 국민으로서 직업 수행의 자유, 의료기관을 변경하거나 처분할 자유를 가지고 있다.

4) 사적 자치 영역 = 위임 계약, 수임인의 선관 의무 및 보고 의무

위임 계약은 당사자 일방이 상대방에 대하여 사무 처리를 위탁하고, 상대방이 이를 승낙함으로써 효력이 생긴다.(민법 제680조) 수임인(의료인)은 위임의 본지에 따라 선량한 관리자의 주의로서 위임 사무를 처리하여야 하고(민법 제681조), 위임인(환자)의 청구가 있는 때에는 수임인은 위임 사무의 처리 상황을 보고하고 위임이 종료할 때에는 지체 없이 그 전말을 보고하여야 한다.(민법 제683조) 자기 결정권 및 신뢰 관계를 기초로 하는 의료 계약의 본질에 비추어 강제 진료를 받아야 하는 등의 특별한 사정이 없으면 환자는 자유로이 의료 계약을 해지할 수

---

43. 헌재결 2007. 5. 31. 2003헌마579
44. 대법원 2003. 11. 13. 선고 2003도687판결

있다.(민법 제689조 제1항) 계약의 당사자가 누구인지는 그 계약에 관여한 당사자의 의사 해석 문제에 해당하고,[45] 이는 의료 계약의 당사자가 누구인지를 판단할 때에도 마찬가지이다. 따라서 환자가 아닌 자가 의료인에게 의식불명 또는 의사 무능력 상태에 있는 환자의 진료를 의뢰한 경우 진료 의뢰자와 환자의 관계, 진료를 의뢰하게 된 경위, 진료 의뢰자에게 환자의 진료로 인한 비용을 부담할 의사가 있었는지 여부, 환자의 의식 상태, 환자의 치료 과정 등 제반 사정을 종합적으로 고찰하여 진료 의뢰자와 의료인 사이에 환자의 진료를 위한 의료 계약이 성립하였는지 여부를 판단하여야 한다.[46]

5) 공적 영역 = 진료 거부 금지 의무

의료 계약에서 양 당사자는 자유로이 위임 계약을 해지할 수 있어야 하지만, 의료인 또는 의료기관 개설자는 진료나 조산 요청을 받으면 정당한 사유 없이 진료를 거부하지 못하고(의료법 제15조 제1항), 응급환자에게 응급의료에 관한 법률에서 정하는 바에 따라 최선의 처치를 하여야 한다.(의료법 제15조 제2항) 응급 의료기관 등에서 근무하는 응급의료 종사자(의료인과 응급구조사)는 응급환자를 항상 진료할 수 있도록 응급의료 업무에 성실히 종사하여야 하고, 응급의료 종사자는 업무 중에 응급의료를 요청받거나 응급환자를 발견하면 즉시 응급의료를 하여야 하며, 정당한 사유 없이 이를 거부하거나 피하지 못 한다.(응급의료에 관한 법률 제6조 제1항, 제2항)

---

45. 대법원 2009. 3. 19. 선고 2008다45828 전원합의체 판결 참조
46. 대법원 2015.08.27. 선고 2012다118396 판결 치료비

의료 계약을 위임 계약으로 보는 경우, 환자는 강제 진료를 받아야 하는 등의 특별한 사정이 없으면 자유로이 의료 계약을 해지할 수 있는 것에 반하여(민법 제689조 제1항), 의료인은 의료법과 응급의료에 관한 법률에 따라 정당한 사유가 있어야만 진료를 거부할 수 있다. 진료 거부 금지 의무는 의료인의 직업 수행의 자유를 제한하는 내용으로, 환자의 생명권·건강권 보호 의무와 충돌한다.

응급환자는 응급의료에 관한 법률에 따라, 응급환자가 아니면 진료 계약의 성립에 따라, 의료인은 환자 측의 진료 요구에 정당한 이유 없이 거절하지 못하도록 규정되어 있다. 환자와 의료인의 관계는 진료 계약(위임 계약)으로 사적 자치의 원칙에 따라 각 당사자가 언제든지 해지할 수 있어야 하지만, 환자의 생명과 신체의 건강이라는 최상위의 기본권을 보호해야 하는 특수성 때문에 환자의 생명권(건강권)과 의료인의 진료권(직업 수행의 자유)이 충돌할 때 정당한 사유가 없다면, 환자의 생명권(건강권)이 우선되어야 한다. 여기서 의료인이 '진료를 거부할 수 있는 정당한 이유'란 '의료 행위를 정상적으로 수행할 수 없는 불가피한 사정'을 말한다. 예를 들면 진료 시설과 진료 과목이 없거나 병상, 의료 인력, 의약품, 치료 재료 등 시설 및 인력 부족으로 새로운 환자를 받을 수 없는 경우, 의사의 개인적인 건강상 이유, 입원실 병상이 없거나 마침 전문의의 지원이 불가능하고 환자가 의사 지시에 불응하는 경우, 낙태 등 법령에 저촉되는 의료 행위, 환자로부터 수술 동의를 받을 수 없는 경우, 응급환자가 아니고 진료비 지불 능력이 있음에도 진료비 지불을 회피하는 경우, 해당 의료인에 대하여 모욕, 명예훼손, 업무방해, 폭행 등을 행사하여 의료진의 정상적인 의료 행위를 행할 수 없도록 한 경우, 의사가 타 전문과목 영역 또는 고난도의 진료를 수행할 전문지식 또는 경험이 부족한 경우, 타 의료인이 앞서 시행한 치료 사항을 명확히 알 수가 없는 등 의학적 특수성 등으로 새로운 치료가 어려운 경우, 환자가 의료인에게 의사의 양심과 전문지식에 반하는 치료 방법으로 치료를 요구하는 경우, 이제는 입원 치료가 불필요함을 의학적으로 명백히 판단할 수 있는 상황에서 환자에게 요양 시설 등 이용을 충분한 설명과 함께 권유하고 퇴원을 지시하는 경우 등이 이에 해당한다.[47]

6) 의료 인권이 구체화한 보건의료기본법상 국민의 권리 = 의료청구권적 기본권

(1) 건강권 : 모든 국민은 자신과 가족의 건강에 관하여 국가의 보호를 받을 권리를 갖고, 성별·나이·종교·사회적 신분 또는 경제적 사정 등을 이유로 자신과 가족의 건강에 관한 권리를 침해받지 않는다.(보건의료기본법 제10조 건강권)

(2) 알 권리 : 모든 국민은 국가와 지방자치단체의 보건의료 시책에 관한 내용의 공개를 청구할 권리를 가지고, 보건의료인이나 보건의료기관에 대하여 자신의 보건의료와 관련한 기록 등의 열람이나 사본의 교부를 요청할 수 있다.(보건의료기본법 제11조 알 권리)

(3) 자기 결정권 : 모든 국민은 보건의료인으로부터 자신의 질병의 치료 방법, 의학적 연구 대상 여부, 장기 이식 여부 등에 관하여 충분한 설명을 들은 후 이에 관한 동의 여부를 결정할 권리를 가진다.(보건의료법기본법 제11조 보건의료 서비스에 관한 자기 결정권)

---

47. 보건복지가족부 의료정책팀, 의료자원과 민원회신

(4) 비밀 보장 : 모든 국민은 보건의료와 관련하여 자신의 신체상·건강상 비밀과 사생활의 비밀을 침해받지 않는다.(보건의료기본법 제13조 비밀 보장)

위와 같은 의료 인권이 구체화한 보건의료기본법상 환자의 권리를 의료청구권적 기본권이라 한다.[48] 환자의 권리 의무는 의료법 시행규칙에 더욱 구체적으로 규정되어 의료기관 개설자는 의료기관의 접수창구나 대기실 등 환자 또는 환자의 보호자가 쉽게 볼 수 있는 장소에 '환자의 권리와 의무' 내용을 게시해야 한다.(의료법 시행규칙 제1조의 3 제2항)

7) 의료 인권이 구체화한 의료법상 권리 = 의료 행위에 관한 설명과 동의

의사·치과의사·한의사는 사람의 생명 또는 신체에 중대한 위해를 발생하게 할 우려가 있는 수술·수혈·전신 마취(이하 '수술 등'이라 함)를 하는 경우 환자(환자가 의사결정 능력이 없는 경우 환자의 법정대리인)에게 발생하거나 발생 가능한 증상의 진단명, 수술 등의 필요성(수술 적응증이 되는지 여부), 방법(복강경으로 하는지 개복으로 하는지) 및 내용(절제 범위가 부분 절제인지 완전 절제인지 등), 설명하는 의사나 수술 등에 참여하는 의사의 성명, 수술 등에 따라 전형적으로 발생이 예상되는 후유증 또는 부작용, 수술 등 전후 환자가 준수하여야 하는 사항을 설명하고, 서면(전자문서 포함)으로 그 동의를 받아야 한다. 다만 설명 및 동의 절차 때문에 수술 등이 지체되면 환자의 생명이 위험하거나 심신상의 중대한

---

48. 윤강재, 최지희, 조병희, 『보건의료 서비스 분야 소비자의 위상과 권리 연구 보고서』2013-04, 한국보건사회연구원, pp. 66-68

장애 발생 가능성이 있는 경우는 생략해도 된다.[49]

환자의 수술과 같이 신체를 침해하는 진료 행위를 하면 질병의 증상, 치료 방법의 내용 및 필요성, 발생이 예상되는 위험 등에 관하여 당시의 의료수준에 비추어 상당하다고 생각되는 사항을 설명하여 해당 환자가 그 필요성이나 위험성을 충분히 비교해 보고 진료 행위를 받을 것인지를 선택하고 동의를 받아야 한다.[50] 환자의 동의는 헌법 제10조에서 규정한 개인의 인격권과 행복추구권에 의하여 보호되는 자기 결정권을 보장하기 위한 것으로써, 환자가 생명과 신체의 기능을 어떻게 유지할 것인지에 대하여 스스로 결정하고 진료 행위를 선택하게 되므로, 의료 계약으로 제공되는 진료의 내용은 의료인의 설명과 환자의 동의로 구체화한다고 할 수 있다.[51]

8) 의료인의 재량과 진료 행위 중단

질병의 진행과 환자 상태의 변화에 대응하여 이루어지는 가변적인 의료의 성질 때문에 계약 당시에는 진료의 내용 및 범위가 개괄적이고 추상적이지만, 이후 질병의 확인, 환자의 상태와 자연적 변화, 진료 행위에 의한 생체반응 등에 따라 제공되는 진료의 내용이 구체화하므로, 의료인은 환자의 건강 상태 등과 당시의 의료수준 그리고 자기의 지식 경험에 따라 적절하다고 판단되는 진료 방법을 선택할 수 있는 상당한

49. 의료법 제24조의 2 의료 행위에 관한 설명 참조
50. 대법원 1994. 4. 15. 선고 92다25885 판결, 대법원 2002. 10. 25. 선고 2002다48443 판결 등 참조
51. 대법원 2009.05.21. 선고 2009다17417 전원합의체 판결 무의미한 연명치료 장치 제거 등

범위의 재량권을 가진다.[52]

    담당 의사(의료법에 따른 의사로서 말기 환자 또는 임종 과정에 있는 환자를 직접 진료하는 의사)는 임종 과정에 있는 환자가 연명의료 계획, 사전연명의료의향서, 환자 가족의 진술을 통하여 연명의료 중단 결정을 원하고, 임종 과정에 있는 환자의 의사에도 반하지 아니하는 경우 즉시 연명의료 중단 결정을 이행하여야 한다.(호스피스·완화의료 및 임종 과정에 있는 환자의 연명의료 결정에 관한 법률 제19조 제1항) 연명의료 중단 결정 이행 시 통증 완화를 위한 의료 행위와 영양분, 물 공급, 산소의 단순 공급은 시행하여야 하고 중단되어서는 안된다.(같은 법 제19조 제2항) 중요한 것은 의료 계약을 유지하는 때도 환자의 자기 결정권이 보장되는 범위 내에서는 제공되는 진료 행위의 내용 변경을 요구할 수 있을 것이다. 따라서 환자의 신체 침해를 수반하는 구체적인 진료 행위가 환자의 동의를 받아 제공될 수 있는 것과 마찬가지로, 그 진료 행위를 계속할 것인지에 관한 환자의 결정권 역시 존중되어야 하며, 환자가 그 진료 행위의 중단을 요구할 때는 원칙적으로 의료인은 이를 받아들이고 다른 적절한 진료 방법이 있는지를 세워야 합니다. 그러나 인간의 생명은 고귀하고 생명권은 헌법에 규정된 모든 기본권의 전제로서 기능하는 기본권 중의 기본권이므로, 환자의 생명과 직결되는 진료 행위를 중단할 것인지는 극히 제한적으로 신중하게 판단하여야 한다.[53]

---

52. 대법원 1992. 5. 12. 선고 91다23707 판결, 대법원 2007. 5. 31. 선고 2005다5867 판결 등 참조
53. 대법원 2009.05.21. 선고 2009다17417 전원합의체 판결 무의미한 연명치료 장치 제거 등

9) 환자안전법상 의료인의 책무

보건의료기관의 장과 보건의료인은 환자 안전사고가 발생하지 않도록 시설·장비 및 인력을 갖추고, 필요한 의무를 다하여야 하고(환자안전법 제4조 제2항), ① 의료법 제24조의2 제1항에 따라 설명하고 동의를 받은 내용과 다른 내용의 수술, 수혈, 전신 마취로 환자가 사망하거나 심각한 신체적·정신적 손상을 입은 환자 안전사고가 발생한 경우, ② 진료 기록과 다른 의약품이 투여되거나 용량 또는 경로가 진료 기록과 다르게 투여되어 환자가 사망하거나 심각한 신체적·정신적 손상을 입은 환자 안전사고가 발생한 경우, ③ 다른 환자나 부위의 수술로 환자 안전사고가 발생한 경우, ④ 의료기관 내에서 신체적 폭력으로 인해 환자가 사망하거나 심각한 신체적·정신적 손상을 입은 경우 보건복지부 장관에게 그 사실을 지체 없이 보고하여야 한다.(환자안전법 제14조 제2항)

10) 소결 = 신뢰 회복 및 유지

의료 인권은 헌법 제10조에 근거하여 보건의료기본법, 의료법, 응급 의료에 관한 법률, 환자안전법 등에서 의료청구권적 기본권으로 구체화한다. 임상 현장에서 중요한 것은 이러한 규정보다 환자와 의료인 상호 간 신의와 신뢰 관계이다. 변호사와 의뢰인의 관계에서 신뢰가 깨지면 이제는 관계가 지속할 수 없는 것처럼 환자와 의료인 간에 상호 신뢰가 전제되지 않는다면, 의료 인권이 보호될 수 없음은 경험칙상 분명하다. 의료 계약을 위임 계약으로 보면서도(사적 자치의 영역), 의료인에게 정당한 이유 없이 진료 거부를 할 수 없도록 규정한 것은(공적 영역으로 전환) 의료인과 환자를 대등한 당사자로 보기보다는 의료인에게 환자의 인권을 보호할 의무를 부과하고, 상호 신뢰 회복 및 유지가 더 중요한 가치임을 알게 해주는 것이다.

2. 의료 인권이 구체화한 환자의 권리와 침해 사례

1) 진료받을 권리 - 의료기관에서 환자로서 존엄하게 대우받을 권리

진료를 받을 권리란 환자 자신의 건강 보호와 증진을 위하여 적절한 보건의료 서비스를 받을 권리를 갖고, 성별·나이·종교·신분 및 경제적 사정 등을 이유로 건강에 관한 권리를 침해받지 아니하며, 의료인은 정당한 이유 없이 진료를 거부하지 못한다.(의료법 시행규칙 제1조의 3 제1항 별표 1) 즉 환자는 의료진으로부터 적절한 진료(안전하고 최선의 진료)를 받을 권리, 차별 없는 진료를 받을 권리, 진료 거부를 당하지 않을 권리를 가진다.

사례 1

35세 여자 A씨는 불륜으로 임신 후 근처 산부인과 의원에 내원하여 낙태 수술을 요구하였으나, 의료진은 모자보건법상 낙태 사유가 없다는 이유로 수술을 거절하였다. 그런데 환자는 초등학교 다니는 자녀가 2명 있고, 남편이 이 사실을 알면 이혼을 당할 수밖에 없으므로 가정을 지키기 위해서 반드시 인공 임신중절 수술이 필요하다고 하면서 애원하였다. 모자보건법이 허용하는 인공 임신중절 수술의 허용 범위가 아니라고 수술을 거절하는 것이 항상 옳은 것일까?

사례 2

60세 남자 B씨는 암 환자로 죽을 날이 얼마 남지 않았다. 가족은 아들과 배우자가 있는데, 배우자는 두 번째 부인으로 나이가 젊었다. 환자와 아들은 일찍이 의료진의 설명에 따라 DNR 동의서에 서명하였지만, 배우자는 무슨 이유인지 DNR 동의서에 서명하지 않았다. 입원 치료 중 환자에게 심정지가 발생하자, 당직의는 DNR 동의서를 근거로 심폐소생술을 하지 않고 있는데, 환자를 지켜보고 있던 배우자는 당직의에게 왜 심폐소생술을 하지 않냐고 항의하면서 계속해서 심폐소생술을 해 달라고 강력하게 요구한다. 어떻게 해야 할까? 환자는 말이 없고, 아들은 현장에 없는 상태에서 배우자의 요청을 거절할 수 있을까?

2) 알 권리 - 진료 정보를 제공받을 권리

환자의 알 권리는 담당 의사·간호사 등으로부터 질병 상태, 치료 방법, 의학적 연구 대상 여부, 장기 이식 여부, 부작용 등 예상 결과 및 진료 비용에 관하여 충분한 설명을 듣고 자세히 물어볼 권리를 말한다.

50세 남자 C씨는 뇌종양 진단을 받고 수술을 앞두고 있다. 종양의 위치가 혈관이 많이 지나가는 자리고, 주변 조직과 종양의 유착으로 인하여 제거술이 매우 어려운 상태였다. 의료진은 종양을 완전히 제거하다가 주변 뇌 조직에 상당한 손상을 가하였고, 그 결과 환자는 매우 심각한 신경학적 후유증이 남게 되었다. 환자는 의료진에게 왜 부분 절제술에 대해 알려주지 않았냐면서 부분 절제하는 방법이 있었다면 비록 재발 위험성이 있다고 하더라도 완전 절제술을 받지 않고 부분절제술을 받았을 것이라고 하면서 현재 신경학적 후유증에 대한 손해배상 책임을 요구하고 있다. 의료진은 수술 전에 부분 절제술의 수술 방법을 알려주고 환자가 원한다면 부분 절제술을 하는 것이 옳을까?

60세 여자가 심내막염, 동맥관개존증으로 진단되어 수술을 받는 중에 대동맥박리가 발생하였고, 복구 수술이 응급으로 진행되었지만, 출혈로 인한 저혈량성 쇼크로 저산소성 뇌 손상을 입어서 식물인간 상태가 되었다. 남편은 의료진에게 수술 기록지에 대동맥박리가 발생한 원인에 대한 기록이 없고, 수술이 잘 되었다고 설명을 들었는데 환자가 식물인간이 된 원인이 무엇이냐고 계속해서 질문한다. 배우자의 요청에 따라 어디까지 대동맥박리의 원인을 설명할 수 있을까?

3) 자기 결정권 - 치료나 검사에 동의하거나 거부할 권리

자기 결정권은 환자의 알 권리를 토대로 치료나 검사에 동의하거나 거부할 수 있는 권리를 말한다.

교통사고로 입원한 환자가 수혈이 필요한 상황임에도 여호와의 증인이라는 이유로 수혈을 거부하고 있다. 의료진은 환자의 의사에 반하여 수혈하는 것이 옳을까? 임산부가 호흡곤란 증상이 있어서 엑스레이 촬영을 해야 함에도 태아에게 방사선 피해가 올 수 있다는 이유와 과거에 그러다가 괜찮아졌다는 이유로 검사를 거부하는 경우, 의료진은 임산부의 의사에 반하여 엑스레이 검사를 시행하는 것은 옳은가?

4) 사생활을 보호받을 권리 - 비밀을 보호받을 권리

환자는 진료와 관련된 신체상·건강상 비밀과 사생활의 비밀을 침해받지 않을 권리를 가지고, 의료인과 의료기관은 환자의 동의를 받거나 범죄 수사 등 법률에서 정한 경우 외에는 비밀을 누설·발표 못한다.

사회적으로 매우 유명한 사람이 시위 도중 진압 과정에서 넘어져 뇌출혈이 발생하였다. 환자는 병원으로 후송되어 치료를 받았지만, 3개월 후에 결국 사망하였다. 사회적으로 사망 원인을 둘러싸고 무리한 진압으로 인한 것인지, 지병으로 인한 것인지 논의되었고, 그 과정에서 병원에 근무하는 많은 의료진과 직원들은 병원 내부 전산망을 이용해서 환자의 전자 의무기록을 열람하였다. 호기심 충족을 위한 환자의 진료 기록 열람은 허용될 수 있을까?

5) 상담·조정을 신청할 권리

의료 서비스와 관련한 분쟁이 발생한 경우 한국의료분쟁조정중재원 등에 상담 및 조정 신청을 할 수 있는 권리를 말한다.

전립선 조직 검사 이후 요도 감염에 의한 패혈증으로 발가락 9개를 절단하게 된 환자가 의료사고 피해 구제를 받기 위해 한국의료분쟁조정중재원에 조정 신청을 하였다. 그러나 담당자는 환자가 주장하는 장애 정도가 심하지 않고, 상대방이 조정 절차 진행을 거부한다는 이유로 자동 조정 절차가 개시될 수 없다고 설명하면서 조정 신청을 각하하였다. 환자는 장애 정도가 심하지 않다는 이유만으로 자동 조정 절차가 개시되지 않은 것은 장애 정도에 따른 차별에 해당하여 평등권, 의료 인권침해라고 주장합니다. 과연 합리적 차별로 볼 수 있을까?

3. 의료인이 하지 말아야 할 것

1) 법대로 해라 - 환자나 보호자를 자극하지 않기

의료사고가 발생하거나, 치료가 제대로 되지 않아 원하는 결과가 나오지 않았을 때, 의료사고가 발생한 원인을 규명하는 것도 중요하지만, 그보다 나쁜 결과 발생 이후 이를 수습하는 의료진의 태도를 어떻게 하느냐가 매우 중요하다. 의사도 사람인지라 원숭이가 나무에서 떨어지는 것처럼 실수를 할 수 있다. 그러나 사고 처리를 어떻게 하느냐에 따라 피해자의 태도를 360도 달라지게 할 수 있다. 의사로서 의료사고를 피해갈 수 있으면 좋겠지만, 언젠가 한 번 이상 거칠 가능성이 있다. 신의와 신뢰 관계가 유지된다면 의사는 환자와 가족들에게 진심으로 미안하다는 사과를 하고 좋지 않은 결과가 발생한 것에 대해 유감을 표현하여야 한다. 환자의 생명권·건강권이 침해된 상태에서 미안하다는 말은 아무리 강조해도 지나치지 않다. 그런데 만약 의사가 원인 규명이나 대책을 요구하는 환자나 보호자에게 귀찮아하거나 오만한 모습을 보이면서 '법대로 하라'고 하는 순간 상황이 매우 난처하게 될 수 있다. 법은 최후 수단이기 때문에 되도록 법대로 하라는 말은 하지 않는 것이 좋다. 나중에는 결국 법대로 할 수밖에 없기 때문이기도 하다.

2) 의료인으로서 품위 손상 행위 - 증거 조작, 은닉 등

의료사고가 발생한 현장에서 해당 의무 기록을 폐기하거나 제대로 진료 경과를 기록하지 않거나, 허위 내용으로 수정, 삭제, 추가 기재하거나 CCTV 내용을 삭제하는 등 증거를 보관, 처리하는 위치에 있다는 이유로 증거를 조작하거나 은닉하는 행위를 해서는 안 된다. 당장은 상대방의 입증을 차단하여 원인 규명을 방해할 수 있지만, 때에 따라서는 민사상 손해배상으로 끝날 사건을 인신이 구속되는 형사책임이나 자격정지나 업무정지 등 행정 책임을 질 수 있기 때문이다. 의료법 위반으로 금고 이상의 형을 선고받으면 면허가 취소될 수도 있다.

3) 의료법상 환자 권리 침해하지 않기

의료인은 의료법상 규정된 환자의 권리를 침해해서는 안 되고, 환자가 자신의 건강과 관련한 정보를 의료인에게 정확하게 알리고, 의료인의 치료계획을 신뢰하고 존중하도록 해야 한다.

마치며

임상 현장에서 인권 보호와 안전이라는 두 마리 토끼는 환자와 의료인을 구별하지 않고 모두에게 꼭 필요한 내용이다. 환자의 인권, 의료인의 인권, 환자의 안전, 의료인의 안전 모두 보호받고 존중되어야 하기 때문이다. 대한민국 법체계상 헌법과 보건의료기본법, 의료법 등의 주요 내용을 보면, 환자의 생명권·건강권은 최우선으로 보호받아야 하는 권리로, 의료인의 직업 수행 자유와 충돌 시 먼저 보호되어야 한다. 그리하여 의료인에게 진료 방법 선택과 관련해서는 충분한 재량이 주어지지만, 정당한 사유 없이 환자의 진료 요구를 거부하지 못하도록 하는 것이다. 의료 계약으로 법률관계가 시작되지만, 환자와 의사 상호 간에 인권 보호와 안전을 위해서 가장 중요한 덕목은 신뢰 회복 및 유지이다. 상호 간에 신뢰가 전제된다면, 인권침해는 최소화될 것이고, 임상 현장에서 발생하는 여러 문제점이 자연스럽게 해소될 것이다.

참고문헌

• 신현호, 『삶과 죽음 권리인가, 의무인가?』 육법사, 2006
• 의료문제를생각하는변호사모임, 『의료법 주석서』 박영사, 2020
• 『의료법학』 대한의료법학회, 제21권 제3호, 2020
• 지원림, 『민법 강의』 홍문사, 2017
• 『환자 권리 길라잡이』 서울특별시, 2016

2장

의료 현장에서 만나는 인권 쟁점

성폭력
피해자의 인권

_이주영

◆ 주요 내용	• 의사가 성폭력 피해자를 대면하거나 진료하면서, 피해자의 인권을 존중할 수 있는 역량을 갖게 한다.
◆ 목표	1. 성폭력이 무엇인지 안다. 2. 이차 피해가 무엇인지 이해한다. 3. 성폭력 피해자에게 의료인으로서 해야 할 것과 하지 말아야 할 것이 무엇인지 안다.

◆ 글쓴이	이주영 정신건강의학과 전문의, 전문의 취득 후 봉직의로 근무. 소아청소년정신과 수련을 받고 현재 개원 진료 중이다. email: psyjuyoung@gmail.com

들어가며

성폭력 피해자가 의료인과 만나는 과정에서 경험할 수 있는 이차 피해의 예를 하나 들어본다.

> 25세 여성 A씨는 산부인과에 방문하였다. 전날 강간을 당해 임신과 감염질환이 우려된다고 하였다. A씨는 피해에 대해 알려지는 것을 원치 않아 신고하지 않을 생각이라고 한다. 의사는 A씨의 의사를 존중하는 것이 중요하다고 생각하여 피임을 위한 처방과 감염질환을 검사하기 위한 검체만을 채취하고 혹시 있을지 모르는 감염을 막기 위한 광범위 항생제 등을 처방하고 결과가 나오면 연락하겠다고 하고 보냈다.(추후 본인의 결정이 달라질 수도 있으니 검체 채취가 필요할 수 있다는 설명, 그에 대비하여 검체 채취 및 사진을 포함한 여러 증거 수집과 기록, 이에 대한 동의서, 진료 기록 등에 대한 설명 부재, 이를 진행할 수 없는 의료기관이라면, 가까운 기관 소개 설명 부재)

이 단원은 성폭력 피해자가 피해 직후 의료기관에 방문하였을 때, 의료진이 어떻게 하면 더 이상의 피해를 주지 않는 의료 행위를 할 수 있는지 설명하고자 한다. 의료진이 진료 과정에서 피해자에게 트라우마를 더하지 않아야 피해자의 후유증을 최소화할 수 있고 피해자가 빠르게 회복할 수 있다. 여기서는 주로 피해를 본 지 얼마 지나지 않은 성인 피해자가 방문한 경우를 중심으로 설명하였으며, 자세한 검체 채취 과정에 대해서는 다루지 않았다.

1. 성폭력

국가인권위원회에서 말하는 성폭력은 강간, 윤간, 강도강간뿐만 아니라 성추행, 언어적 희롱, 음란 전화, 성기 노출, 어린이 성추행, 아내 강간 등 상대방의 의사에 반하여 가하는 성적 행위로 모든 신체적·언어적·정신적 폭력을 포괄하는 광범위한 개념이다. '상대방의 의사에 반한다'라는 것은 상대방이 원치 않거나 거부하는 행위를, 계속하거나 강요한다는 의미다. 따라서 상대방이 성폭력에 대한 막연한 불안감이나 공포감을 조성할 뿐만 아니라 그것으로 인한 행동 제약을 유발하는 것도 간접적인 성폭력이라 할 수 있다.

법률상으로 성희롱과 성폭력은 구별한다. 성희롱은 양성평등기본법에서의 정의를 기본적으로 사용하고, 국가인권위원회법과 남녀고용 평등과 일·가정 양립에 관한 법률에 관련한다. 성폭력은 '성폭력 범죄의 처벌 등에 관한 특례법'에서 정의한 내용을 기본으로 하고 아동·청소년의 성보호에 관한 법률도 관련되어 있다.

성희롱은 업무, 고용, 그 밖의 관계에서 국가기관, 지방자치단체 또는 대통령령으로 정하는 공공단체(이하 '국가기관 등'이라 한다)의 종사자,

사용자 또는 근로자가 지위를 이용하거나 업무 등과 관련하여 성적 언동 또는 성적 요구 등으로 상대방에게 성적 굴욕감이나 혐오감을 느끼게 하는 행위, 상대방이 성적 언동 또는 요구에 대해 응하지 않음을 이유로 불이익을 주거나, 그에 따르는 것을 조건으로 이익 공여의 의사표시를 하는 행위를 말한다. 이 경우 사건이 발생한 기관 내의 징계, 손해배상, 상위 기관 제소가 가능하다.[1]

성폭력은 형법에 정의되어 있으며, 폭행, 협박, 위계, 위력 등을 사용하여 상대방의 성적 자기 결정권을 침해하는 모든 성적 행위로서 강간, 강제 추행, 공중 밀집 장소에서의 추행, 통신 매체를 이용한 음란행위, 업무상 위계, 위력 등에 의한 추행, 카메라 등을 이용한 촬영 등이 해당하며 형사처벌 대상이 된다. '성적 자기 결정권'은 성적인 행위를 할 것인지를 자신이 선택할 수 있는 권리, 즉 성적 행위를 할 권리와 하지 않을 권리가 포함된다. 따라서 성적 자기 결정권이 침해당함은 자신이 원하지 않는 성적 행위를 거부할 권리가 침해당하거나, 자기 의사에 반하는 성적 행위를 강요당하지 않을 권리를 침해당하는 것을 뜻한다. 강간과 강제 추행 등 성폭력 범죄가 육체적 성희롱에 해당이 될 수도 있어서 성희롱과 성폭력 행위가 명백하게 구분되지 않을 때도 있다. 아동·청소년의 성보호에 관한 법률은 피해자가 19세 미만이면 적용된다.[2]

1. 『여성 정책 용어사전』, 여성부
2. 성폭력범죄의 처벌 등에 관한 특례법(약칭:성폭력처벌법)- 2021년 1월 21일 시행(2020년 10월 20일 일부 개정)

[표 1] 성폭력과 성희롱의 분류

유형		행위
성희롱	시각적	• 음란한 사진, 그림, 낙서 등을 보여줌 • 자신의 신체 특정 부위를 고의로 노출 • 상대방의 특정 신체 부위를 음란한 시선으로 쳐다보는 행위
	언어적	• 외모에 대한 성적인 비유나 평가 • 성적인 사실관계를 묻거나 성적인 내용의 정보를 의도적으로 유포하는 행위 • 회식 자리 등에서 술 따르도록 강요
	육체적	• 입맞춤, 포옹 또는 뒤에서 껴안는 등의 신체적 접촉 행위 • 가슴, 엉덩이 등 특정 신체 부위를 만지는 행위 • 안마나 애무를 강요하는 행위 등
성폭력	강간	• 폭행이나 협박으로 상대방의 반항을 곤란하게 하고 사람을 간음하는 것
	유사 강간	• 폭행 또는 협박으로 사람에 대하여 구강, 항문 등 신체(성기는 제외한다)의 내부에 성기를 넣거나 성기, 항문에 손가락 등 신체(성기는 제외한다)의 일부 또는 도구를 넣는 행위
	강제 추행	• 폭행 또는 협박으로 사람에 대하여 추행(피해자의 의사에 반하는 행위는 강제 추행으로 인정되는 추세)
	준강간	• 사람의 심신상실 또는 항거 불능의 상태를 이용하여 간음
	준강제추행	• 사람의 심신상실 또는 항거 불능의 상태를 이용하여 추행
	데이트 성폭력	• 서로 교제하고 있는 과정이나 데이트를 하고자 하는 과정 중에 상대방이 원하지 않는 성적인 행동을 하거나 강요하는 행위
	스토킹	• 타인에게 공격을 당하거나 살해가 될 위협을 느끼게 할 정도로 타인을 쫓아다니는 것으로 직접적인 접촉이 없는 폭력행위 • 전화, 이메일, 편지 등을 보내 지속해서 괴롭히는 것
	통신 매체 이용 음란	• 인터넷과 같은 사이버 공간에서 상대방의 동의를 구하지 않고 원하지 않는 문자나 영상 표현을 이용하여 성적 메시지 전달, 성적 대화 요청, 성 문제 관련 개인 신상 정보 게시 등으로 불쾌감 및 위협감을 느끼게 하는 행위
	카메라 등 이용 촬영	• 촬영물을 이용한 성범죄 • 타인의 동의 없이 신체를 성적 대상화를 하여 촬영하는 불법 촬영과 동의하에 촬영한 성적 촬영물을 동의 없이 사이버 공간에 유포하는 행위

성폭력에서 최근 중대한 범죄로 떠오르고 있는 것이 성폭력에서 언급된 통신이나 촬영이 가능한 각종 매체(카메라, 휴대전화의 카메라 등)를 이용한 촬영과 유포다. 이는 데이트 폭력, 스토킹, 성매매, 강간 등과 같은 오프라인에서의 성폭력과 상당수가 연관된다. 디지털 기술이 빠른 속도로 발전하면서 동의 없이 상대의 신체, 사생활, 성행위를 촬영하거나 유포, 유포 협박, 저장, 전시하는 행위뿐 아니라 사이버 공간에서의 성적 괴롭힘 등도 발생하고 있다. 이러한 디지털 성폭력의 특징은 피해자가 자신의 피해를 당장 알아차리기 어렵고, 불법 촬영물이 인터넷의 공연성과 전파성 때문에 유포와 재유포될 가능성이 크며, 인터넷에 유포된 불법 촬영물을 완벽히 삭제 또는 회수하는 것이 불가능하여 피해 회복이 어렵다는 것이다. 불법 촬영물의 인터넷 유포는 피해자 특정 등이 너무 어려워 성폭력 범죄 처벌 특별법이 아닌 정보통신망 이용 촉진 및 정보보호 법상 음란물유포죄 처벌을 받게 된다. 범죄의 성격은 범죄와 그 피해자의 피해 정도가 전통적 성범죄에 따름에도, 처벌에서는 맞지 않아 한계가 매우 크다고 할 수 있다.[3] 디지털 성폭력과 관련된 법률은 형법, 성폭력처벌법, 정보통신망 이용 촉진 및 정보보호 등에 관한 법률, 전기통신사업법, 청소년성보호법 등이 관련되어 있고 이에 대한 유형은 다음의 표로 설명하였다.

3. Jang D, Kim SO., "A study on the punishment and control of online sexual violence crime", *Korean Institute of Criminology*, 2018.

[표 2] 디지털 성폭력 가해 행위별 유형

유형	내용	예시
촬영	• 설치형/직접 촬영형 • 촬영 대상자의 동의 없이 성적 욕망 또는 수치심을 유발할 수 있는 사람의 신체 촬영	• 화장실 내 카메라를 설치하여 촬영 • 동의 없이 성행위 장면 촬영
유포 재유포	• 성행위, 음란한 행위 촬영을 유포/재유포 • 촬영 시 동의 여부와 상관없이 촬영 대상자의 동의 없이 촬영물, 복제물을 정보통신망을 이용하여 유포/재유포	• 성행위, 나체 등 성적인 촬영물을 동의 없이 유포 • 동의하에 촬영한 성적인 촬영물을 비동의하에 유포 • 비동의하에 촬영된 성적인 촬영물을 비동의하에 유포 • 스스로 찍은 성적인 촬영물 유포 • 성적인 촬영물에 타인의 얼굴을 합성하여 유포 • 비동의 상태로 유포된 성적인 촬영물을 다운로드 후 재유포 • 영리를 목적으로 성적인 촬영물을 다운 및 업로드
유포 협박	• 성행위 촬영물을 유포하겠다는 협박	• 연인 간 이별 시, 혹은 이별 후 유포 협박 • 채팅 애플리케이션을 통해 성적인 촬영물을 주고받은 후, 다른 성적인 촬영물을 보내지 않으면 유포하겠다고 협박
유통 소비	• 영리를 목적으로 성적인 촬영물을 유포 방조 및 협조 • 비동의 성적인 촬영물을 시청, 공유, 저장 등의 방식으로 소비	• 인터넷 서비스 제공사업자에게 적용 • 음란물 유포 방조 및 음란물 유통처벌
카메라 등 이용 촬영	• 자기 또는 다른 사람의 성적 욕망을 유발하거나 만족시킬 목적으로 전화, 우편, 컴퓨터 등 통신 매체를 통하여 성적 수치심이나 혐오감을 일으키는 말, 음향, 글, 그림, 영상, 물건을 상대방에게 도달하게 한 경우	• 원하지 않는 언어적 성희롱 및 이미지 전송 • 피해자의 사진과 함께 성적으로 모욕적인 내용의 글 게시 • 단체 대화방 내 성희롱

2. 성폭력 피해 실태

성폭력 피해 실태는 여성가족부가 4년마다 조사하여 발표하고 있다. 19세에서 64세의 일반 국민 중 1만 명을 대상으로 하며, 가장 최근 자료가 2019년 발표다. 평생 한 번이라도 강간, 성추행 등 신체접촉을 동반한 성폭력 피해를 본 경우는 전체 인구의 약 9.6%(여성 18.5% 남성 1.2%)였다. 불법 촬영과 유포 피해를 구분하여 조사한 결과 여성의 불법 촬영 피해율은 0.5%, 유포 피해율은 0.2%로 나타났는데, 불법 촬영 유포 피해는 여성에서만 응답하였다.[4] 이 조사도 미성년자와 65세 이상은 포함되지 않아 실제는 더 많은 피해자가 있을 것이다. 디지털 성범죄 피해는 실태조사에서는 나타나지 않았으나 여성가족부에서 운영하는 디지털 성범죄 피해자 지원 사업에 대한 보고서[5] 결과를 보면 2018년 3,610건이던 것이 2019년 8,213건으로 지원 요청 건수가 늘어났음을 알 수 있다. 지원을 요청한 피해자 중 여성이 87.6% 남성이 12.4%였으며 연령대로는 10대와 20대가 전체 39.8%로 가장 큰 비율을 차지하였다. 가해자는 알 수 없는 경우가 31.1%로 가장 많아 가해자를 특정하기 어려운 디지털 성범죄의 특성을 반영함을 알 수 있다. 또한 유포 사실을 알게 되는 경로는 직접 인지하는 경우가 45%로 가장 많지만, 타인에 의해 알게 된 비율도 20.8%로, 피해를 알기 어려운 디지털 성범죄의 특성이 반영되었음을 알 수 있다.

대검찰청에서 2020년 발표한 10년 동안의 범죄 발생 자료에 따르면 ([표 3]) 성폭력 범죄 발생 건수는 2010년 20,584건에서 2019년 32,029

---

4. 장미혜 등, 『2019년 성폭력 안전실태조사 연구』, 여성가족부, 2019
5. 여성가족부, 『디지털 성범죄 피해자 보고서 보도자료』, 2019

[표 3] 성폭력 범죄 주요 유형별 구성비 추이(2010-2019년)

연도	발생건수	발생비	증감률
2010	20,584	40.7	-
2011	22,168	43.7	7.2
2012	23,376	45.9	12.6
2013	29,097	56.9	39.6
2014	29,863	58.2	42.8
2015	31,063	60.3	47.9
2016	29,357	56.8	39.4
2017	32,824	63.4	55.6
2018	32,104	61.9	52.0
2019	32,029	61.8	51.6

건으로 증가하였다. 결국 2019년에는 인구 10만 명당 61.8건의 성폭력 범죄가 발생했다. 이는 2018년에 비해 0.3% 감소한 것이긴 하나 10년 전에 비하면 51.6% 증가한 수치다. 성폭력 범죄 중 강간은 2010년 21.3%에서 2019년 18.2%로 감소하였다. 이에 비해 강제 추행은 2010년 35.5%에서 2019년 49.2%로 증가한다. 카메라 등을 이용한 촬영 범죄는 10년 동안 급증하였다. 2010년에는 성폭력 범죄 중 5.6% 수준이었으나 2019년 18.4%를 차지한다. 최근 성폭력 범죄의 급증에는 강간 등의 유형보다 스마트폰과 같은 전자 기기를 사용한 불법 촬영 범죄와 추행 범죄 증가가 영향을 미친 것으로 보인다.[6]

이러한 성폭력, 성희롱 범죄는 의대나 의료인들에게도 예외는 아니다. 2018년 국가인권위원회와 인권의학연구소가 공동 연구하여 발표한 자료에 따르면 성희롱이나 성폭력 피해는 다른 집단과 마찬가지로

6. 대검찰청 『2020 범죄 분석』 p14

[그림 3] 성폭력 범죄의 발생 건수 및 발생비 추이(2010-2019년)

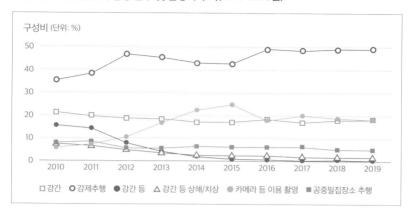

여성이 남성보다 높은 비율로 경험하였다. 성희롱은 언어적 성희롱이 25.5%로 가장 높았다. 주로 성차별적 표현이 교육과정에서 나타났다. 주 가해자는 실습 학년의 경우 교수, 인턴과 레지던트 순으로 많았고, 실습 이전에는 학생, 교수, 인턴과 레지던트 순이었다.[7]

피해자들의 신고가 전보다 늘어나고는 있지만, 피해자들은 여전히 신고하기를 망설이거나 신고를 했다가도 사건 진행을 포기하기도 한다. 신고하였다 해도 가해자 처벌이 공정하게 이루어진다는 믿음이 별로 없고, 피해자를 철저하게 보호해줄 거로 생각하지 않기 때문이다. 또한 위력에 의한 성희롱 피해자의 경우에는 피해자가 신고했을 때 그가 속한 집단에서 이제는 직장 생활을 하거나 앞으로 진로를 선택하는 데 자신에게 부정적 영향이 있을 거라는 생각으로 제약을 두게 된다. 이는 사회적으로 실제 사건이 제대로 해결이 되지 않는 경우가 많거나 제대로 처리되는 경험을 하지 못했기 때문이다.

7. 국가인권위원회, 『의과대학 학생들의 인권 상황 실태조사』, 인권의학연구소, 2018, pp. 38-39

3. 성폭력 피해 신고와 이후 과정

성폭력 예방과 피해자 보호를 위한 법적 규정은 성폭력 방지 및 피해자 보호 등에 관한 법률(약칭 성폭력방지법)이다. 성폭력 범죄 예방 및 피해자 보호에 관하여 국가 등이 의무를 지며, 국가나 지방자치단체가 성폭력 피해 상담소를 설치 운영할 수도 있다. 또한 이 법률을 기반으로 2004년부터 여성가족부 주도로 성폭력 피해자 지원을 위한 전담 기관을 만들어 피해자를 지원하고 있는데, 2021년 1월 기준으로 국내 성폭력 피해자 전담의료기관은 총 302개소다.[8] 이곳에서는 피해자 신고와 필요한 의료적 조치를 하고 필요하면 치료도 연계한다.

피해자는 피해 발생 시 1366센터를 통해 긴급 상담을 하고 상담소 통합지원센터 등 지원을 연계 받을 수 있다. 이주 여성이 자국어 상담을 원하면 이주여성긴급지원센터(1577-1366)를 통해 도움받을 수 있다. 이 기관을 통해 성폭력 상담소, 법률지원, 보호시설 등의 안내를 받을 수 있다.(참고로 대학 내에서도 이러한 피해에 대한 처리를 위해 기관을 운영하고 있는데, 주로 학내 성 평등 상담소에서 담당한다. 전공의 대상으로는 각 수련 병원의 수련교육부 산하 '고충 처리위원회'를 구성 운영하고 있다)

신고 전화에서 필요하다면 전담의료기관을 소개하는데, 의료기관에서는 응급 키트를 활용하여 증거를 채취하고 심리평가 및 치료를 받을 수 있으며, 필요한 경우 약물치료, 외상에 대한 치료, 인공 임신중절 지원, 피해자 보건 상담 및 치료, 기타 피해로 인한 후유증 치료 등을 도움받을 수 있다.

---

8. 여성가족부, 『2021 성폭력 피해자 전담의료기관 현황』 여성가족부, 2021

전담의료기관에서는 다음의 [그림 4]와 같은 과정으로 진행된다.

[그림 4] 성폭력 피해자 전담의료기관에서의 과정 9

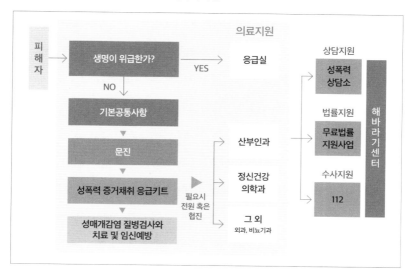

4. 이차 피해(Secondary victimization, Second rape)

성폭력 피해자들은 다른 트라우마를 경험한 사람들과 비슷한 심리
상태를 보임과 동시에 각자가 처한 상황과 과거 경험에 따라 다양한
생각과 감정을 가지게 된다. 의료진은 피해자를 대할 때 어떠한 상황에
부닥쳐 있는 피해자가 오더라도 그가 성폭력으로 인한 일차 피해 이상
의 피해를 더 주지 않도록 대하는 것이 중요하다. 이는 피해자가 장기
적으로 피해와 관련된 정신적, 신체적 외상을 최소화하고 빠른 회복을

---

9. 경기남부해바라기센터, 『성폭력 피해자 전담의료기관의 의료업무 매뉴얼』, 여성가족부, 2016.

위해서도 매우 중요하다.

이차 피해는 특정 범죄의 오래되고 복합적인 결과물인데, 피해자에 대한 부정적이고 판단적인(judgemental) 태도에서 비롯된 결과다. 피해자를 지지하지 않고 비난하며 이상한 사람으로 취급함으로써 성폭력 사건에 더하여 스트레스와 트라우마를 주게 된다.[10] 그래서 이것을 '두 번째 강간(the second rape)' 혹은 '두 번째 폭행(the second assault)'이 라고도 한다. 피해자를 만나는 경찰관, 의료진, 법률가나 주변 사람들에 의해서 발생한다.

이러한 이차 피해가 발생하게 되는 요인은 크게 세 가지다. 첫 번째 는 피해자도 책임이 있다는 잘못된 인식이다. 피해자에게 피해를 봤던 장소에 왜 갔는지 물어보거나 옷차림은 왜 그렇게 했는지, 랜덤 채팅은 왜 했는지 등의 질문은 피해자가 애초에 행동을 잘못했으니 피해를 보게 되었다는 전제에서 비롯된 질문이다. 이러한 질문을 받게 되는 피해 자는 자신이 잘못한 것이 없는 데도 비난을 받거나 사고의 책임이 자신에게 있는 것처럼 대우를 받는 느낌이 들어 이로 인한 피해를 추가로 받게 된다. 또한 아는 사람 사이에서 생기거나 친밀한 관계에서 발생한 성폭력은 성폭력이 아니거나 피해 정도가 작다고 생각하는 것이다. 특히 연인 사이나 부부, 파트너 사이에서 발생한 성폭력 사건을 진행하는 사람들이나 의료진은 이런 오해를 가지고 사안을 받아들여서는 안 된다.

스토킹도 조금 열성적으로 좋아하는 사람 혹은 열렬히 사랑하는 사

---

10. Rebecca Campbell, Sheela Raja, "Secondary Victimization of Rape Victims: Insights From Mental Health Professiionals Who Treat Survivors of Violence", *Violence and Victims*, 1999, Vol 14(3) pp. 261-275

람들이 할 수 있는 행동이 아니냐, 좋아하는데 설마 해를 주겠냐는 인식으로, 피해자의 불안과 정신적 피해에 대해 축소하여 받아들이는 대표적인 범죄다. 이러한 범죄의 피해자들을 대할 때 큰 피해가 아닐 것이라는 짐작으로 대해서는 안 된다.

또한 피해자의 성별이나 직업, 학력, 그 밖의 여러 과거력에 따라 가지게 되는 선입견이 피해 사건의 책임이 피해자에게도 있다고 생각하게 만들 수 있다. 성별에서는 피해자가 남성이고 가해자가 여성인 경우가 그럴 수 있고, 트렌스젠더를 비롯한 다양한 성별 정체성과 동성애자나 양성애자 등 다양한 성적 지향을 가진 사람이 피해자가 될 수 있고 가해자도 될 수 있는데, 이에 대해서 피해 자체보다는 성 소수자성이 피해 사건의 발단이 되는 것처럼 생각해서는 안 된다.[11] 피해자가 성매매하는 사람이거나 가해자가 고학력일 때도 피해자의 이야기를 의심할 수 있는데 이 역시 직업이나 학력에 대한 선입견에서 비롯된 것임을 잊어서는 안 된다.

이차 피해 가능성을 높이는 두 번째 요인은 초반 개입 후에 피해자에게 적절한 정보를 제공해 주지 않거나, 증거로 쓰일 수 있는 중요한 검사를 하지 않거나, 신체적 정신적 후유증에 영향을 줄 수 있는 선별 검사를 하지 않는 것이다. 법률적인 도움을 받을 수 있는 것에 대해 정보제공을 하고, 피해자가 원하면 도움을 받을 수 있도록 해주어야 한다. 성폭행 피해로 인해서 피해자가 어떤 신체적 혹은 정신적 영향을 받을 수 있는지 설명을 듣고 안 좋은 결과를 예방할 수 있도록 피해자가 필요한 도움을 받을 수 있도록 정보를 제공해 주어야 한다.

11. Michelle A, et al, "Secondary Victimization of Sexual Minority Men Following Disclosure of Sexual Assault:Victimizing Me All Over Again...", *Sex Res Soc Policy*, 2017(14) pp. 275-288

세 번째 요인은 피해 관련 조사를 하거나 검사를 할 때 배려하지 않는 태도다. 피해자에게 도움이 될 가능성이 큰 증거 수집을 위해 질문을 하거나 필요한 여러 검사가 이루어지는데, 이러한 과정은 피해자가 당한 폭행 과정이 재현될 가능성이 크다. 조사나 검사를 하는 과정이 자신의 피해를 증명하는 데 필요한 과정이라는 것을 안다고 해서 그 과정을 고스란히 인내하기란 어려운 일이며, 피해 과정이 재현됨을 느낀다면 피해가 더 커질 수 있다. 피해 과정과 분명히 구별되려면 조사자나 검사자는 피해자가 충분히 안정감을 느끼고 존중감을 느끼며 피해자가 상황을 조율하여 갈 수 있다는 조절감을 느낄 수 있도록 해야 한다.

5. 해야 할 일과 하지 말아야 할 일

트라우마를 경험한 피해자를 거의 최초로 대하게 되는 의료인은 피해자가 심리적 외상이 다시는 발생하지 않도록 최대한 노력하면서 필요한 처치를 할 수 있어야 한다.

① 의료인은 피해자가 도움을 받으러 왔지만, 자신을 대하는 사람이 자신에 대해 부정적인 판단을 할 수도 있다는 불안과 피해 관련 검사와 처치 과정이 피해 과정과 비슷할 수 있다는 생각으로 매우 불안해하고 있다는 것을 알아야 한다.
② 피해자를 진료하는 의료인은 되도록 같은 성별의 의사(혹은 피해자가 원하는 성별의 의사)가 진료할 수 있도록 하고, 불가피한 경우에는 피

해자에게 미리 친절하고 안정된 톤의 목소리로 상황을 설명하고 협조를 구하여 다른 성별의 의사가 진료하거나, 될 수 있는 한 같은 성별(혹은 피해자가 원하는 성별)의 다른 의료진이 함께 있도록 한다.

③ 피해자가 원하면 그가 믿을 수 있는 사람과 함께 있도록 한다. 미성년자의 경우 대개 부모와 같은 보호자가 되겠으나, 가해자가 가족으로 의심되는 때에는 분리해서 보아야 할 수도 있고 이때 법적으로 보호자가 될 수 있는 사람이 함께 할 수도 있다.

④ 피해자의 사생활은 피해와 구별하여 이 역시 존중되어야 하며 그가 가진 여러 특성이 부정적인 판단의 근거로 작용해서는 안 된다. 피해자는 직업, 학력, 과거 행적이 다양할 수 있다. 또한 성소수자일 수도 있다. 동성애자일 수도 양성애자일 수도 있으며 성별이 트렌스젠더일 수도 있다. 의료인은 이러한 정보에 따른 가치판단을 해서는 안 된다. 반대로 의료인은 진료나 검사를 함에 있어 그가 가지고 있는 이러한 특성들이 고려되어 더욱 편안하고 안심할 수 있는 분위기를 제공할 수 있어야 하고, 추후 여러 정보를 제공하면서 더 도움이 되는 정보를 줄 수 있도록 이용되어야 한다. 누구나 가해자가 될 수 있으나, 피해자일 수도 있으며 피해자가 되는 상황은 정해져 있지 않다. 따라서 피해자에게 질문할 때는 최대한 객관적이고 무비판적인 표현을 사용해야 하며, 의료인의 태도와 표정도 어떠한 판단이 들어가서는 안 된다.

⑤ 진료나 검사를 시작하기 전에 의료인은 피해자에게 먼저 자신이 누구임을 소개하고 앞으로 어떤 진료나 검사가 이루어질 것인지 설명해 주어야 한다. 과정의 단계마다 미리 설명하는데 최대한 그 과정을 자세하게 설명하고 왜 그러한 과정을 진행하는지, 하는 방법은 어떠한지, 통증은 어느 정도인지, 그 과정에 필요한 대강의 시간 등에 대해서

설명하여 피해자의 두려움과 긴장을 줄여주어야 한다. 진료나 검사를 하는 과정을 의료인은 최대한 신속하게 하여 피해자의 두려움이나 불쾌감이 줄도록 해야 하고 만약 시간이 걸린다면 왜 더 걸리는지 설명해서 안심할 수 있도록 해야 한다.

⑥ 피해자가 자신의 피해를 먼저 이야기해 줄 때까지 기다리는 것이 원칙이지만 증거 채취도 필요하므로 이를 설명하여 피해자를 이해시키고 검사를 진행할 수 있도록 해야 한다.

⑦ 피해자가 미성년자일 때는 가족에게 진료나 검사에 대한 동의를 받는데, 만약 가족이 가해자로 의심될 때에는 법적 권한이 있는 기관(수사 기관, 성폭력 상담소, 아동보호전문기관 등)과 연계하여 진행한다.

⑧ 피해자가 피해를 아직 신고하지 않으면 신고할 수 있음을 알려주고 그 즉시 신고를 결정하지 않더라도 증거를 보관할 수 있다는 것을 설명하고 증거를 수집한다.

⑨ 진료 이후에 피해자가 신체적, 정신적 어려움(증상)으로 진료나 심리상담이 더 필요할 수 있음을 알려주고 지원을 받는 방법과 진료나 상담을 어떻게 하면 받을 수 있는지 설명해 주어야 한다.

질문

1. 성폭력에 관한 설명 중 맞는 것은?

① 성폭력은 상대방에게 한 성적 강제 행동이 공포감이나 불안감을 조성하지 않으면 의사에 반하더라도 해당하지 않는다.

② 상대방이 동의하여 촬영한 성관계 영상을 유포하겠다고 협박하였지만, 유포하지 않으면 범죄가 아니다.

③ 디지털 성폭력의 가장 큰 문제 중 하나는 온라인에 유포된 영상이나 사진을 100% 삭제하거나 회수하는 것이 거의 불가능하여 피해의 회복이 어렵다는 것이다.

④ 성폭력 피해는 이성 간 관계에서만 발생한다.

2. 성폭력 피해와 관련된 설명 중 맞는 것은?

① 성폭력 피해자를 부정적으로 판단하는 의료진의 태도에서 이차 피해가 발생한다.

② 이차 피해는 피해 사건의 직접적인 가해자가 추가로 주는 피해를 뜻한다.

③ 학교 선생님으로부터 강간을 당했다고 호소하는 초등학교 1학년 학생 환자를 본 의사는 그 일이 사실이 아닐 수도 있으므로 충분히 확실한 정보를 얻은 다음에 신고해야 한다.

④ 상사로부터 성추행과 성희롱 피해를 보고 불면과 극심한 불안, 자살 생각이 있는 환자가 더 이상의 검사를 바라지 않는다면 의사는 그가 피해 관련 심리적 정신과적 상담이나 도움을 받을 수 있다는 설명을 할 필요가 없다.

3. 성폭력 피해자를 진료하는 아래의 의료인 행동 중 맞지 않는 것은?

① 피해자가 원하는 성별의 의사가 진료하는 것이 좋지만, 다른 성별의 의사밖에 가능하지 않은 상황에서는 사정을 설명하고 이해를 구하고, 가능하다면 피해자가 원하는 성별의 다른 의료진이 동행하여 진료를 할 수 있도록 한다.

② 한부모 가정의 초등학생 성폭력 피해자가 유일한 보호자인 아버지와 온 경우 담당 의사는 그 보호자가 같이 있는 상황에서 진료하여야 한다.

③ 피해자가 피해 신고를 하지 않으면 신고할 수 있음을 설명해 주고 추후 쓰이지 않을 수도 있더라도 피해자에게 증거로 쓰일 수 있음을 설명하고 검체를 보관할 수 있도록 한다.

④ 진료와 검사를 하기 전 의료진은 피해자에게 진료와 검사가 필요한 이유, 과정과 필요한 시간, 통증 발생 가능성과 그 정도 등에 대해 최대한 설명해 주어 피해자가 안심할 수 있도록 해야 한다.

참고문헌

- 경기남부해바라기센터, 『성폭력 피해자 전담의료기관의 의료업무 매뉴얼』, 여성가족부, 2016
- 국가인권위원회, 『의과대학 학생들의 인권 상황 실태조사』, 인권의학연구소, 2018, pp. 38-39
- 대검찰청, 『범죄 분석』, 2020 p.14
- 성폭력범죄의 처벌 등에 관한 특례법(약칭:성폭력처벌법) 2021년 1월 21일 시행(2020년 10월 20일 일부개정)
- 여성가족부, 『2021 성폭력 피해자 전담의료기관 현황』, 여성가족부, 2021
- 여성가족부, 「디지털 성범죄 피해자 보고서 보도자료」, 2019
- 『여성 정책 용어사전』 여성부
- 장미혜 등, 『2019년 성폭력 안전실태조사 연구』, 여성가족부, 2019
- Jang D, Kim SO, "A study on the punishment and control of online sexual violence crime", Korean Institute of Criminology, 2018
- Michelle A. et al, "Secondary Victimization of Sexual Minority Men Following Disclosure of Sexual Assault:Victimizing Me All Over Again…", *Sex Res Soc Policy.* 2017(14) pp. 275-288
- Rebecca Campbell, Sheela Raja, "Secondary Victimization of Rape Victims: Insights From Mental Health Professiionals Who Treat Survivors of Violence", *Violence and Victims*, Vol 14(3) pp. 261-275, 1999

소아청소년 환자의 인권

_장형윤

<table>
<tr><td>

• 아동 인권에 대해 이해하고, 의료 현장에서 아동 인권이 어떤 식으로 발현되는지 알아본다. 아동을 진료의 주체이자 공동 의사결정권자로서 이해하는 시각을 가지며, 아동 학대 신고 의무자로서 의무를 숙지한다.

</td><td>주요 내용</td></tr>
</table>

1. 아동 권리를 위한 협약 및 아동 인권의 주요 개념을 설명할 수 있다.
2. 병원에서의 아동의 권리 체크리스트를 설명할 수 있다.
3. 진료에서 의사결정권자로서의 아동의 입지에 대해 이해할 수 있다.
4. 아동 학대 신고 의무 제도에 관해 설명할 수 있다.

목표

장형윤 정신건강의학과 전문의. 연세대학교 의과대학을 졸업, 동 대학원 정신의학으로 의학석사, 의학박사 졸업. 정신과 전문의 수료 후 세부 전공으로 소아청소년 정신과 전문의를 취득 후 미국 컬럼비아대학교 보건대학원에서 보건학 공부. 환자 치료뿐만 아니라 예방 및 조기 개입 등 보건학적 접근에 관심을 두고 주로 트라우마 분야인 아동 학대와 성폭력 피해자 지원에 힘씀. 현재 아주대학교병원 정신건강의학과에서 연구 부교수로 근무. 경기남부 해바라기센터(거점) 소장
email: hyoungyoon@ajou.ac.kr

글쓴이

다음 두 가지 사례를 소개한다.

사례 1

10년 차 산부인과 전문의 A씨. 10대 성병 환자를 진료하면 안타까울 때가 많다. 성병이 손쓸 수 없을 정도로 진행된 상태로 오는 경우가 많기 때문이다. (중략) 10대 청소년의 성병 치료를 위해선 부모 동의가 반드시 필요하다. 하지만 당사자가 고백을 주저하거나, 부모가 치료를 망설여 때를 놓치기도 한다.

[산부인과 전문의 인터뷰] "부모님에게 얘기했을 때 '너 노는 애야? 대체 왜 그랬어? 남자 친구나 사귀고 다녔어?' 이런 비난을 받을까 봐."(중략) 지난해 청소년 6만여 명을 상대로 한 조사에서 5.7%가 '성관계 경험이 있다'라고 응답했고, 성관계를 시작한 평균 나이는 만 13.6세로 나왔습니다. 현실을 외면하기보다 적극적인 청소년 성교육이 필요한 이유입니다.[12]

12. KBS 뉴스 「10대 성병 환자 해마다 급증… 쉬쉬하다 병 키운다」 2019.11.23

친권의 정지는 부모가 친권을 남용해 자녀의 복리를 현저히 해치거나 해칠 우려가 있는 경우, 자녀나 검사의 청구로 2년의 범위에서 일시 정지를 신고할 수 있다. 특히 개인적, 종교적 신념에 의한 치료 거부, 의무교육 거부 등 특정 상황에 대해 구체적인 범위를 정해 친권을 제한할 수 있다.

1. 아동 인권 및 아동권리협약

오랫동안 아동은 나이가 어리다는 이유로 부모 소유로 여겨져 왔다. 아동은 아직 자신에 대한 최선의 결정을 내릴 수 없는 미성숙한 존재라는 판단하에 부모나 어른들은 아동이 어른이 될 때까지 아동에 대한 중요한 결정을 아동 대신 하는 경우가 대부분이었다. 그러나 아동은 어른과 마찬가지로 사람으로서 가지는 기본적인 권리를 가지고 있다. 이에 더하여 아동은 아직 신체적, 정신적으로 발달하는 단계에 있어서 어른이 될 때까지 건강하게 잘 자랄 수 있도록 특별한 보호와 보살핌을 받을 권리도 가진다.

아동권리협약(Convention on the Rights of the Child, CRC)은 아동 권리에 관한 최초의 국제 협약으로, 모든 영역에서 아동의 권리를 포괄적으로 담고, 법적 구속력을 가진 최초의 국제 문서다. 이 협약은 1989년 11월 20일 유엔에서 만장일치로 채택되어 현재 가장 많은 국가가 비준하고 협약 당사국으로 가입한 인권 협약이다. 우리나라는 1991년 11월 20일에 협약을 비준하여 이후 아동 권리 보호를 위해 노력하고 있다. 협약을 지키기로 약속한 국가는 협약 내용을 얼마나 잘 이행했는지 보고서를 작성해서 정기적으로 제출해야 한다. 유엔 아동권리위원회는 국가가 제출한 이행 보고서를 검토하고, 추가로 이행해야 할 부분이 있으면 권고 사항을 작성해서 해당 국가에 전달한다.

아동권리협약에서는 만 18세 미만을 아동으로 명시한다. 현재 우리나라는 아동과 관련된 여러 법에서 아동을 다르게 정의하고 있는데, 예를 들어 아동복지법에서는 협약과 마찬가지로 만 18세 미만을 아동으로 정의하나 청소년 보호법과 아동·청소년의 성보호에 관한 법률에서는 만 19세 미만을 청소년으로, 청소년기본법과 청소년복지 지원법은 9세 이상 24세 미만을 청소년으로, 민법에서는 만 19세 미만을 미성년으로 정의한다.

아동권리협약이 담고 있는 권리는 크게 생존의 권리, 보호의 권리, 발달의 권리, 참여의 권리다. 이 네 가지 기본권은 이 세상 아동이라면 누구나 마땅히 누려야 할 권리로써 어느 한 기본권이 다른 기본권보다 더 중요하다고 할 수 없다.

생존의 권리는 기본적인 삶을 누리는 데 필요한 권리를 말한다. 예를 들어 적절한 생활 수준을 누릴 권리, 안전한 주거지에서 살 권리, 충분한 영향을 섭취하고 기본적인 보건 서비스를 받을 권리 등 기본적인 삶을 누리는 데 필요한 권리 등이 이에 포함된다.

보호의 권리는 모든 형태의 학대와 방임, 차별, 폭력, 과도한 노동, 약물과 성폭력 등 아동에게 해로운 것으로부터 보호받을 권리다.

발달의 권리는 아동이 잠재 능력을 최대한 발휘하는 데 필요한 권리를 말하며, 교육받을 권리, 여가를 즐길 권리, 문화생활을 하고 정보를 얻을 권리, 생각과 양심과 종교의 자유를 누릴 수 있는 권리 등이다.

참여의 권리는 자신의 생활에 영향을 주는 일에 대해 의견을 말하고 존중받을 권리를 말하며, 표현의 자유, 양심과 종교의 자유, 평화로운 방법으로 모임을 자유롭게 열 수 있는 권리, 사생활을 보호받을 권리, 유익한 정보를 얻을 권리 등이다.

아동권리협약은 전문과 총 54개 조항으로 구성되며, 제1조부터 제 40조까지 실제적인 아동 권리 내용을 담고 있다. 여기에는 생명권, 국 적권, 신분 보존권, 의사표시권, 사상·양심·종교·집회·결사의 자유, 사 생활의 권리 등의 시민적 권리, 가족 동거권, 양육 받을 권리, 건강·의 료에 대한 권리, 사회보장, 교육권, 장애아동의 보호, 문화활동권 등의 사회적·경제적·문화적 권리를 담고 있으며, 마약, 인신매매, 무력분쟁 으로부터 보호도 규정하고 있다.

아동권리협약의 일반원칙은 협약의 기본이 되는 가치다. 일반원칙 에는 차별 금지(제2조), 아동 최선의 이익(제3조), 아동의 생존과 발달의 권리(제6조), 아동 의견 존중(제12조)의 네 가지 원칙이 있다.

이 중 아동 의견 존중이란 자신의 의견을 형성할 수 있는 능력이 있 는 아동은 자신에게 영향을 미치는 모든 문제에서 자신의 의견을 표현 할 권리를 가지며, 당사국은 아동이 자신의 의견을 자유롭게 표현할 수 있도록 보장해야 한다는 것이다. 아동의 의견은 아동의 나이와 아동이 얼마나 성숙했느냐에 따라 적절하게 비중이 주어져야 한다. 이를 위해 당사국은 아동에게 영향을 미치는 합법적, 행정적 절차를 시행함에 아 동이 직접적으로, 또는 대리인이나 적절한 기관을 통해 의견을 표현할 수 있도록 보장해야 한다.

[표 4] 쉽게 풀어쓴 아동권리협약 (제1조-제42조)[13]

제1조 아동은 18세 미만의 모든 사람을 말한다.

제2조 아동은 모든 종류의 차별로부터 보호받으며, 부당한 대우를 받아서는 안 된다.

제3조 아동에 관한 모든 결정에 아동의 최상의 이익이 우선되어야 한다.

제4조 국가는 아동의 권리를 실현하기 위해 모든 책임을 다해야 한다.

제5조 부모를 비롯한 아동을 보호하는 성인들은 아동의 잠재력을 키워주는 방법으로 적절한 감독과 지도할 책임과 의무가 있다.

제6조 아동은 생명에 대한 고유한 권리가 있으며, 국가는 아동의 생존과 발달을 보장해야 한다.

제7조 아동은 국적과 이름을 가질 권리가 있으며, 부모를 알고 부모에 의하여 양육 받을 권리가 있다.

제8조 국가는 국적, 이름, 가족 관계를 포함한 아동의 신분을 지켜주고 보호해 줄 의무가 있다.

제9조 부모와의 분리가 아동의 최상의 이익을 위하여 필요한 경우를 제외하고, 아동은 부모로부터 분리되지 않아야 하며, 분리된 경우 부모와 연락을 지속할 권리가 있다.

제10조 아동이 부모와 떨어져 다른 나라에 사는 경우, 국가는 가족의 재결합을 위해 인도적인 방법으로 입국이나 출국을 신속하게 처리해주어야 한다.

제11조 아동이 불법으로 다른 나라에 보내졌을 경우 국가는 아동이 돌아올 수 있도록 모든 노력을 다해야 한다.

제12조 아동은 자신들과 관련된 문제 상황에 대해 의견을 표현할 권리가 있으며, 아동의 의견은 존중되고 진지하게 받아들여져야 한다.

제13조 아동은 말이나 글, 예술 등 다양한 형태로 표현할 권리를 가지며, 아동의 생각이 다른 사람에게 해롭지 않은 한 자유롭게 표현하거나 이야기할 수 있다.

제14조 아동은 자유롭게 생각하고 자신이 양심에 따라 행동하며, 원하는 종교를 가질 수 있어야 한다.

제15조 아동은 단체와 모임에 가입할 수 있고, 평화적 집회에 참여할 수 있다.

제16조 아동은 사생활과 가족, 집, 통신 등에 불법적 간섭이나 공격을 받지 않아야 한다.

제17조 아동은 신문이나 방송, 잡지를 통해 도움이 되는 정보를 얻고, 해로운 정보로부터 보호받을 권리가 있다.

제18조 부모는 아동의 양육과 발달에 일차적 책임을 지며, 국가는 부모가 아동의 양육에 책임을 다할 수 있도록 적절한 지원을 제공해야 한다.

제19조 아동은 모든 형태의 학대, 방임, 착취로부터 보호되어야 하며, 국가는 이로부터 아동을 보호하기 위해 적절한 도움과 서비스를 지원해야 한다.

제20조 부모가 없거나 부모와 함께 사는 것이 아동에게 안전하지 않아 부모와 헤어져 살아야 하는 경우 아동은 국가로부터 특별한 돌봄과 지원을 받을 권리가 있다.

제21조 아동이 입양되어야 할 때 아동의 최상의 이익이 고려되어야 한다. 입양을 결정하는 곳은 믿을 만한 정부 기관이어야 하며, 부모나 친척 등 아동과 관련된 성인들의 동의를 얻어야 한다.

13. 국제아동인권센터(http://incrc.org/uncrc/)

제22조 난민 아동은 특별한 보호와 지원을 받아야 하며, 정부와 여러 단체는 아동이 가족과 재결합할 수 있도록 노력해야 한다.

제23조 장애아동은 존엄성 보장·자립 촉진·활발한 사회참여를 통해 성장할 수 있도록 특별한 보살핌, 교육, 훈련을 받을 권리가 있다.

제24조 아동은 건강하게 자랄 권리가 있으며, 깨끗한 환경, 의료 서비스, 안전한 물, 영양가 있는 음식을 받아야 한다.

제25조 아동이 보호 치료의 목적으로 시설에서 생활하게 된 경우, 정부는 아동에게 제공되는 치료 및 환경에 대해 정기적으로 평가해야 한다.

제26조 아동은 사회보험을 포함한 사회보장제도의 혜택을 받을 권리가 있다.

제27조 아동은 신체적·지적·정신적·도덕적 및 사회적 발달에 적합한 생활 수준을 누릴 권리가 있다.

제28조 아동은 교육받을 권리가 있다. 초등교육은 무상으로 제공되어야 하며, 학교 규율은 아동의 존엄성을 침해하지 않아야 한다.

제29조 교육은 아동의 인격, 재능, 정신적, 신체적 능력을 최대한으로 계발할 수 있어야 한다. 또한 교육을 통해 인권과 자유, 평화 정신을 배우고 다른 문화 존중, 관용, 성 평등 및 우정의 정신에 근거하여 책임 있는 삶을 살 수 있도록 준비하여야 한다.

제30조 소수 집단 또는 선주민 아동은 그들의 문화, 언어, 종교를 가질 권리가 있다.

제31조 아동은 휴식과 여가를 즐기고, 자신의 나이에 적합한 놀이 및 예술과 문화 활동에 자유롭게 참여할 수 있는 권리가 있다.

제32조 아동은 경제적 착취와 노동으로부터 보호받을 권리가 있다. 또한 교육에 방해가 되거나 몸과 마음에 해로운 상황에서 일하지 않도록 보호받아야 한다.

제33조 아동은 해로운 물질(마약, 향정신성 물질)로부터 보호받을 권리가 있다.

제34조 아동은 모든 형태의 성매매, 성 착취, 성 학대로부터 보호받고 도움받을 권리가 있다.

제35조 아동은 유괴나 매매, 거래되는 것으로부터 보호받을 권리가 있다.

제36조 아동은 자신들의 복지를 해치는 모든 형태의 착취로부터 보호받을 권리가 있다.

제37조 아동에게 사형이나 종신형 등의 큰 벌을 내릴 수 없으며, 아동을 고문해서는 안 된다. 아동을 체포하거나 감금하는 일은 최후의 방법으로 선택되어야 하며, 감금된 동안 가족과 연락할 권리가 있다.

제38조 15세 미만의 아동은 절대로 군대에 입대해서는 안 되며, 전쟁지역의 아동은 특별한 보호를 받아야만 한다.

제39조 모든 형태의 유기, 착취, 고문, 무력분쟁 등으로 인하여 피해를 본 아동은 신체적·심리적 회복과 사회통합을 위해 특별한 보살핌과 치료를 받을 권리가 있다.

제40조 범죄에 기소된 아동은 그들의 나이나 주변 환경을 고려하여 사회 복귀를 촉진할 수 있는 방향으로 존엄하고 공정한 대우를 받을 권리가 있다.

제41조 만약 국가의 법이 이 협약의 조항보다 아동을 더 잘 보호한다면, 그 법은 유지되어야 한다.

제42조 모든 아동과 성인은 본 협약의 권리들을 알아야만 한다.

아동권리협약 제24조는 아동의 건강할 권리에 관해 규정하고 있다. 아동은 도달 가능한 최상의 건강 수준을 누리고 보건 서비스를 받을 수 있는 권리를 갖는다. 이 협약의 '건강할 권리'란 사람들이 건강한 삶을 이끌어 나갈 수 있고, 음식, 영양, 주거, 안전, 식수, 위생시설에서 안전하고 건강할 수 있는 상태 및 환경을 포괄하는 넓은 범위의 사회경제적 요소까지 포함하는 개념이다. 이 협약의 기본 원칙인 무차별 원칙(제2조)에 따라 아동의 건강할 권리도 모든 아동에 대해 차별 없이 적용되어야 한다.

2. 병원에서 아동의 권리

세계보건기구에서는 아동권리협약의 정신이 병원 및 의료 서비스 현장에서 실질적이고 구체적인 원칙과 행동으로 이어질 수 있도록 이와 관련된 연구와 지침 개발을 진행하고 있다.

[표 5] 병원에서의 아동의 권리 체크리스트

기준1 양질의 서비스 '가능한 최상 수준의 보살핌'이 모든 아동에게 제공되고 있는지 평가한다. 여기서 '가능한 최상 수준의 보살핌'이란 제공 가능한 임상 근거, 아동의 권리 및 환자와 가족의 입장과 바람에 대한 존중을 모두 고려한 보살핌을 의미한다 _아동권리협약 제9, 24, 31조
기준2 평등과 무차별 의료 서비스 제공자가 모든 아동에 대한 평등과 무차별의 원칙을 얼마나 존중하는지 평가한다_아동권리협약 제2, 16조
기준3 놀이와 교육 놀이와 교육이 모든 아동에게 어떻게 계획되고 전달되는지 평가한다_아동권리협약 제23, 28, 29, 31조

기준4 정보와 참여 아동이 자신과 서비스 제공에 영향을 끼치는 의료 서비스 결정에 대한 정보를 받고 참여할 수 있는 권리를 평가한다_아동권리협약 제12조

기준5 안전과 환경 의료 서비스가 모든 아동에게 안전하고 깨끗하고 적절한 환경에서 제공되고 있는지 평가한다_아동권리협약 제3, 24조

기준6 보호 아동이 신체폭력 혹은 정서 폭력, 고의가 없는 부상, 그 외의 부상이나 학대, 방임이나 부주의한 대우, 괴롭힘이나 착취 등으로부터 보호받을 권리에 대해 평가한다_아동권리협약 제6, 19, 39조

기준7 통증 관리와 완화 치료 아동에게 통증 관리 및 완화 치료가 제공되고 있는지 평가한다_아동권리협약 제24조

3. 의료 계약 당사자로서 아동

환자와 의사는 법적으로 의료 계약을 맺은 관계다. 그러나 미성년자는 법적으로 단독으로 계약을 맺을 수 있는 주체가 아니다. 민법에서는 '미성년자가 법률행위를 함에는 법정 대리인의 동의를 얻어야 한다'[14]고 명시하고 있다. 의료법에서는 미성년 환자에 대한 별도의 설명 없이, '환자가 의사결정 능력이 없는 경우 환자의 법정대리인에게 설명하고 서면으로 그 동의를 받아야 한다'[15]고만 명시하고 있다.

아동 권리를 천명한 아동권리협약에서는 아동이 본인의 건강과 안녕을 위한 결정을 하는 데 있어 충분한 정보를 받고 주체자로서 대접받고 존중받아야 한다고 주장하는 반면, 현재 법체계에서는 성년에 이르지 못한 아동은 일괄적으로 의사결정 능력이 부재하고 계약을 직접할 권한이 없다고 단정 짓고 있다.

14. 민법 제5조 미성년자의 능력
15. 의료법 제24조의 2 의료 행위에 관한 설명

그러나 아동의 역량과 능력은 고정된 것이 아니라 발달 과정에서 지속해서 발전하고 변화한다. 신생아 등 발달 초기 단계의 아동과 성년이 되기 직전 청소년의 의사결정 능력 수준은 전혀 다르며, 성년이 되기 직전의 청소년과 성년이 된 직후의 성인의 의사결정 능력 수준은 큰 차이가 없을 수 있다. 아동은 여러 경험을 하고 성장함에 따라 더욱더 역량이 강화되며, 그러한 변화에 발맞춰 지도 감독이나 보호의 필요성은 감소하고, 자신의 삶에 관한 결정을 스스로 내릴 권한과 책임은 증가한다. 시대와 문화에 따라, 한 개인에게 허용되거나 제한된 상황에 따라, 아동의 역량 발달은 나이별 영역별로 상이하게 나타날 수밖에 없다. 그러므로 아동은 다양한 상황에서 그에 맞는 자율적인 의사결정을 할 기회를 부여받아야 한다. 그러나 이러한 법체계나 병원과 같은 사회적 기구에서는 아동의 역량과 능력 수준에 걸맞은 권한을 부여하지 않는 관습이 지속하였다.

아동권리협약 제5조에서는 보호자에게 단순히 감독과 지도만 하라고 하지 않고 '적절한' 감독과 지도를 하라고 되어 있다. 아동의 잠재력을 키워주는 방법으로 적절한 감독과 지도를 해야 하는 이유는, 아동이 성장할 때 나이만 먹는다고 하여 역량이 개발되지 않기 때문이다. 아동은 다양한 경험들에 노출되고, 본인의 역량과 능력에 걸맞은 결정을 시도해 봄으로써 성인으로서 의사결정 능력을 함양한다. 즉 아동을 보호한다는 명분으로 일방적으로 주체적인 결정을 제한하는 것은 아동에게 적절한 감독과 지도하는 것으로 볼 수 없으며, 아동에게 적절한 감독과 지도를 하기 위해서는 아동의 현재 역량과 능력에 대한 끊임없는 사정과 검토가 필요하다.

영국에서는 1991년 아동권리협약을 채택하면서, 아동에게 제공되는 국가 의료 서비스 정책 기반으로 '아동은 자신의 진료에 관한 결정에 포함된 권리가 있다'라고 천명하였다. 이에 연명의료 지속 여부 등의 심각한 사안에 대해서도 아동의 의견은 의사나 부모만큼이나 중요하게 다뤄지며, 최종 결정에 가장 큰 영향력을 갖는 것도 아동 당사자의 의견이다.

4. 아동 학대 신고 의무자로서 의료인

　의사는 진료 과정에서 아동의 인권을 최대한 존중하고 병원 의료 서비스 제공 과정에서 아동의 인권이 침해당하지 않도록 노력하는 것 외에 아동 학대 신고 의무자로서 책임도 있다. 아동 학대는 아동의 보호자를 포함한 성인이 아동의 건강 또는 복지를 해치거나 정상적 발달을 저해할 수 있는 신체적·정신적·성적 폭력이나 가혹 행위를 하는 것과 아동의 보호자가 아동을 유기하거나 방임하는 것을 말한다.[16] 아동 학대는 심각한 인권침해인 동시에 범죄이므로, 아동 학대 특례법에서는 직무상 아동 학대 범죄를 인지할 가능성이 큰 직군에 신고 의무를 부여하고 있으며, 여기에는 의료인이 포함된다. 신고 의무자는 직무를 수행하면서 아동 학대 범죄를 알게 되거나 그 의심이 있을 때는 아동보호 전문기관 또는 수사 기관에 신고하여야 하며, 신고하지 않으면 500만 원 이하의 과태료가 부과된다.

　심각한 아동 학대 사건의 경우, 아동의 가해자가 아동의 보호자이자

---

16. 아동복지법 제3조 정의

법정 대리인, 친권자라는 점에서 개입 및 아동보호에 어려움이 발생할 수 있다. 예를 들어 즉각적인 수혈이 필요하나 부모가 여호와의 증인이라는 이유로 수혈을 거부하고 퇴원을 요구하는 경우, 친족 성폭력 피해 아동의 아버지가 법정 대리인이라는 이유로 아동의 의무 기록을 열람하겠다고 주장하는 경우 등이 이에 포함된다. 이때 아동 학대 특례법에서는 피해 아동에 대한 응급조치·임시조치·보호처분·보호 명령 등의 법규를 통해 아동을 보호할 수 있도록 제도를 마련하고 있다. 사법 경찰관리 또는 아동 학대 전담 공무원은 즉각적으로 아동 학대 행위자를 격리시키고 피해 아동을 보호시설이나 의료기관으로 인도할 수 있으며(응급조치), 판사는 아동 학대 행위자에 대하여 주거로부터 퇴거, 접근 금지 그리고 친권 또는 후견인 권한 행사의 제한 또는 정지 조치를 할 수 있다.(임시조치 · 보호처분 · 보호 명령)

해야 할 일

① 아동을 진료의 주체로 존중하고, 그에 걸맞은 설명과 의견 청취를 한다.

② 아동 학대가 의심될 경우, 신고한다.

하지 말아야 할 일

① 보호자하고만 대화하지 않는다.

1. 처음에 언급한 아동 인권 관련 사례들을 아동권리협약 및 병원에서의 아동 인권 점검 항목에 따라 검토해 보고 논의가 필요한 사안에 대해 정리한다.

2. 아동이 병원 진료를 받을 때 보호자 동의가 필수인 경우, 보호자 고지가 필수인 경우, 보호자 고지조차 필수적이지는 않은 경우에 대해 생각해 보고, 어떤 기준을 충족해야 하는지 논의한다.

3. 아동 학대 선별 도구나 병원 기반 아동보호팀에 대해 알아보고, 이러한 도구 혹은 제도의 의미와 제한점에 대해 논의한다.

참고문헌

- 국가인권위원회, 『유엔아동권리협약의 이해: 사이버 인권교육』 보조 교재, 2018
- 장형윤, 「정신건강의학 관점에서의 아동 학대」, 『신경정신의학』, 58(4), pp. 277-283, 2019
- Ford A, "Do Children Have the Right to Contribute to Medical Decisions about their own Care? An Anlysis of Policy and Practice in the United Kingdom and the United States", *Health and Human Rights Journal*, 2017
- UNICEF Innocenti Research Centre, The Evolving Capacities of the Child, 2005
- World Health Organization, Children's rights in hospital : Rapid-assessment checklist, 2017

정신질환자의
인권

_장창현

| 주요 내용 | • 대한민국 성인 인구의 4명 중 1명은 평생 한 번 이상 정신질환에 노출된다고 알려져 있다. 세계적으로도 정신질환의 유병률은 점차 높아지고 있으며 코로나 팬데믹 상황에 더욱 급격히 증가할 것으로 예측된다. 적절한 정신보건에 대한 접근도 인권을 보장하는 것이고, 정신과 치료 시 자기 결정권을 존중받고 폭력에 노출되지 않는 것도 인권을 보장하는 것이다. 보편적 윤리의 관점에서 정신질환자의 인권에 대한 국제기구의 접근을 살피고, 대한민국에서 정신질환자 인권의 맥락과 인권을 높일 접근법에 대해 생각해 보자. |

| 목표 | 1. 정신질환자 인권에 대한 국제기구의 보편적 접근을 살핀다.
2. 대한민국의 정신질환 관련 법의 맥락을 살핀다.
3. 의료 외의 다양한 건강 결정요인을 살피고, 정신 건강을 높이기 위한 실제적 방법에 대해 고민해본다.
4. 정신질환자 진료 현장 안과 밖에서 인권을 높일 방안을 고민해본다. |

| 글쓴이 | **장창현** 정신건강의학과 전문의로 한국사회적의료기관연합회(사의련) 회원 기관인 살림의원, 느티나무의원과 원진녹색병원에서 순회 진료를 한다. 문턱 낮은 마음 진료를 추구하며, 더 나은 정신의료를 고민하며 『비판정신의학』, 『약이 병이 되는 시대』를 번역했다. 정신질환자 옹호 활동에도 관심이 있으며 시민, 의료 소비자, 의료인들이 함께 더 나은 정신 의료를 만들어 가기 위한 연대체 결성의 뜻을 품고 '함께하는 약 선택을 통한 회복 실천 운동'을 펼치고 있다.
email: memorylane@hanmail.net |

다음 사례에서 정신질환자의 인권침해 소지는 없는지 생각해 보자.

사례 1

과잉 행동으로 인해 정신과 외래 치료를 받는 발달장애 환자의 사례. 증상의 호전이 크게 없기에 보호자와의 면담만으로 정신과 진료를 진행하고 있다.

사례 2

치매의 정신 행동 증상으로 정신과 외래 치료를 받는 노인 환자의 사례. 가족과 돌봄 제공자가 돌봄의 어려움을 호소하여 진정효과가 큰 약을 줄이지 않고 지속해서 사용 중이다.

사례 3

정신병원에 장기 입원 중인 난치성 조현병 환자의 사례. 약을 통한 증상

의 호전이 기대되지 않는다고 판단되며 전공의 수련을 목적으로 환자와
보호자에게 설명과 사전 동의 없이 전기 자극 치료를 진행하기로 했다.

정신질환은 전 인구의 25% 이상이 일생 중 한 번 이상을 경험할 정
도로 흔한 질병이며, 모든 국가와 사회, 남녀노소, 빈부 차이, 도시와 농
촌 등의 거주지역에 상관없이 누구든지 걸릴 수 있는 보편적인 장애이
다.[17] 2016년 한 해 동안 약 11억 1천만 명 정도가 정신질환 및 중독질
환으로 고통을 받았으며 이는 전 세계 인구의 16%에 해당한다.[18] 2001
년에 전 세계의 약 4억 5천만 명 정도가 정신질환에 노출된 것에 비
하면 2016년의 정신질환 유병률은 대략 246%의 가파른 증가세를 보
였다. 정신질환은 모든 질환 및 손상으로 인한 장애 보정 생존 연수
(Disability Adjusted Life Years) 손실 중 전체의 7%를 차지하는 것으로
평가되었으며, 전 세계의 정신질환에서 야기된 장애로 인한 손실 연수
(Years Lived with Disability, YLD)는 19%였다.[19]

코로나 팬데믹 이후에는 주요우울장애와 불안장애 환자 수가 세계
적으로 각각 28%, 26% 증가한 것으로 나타났다.[20] 코로나 전파 초기
코로나 감염과 사망 사례 확산으로 인한 두려움, 상황의 지속으로 인

17. World Health Organization, *World Health Report 2001: Mental Health: New Understanding, New Hope. 2001*
18. Rehm J, Shield KD., "Global burden of disease and the impact of mental and addictive disorders," *Curr Psychiatry, 21:10 2009*
19. Rehm J, Shield KD, "Global burden of disease and the impact of mental and addictive disorders," *Curr Psychiatry, 21:10 2009*
20. World Health Organization. Mental disorders Fact Sheets.(https://www.who.int/news-room/fact-sheets/detail/mental-disorders)

한 피로감, 사회적 격리로 인한 스트레스, 취업난과 가난 같은 경제적 곤란, 코로나 중심으로의 보건자원 재배치 등이 정신질환 이환율의 증가에 영향을 미쳤다. 우리나라도 이 흐름은 마찬가지다. 건강보험심사평가원 분석에 따르면 2017년에 비해 2021년에 우울증과 불안장애 상병으로 진료를 받은 환자의 수가 각각 35.1% 증가한 93만 3천여 명, 32.3% 증가한 86만 5천여 명에 이른다.[21]

이러한 지금의 상황 속에서 정신 건강 악화에 대한 국가적 대책이 중요한 것은 자명하다. 또한 모든 개인은 자신이 원할 때 정신보건 체계에 적절하게 접근할 수 있어야 한다. 세계보건기구는 정신 건강을 "한 개인이 자신의 능력을 삶의 정상적인 스트레스에 대처할 수 있고, 생산적으로 일할 수 있으며, 공동체에 이바지할 수 있다는 것을 깨달을 수 있는 안녕 상태"로 정의한다.[22] 정신 건강은 건강권의 하나이며 기본적인 인권에 해당한다. 이 글에서는 정신질환과 인권이 어떻게 연결되는지 고찰해보고 의료인들이 정신 건강 영역의 인권 증진을 위해 어떠한 실천을 해야 할지에 대해 다루고자 한다.

1. 인권의 개괄

인권이란 한 개인 그 자신이 인간이기에 법적으로 혹은 윤리적으로 주장할 수 있는 기본 권리다. 인권은 누가 감히 부여하거나 쟁취해야

21. 건강보험심사평가원, 「최근 5년(2017-2021년) 우울증과 불안장애 진료 현황 분석」(https://www.hira.
or.kr/bbsDummy.do?pgmid=HIRAA020041000100&brdScnBltNo=4&brdBltNo=10627)
22. World Health Organization, *Promoting Mental Health: Concepts, Emerging Evidence, Practice (Summary Report)*, 2004.(https://www.who.int/mental_health/evidence/en/promoting_mhh.pdf)

하는 것이 아니다. 사람이기에 누릴 타고난 권리다. 인권을 얻기 위한 어떤 자격도 필요하지 않다.[23] 인권의 개념과 가치는 긴 역사를 가지지만, 오늘날 인권이라는 용어는 1948년 유엔 총회에서 채택된 세계인권선언문과 같은 인권선언을 참조하여 이해된다.

세계인권선언문은 다음과 같은 서문으로 시작한다. '모든 인류 구성원의 타고난 존엄성과 동등하고 양도할 수 없는 권리를 인정하는 것이 세계의 자유, 정의 및 평화의 기초이며… 인간이 폭정과 억압에 대항하는 마지막 수단으로써 반란을 일으키도록 강요받지 않으려면 법에 따른 통치에 따라 인권이 보호되어야 하는 것이 필수적이며…' 제1조의 내용은 다음과 같다. '모든 인간은 태어날 때부터 자유로우며 그 존엄과 권리에 있어 동등하다.' 제2조에서는 인권의 보편성에 대해 분명히 표현하고 있다. '모든 인간은 피부색, 성, 언어, 종교, 정치적 또는 기타의 견해, 민족적 또는 사회적 출신, 재산, 출생 또는 기타의 신분과 같은 어떠한 종류의 차별이 없이 이 선언에 규정된 모든 권리와 자유를 누릴 자격이 있다.'

세계인권선언문은 인권에 대하여 차별이 적용되어서는 안 되며 보편성이라는 원칙을 강조한다. 위의 목록에 정신질환이 구체적으로 언급되어 있지는 않지만, 세계인권선언문의 보편적 정신은 의심할 여지가 없으며, '기타의 신분'에 대한 차별 금지를 권고하는 것은 정신질환에 대한 차별을 금하는 것을 포함한다고 합리적으로 해석될 수 있다. 1991년 유엔은 '정신장애인 보호와 정신보건 의료 향상을 위한 원칙(Principles for the Protection of Persons with Mental Illness and the

---

23. Edmundson W., *An Introduction to Rights*, Cambridge University Press, 2004.

Improvement of Mental Health Care, 이하 MI 원칙)'에서 이를 명문화했다.

세계인권선언문의 제3조에서 제19조까지는 자유의 원칙에 기초한 권리를 명시하고 있다. 제3조의 '인간의 생명, 자유, 안전에 대한 권리'는 상징적이다. 제20조에서 제26조까지는 평등과 정치적 참여에 관한 내용을 제시한다. 건강권에서부터 의식주, 안전, 사회서비스, 교육까지 다양한 내용을 아우른다. 제27조와 제28조는 사회, 문화적 참여의 권리를 이야기한다. 세계인권선언문이 제시하는 사회 질서와 국제 질서를 달성하는 것은 복잡한 과제지만, 세계인권선언문은 다른 인권에 대한 국제 문서와 함께 세계정세 속에서 국제법을 확립하는데 핵심 역할을 했다는 평가를 받는다.[24]

2. 정신장애인 보호와 정신보건 의료 향상을 위한 원칙

세계인권선언문은 인권에 대한 일반적인 선언이다. 정신질환이라는 구체적인 맥락 안에서 가장 자세한 권리 선언은 MI 원칙이 다루고 있다.[25] 여기에서는 모든 사람이 가능한 한 최선의 정신 의료를 누릴 수 있고, 인간성에 대한 존중을 받으며, 국제적으로 인정된 윤리 표준에 따른 정신 의료를 받을 수 있어야 함을 강조한다. 핵심 내용은 다음과 같다.

---

24. Robertson G., *Crimes Against Humanity: The Struggle for Global Justice*, 4th edition, Penguin, 2012

25. United Nations, "Principles for the Protection of Persons with Mental Illness and the Improvement of Mental Health Care" In *The Protection of Persons with Mental Illness and the Improvement of Mental Health Care*, United Nations Secretariat Centre For Human Rights, 1991

- 모든 사람은 최선의 정신 의료를 받을 수 있어야 하며, 인도주의와 존중심을 바탕으로 치료받을 수 있어야 한다.
- 정신질환을 이유로 차별을 받아서는 안 된다. 정신질환이 있는 사람도 다른 질병이 있는 사람들과 마찬가지로 의료와 사회적 돌봄을 받을 권리가 있다.
- 정신질환이 있는 모든 사람은 가능한 한 공동체 안에서 살면서 일하고 치료를 받을 권리가 있다.
- 정신 의료는 국제적으로 인정되는 윤리 기준에 근거해야 하며, 정치적·종교적·문화적 요인에 근거해서는 안 된다.
- 환자와 함께 정기적으로 치료 계획을 검토해야 한다.
- 정신 의료 기술과 지식을 남용해서는 안 된다.
- 정신과 약은 환자의 건강상 필요를 충족해야 하며, 타인의 편의를 위해 혹은 처벌의 목적으로 투여되어서는 안 된다.
- 스스로 치료를 받는 환자에게는 예외 상황(예, 법으로 동의를 대신 제공할 수 있는 대리인이 있는 경우)을 제외하고 사전 동의 없이 치료를 시행할 수 없으며, 비자의 환자의 경우라도 환자에게 치료에 대해 알리기 위한 모든 노력을 기울여야 한다.
- 신체 구속 또는 비자의 격리는 공식 지침에 따라서만 사용해야 한다.
- 모든 치료에 대한 기록은 유지되어야 한다.
- 정신 의료 시설은 적절한 구조를 갖추고 자원이 확보되어야 한다.
- 공정한 심사기관은 정신 의료를 수행하는 전문 인력과 협의하여 비자의 치료 사례 적합성을 검토해야 한다.

이러한 원칙은 1996년 세계보건기구의 '정신보건법 10대 원칙(10 Basic Principles of Mental Health Care Law)'에서 다시 강조되었다. 여

기에서는 정신 건강과 관련한 결정은 다른 근거나 자의적 결정이 아닌 사법권 내에서 시행 중인 법체계를 따라야 한다는 내용이 명문화되어 있다. 그 내용에 따르면, 각국은 정신장애인의 자기 결정권을 최대한 보호해야 하고, 비자의 입원에 대한 적정 심의 절차와 주기적인 심사 등을 통해 강제입원 된 정신장애인의 인권을 보호해야 한다. 정신장애인의 자유를 제한하는 모든 조치는 적법절차에 따라 승인되어야 하고, 정신 건강에 대한 평가는 국제기준에 부합하는 수준을 유지해야 한다. '정신보건법 10대 원칙'의 세부 내용은 다음과 같다.

1. 모든 사람은 정신 건강을 증진하고 정신질환을 예방하기 위해 가능한 최선의 조처를 해야 한다.
2. 도움이 필요한 모든 사람은 기본적인 정신 의료에 접근할 수 있어야 한다.
3. 정신 건강 평가는 국제적으로 인정된 의료 원칙 및 도구(예, ICD-10 정신 및 행태 장애)에 따라 이루어져야 한다.
4. 정신질환자는 자유 제한이 최소화된 의료를 받아야 한다.
5. 의료적 간섭이 발생하는 경우 당사자의 동의가 필수적이다.
6. 환자가 의사결정을 할 수는 있지만, 그 의미를 이해하는 데 어려움을 겪는 경우, 자신의 선택에 대해 지식을 갖춘 제삼자의 도움을 받을 수 있어야 한다.
7. 공식적인 의사결정자(예, 판사) 또는 대리 의사결정자(예, 보호자)와 의료 제공자가 내린 모든 의사결정에 대해 가용한 검토 절차가 있어야 한다.
8. 개인의 통합성과 자유에 장기간 영향을 미칠 수 있는 선택(예를 들어 치료나 입원에 관한 결정)의 경우, 장기간 영향을 미치는 자동적이고 주기적인 심사 체계가 있어야 한다.
9. 당사자의 의사결정에 있어 공식적인 권한을 갖거나(예, 판사) 대리권을 갖는 의

사결정자(예, 친척, 친구, 보호자)는 그렇게 할 자격을 갖추어야 한다.

10. 의사결정은 사법권에서 시행하는 법률 체계에 따라 내려져야 하며, 다른 임의적 근거에 따라 내려져서는 안 된다.

이러한 배경 아래 세계보건기구는 각국의 정신보건 관련 입법을 위한 가장 상세하고 체계적인 인권 표준인『정신 건강, 인권 및 입법 자료집(Resource Book on Mental Health, Human Rights and Legislation)』을 발표했다.[26] 자료집은 다음과 같은 내용을 담고 있다. MI 원칙은 각 개인이 정신보건 서비스를 이용하는 데에 인권에 대한 최소한의 요구사항이다. 각 나라는 어떤 것이 정신질환을 이루는지에 대한 정의를 분명히 해야 할 뿐 아니라 자국만의 정신보건법 제정에 대한 책임이 있다.[27]

3. 유엔 장애인권리협약

2006년 유엔 총회에서 유엔 장애인권리협약(Convention on the Rights of Persons with Disabilities, 이하 CRPD)이 채택됨에 따라 인권의 지형이 다시 한번 크게 바뀔 계기가 마련되었다. 제1조의 내용에 따르면, 이 협약의 목적은 장애인이 모든 인권과 기본적인 자유를 완전하고 동등하게 누리도록 증진·보호·보장하고, 장애인의 천부적 존엄성에 대한 존중을 증진하는 것이다. 여기서 말하는 장애인은 다양한 장벽과

---

26. World Health Organization, *WHO Resource Book on Mental Health, Human Rights and Legislation*, 2005
27. Mfoafo-M'Carthy M, Huls S., *Human Rights Violations and Mental Illness: Implications for Engagement and Adherence*, SAGE Open. January 2014

의 상호작용으로 인하여 다른 사람과 동등한 완전하고 효과적인 사회 참여를 저해하는 장기간의 신체적, 정신적, 지적, 또는 감각적인 손상을 가진 사람을 포함한다.[28]

CRPD의 내용을 정신질환자에 적용하는 데 몇 가지 고려할 지점이 있다. CRPD 제1조는 장애인을 다양한 장벽과의 상호작용으로 인하여 다른 사람과 동등한 완전하고 효과적인 사회참여를 저해하는 장기간의 신체적, 정신적, 지적 또는 감각적인 손상을 가진 사람으로 정의한다. 이에 기반하면 조현병 당사자나 지적장애 당사자처럼 삶에 있어서 상당 기간 이상 정신질환으로부터 일상생활의 손상을 경험하는 사람은 CRPD에서 말하는 장애인의 범주에 들 수 있다. 하지만 단일 삽화 우울증 혹은 적응 장애를 경험하는 정신질환자를 장애인으로 보기에는 어려움이 있다.[29]

또한 CRPD는 장애의 개념적 설명에 대해서도 주목할 만하다. CRPD의 전문에서 '장애는 점진적으로 변화하는 개념이며, 손상을 지닌 사람과 그들이 다른 사람과 동등하게 사회에 완전하고 효과적으로 참여하는 것을 저해하는 태도 및 환경적인 장벽 간의 상호작용으로부터 기인한다는 것을 인정해야 한다'라고 말한다. CRPD 협약 내용의 장애인에 대한 정의와 달리 장애에 대한 개념화는 정신과 영역 전반과 닿아있는 면이 있다. 정신질환과 관련한 낙인(stigma)은 충분하고 실제적인 사회참여를 방해하는 태도적·환경적 장벽에서 비롯된다. 이는 때로 정신질환이 있는 사람들에 대한 사회적 배제, 권리에 대한 불인정으

---

28. United Nations, *Convention on the Rights of Persons with Disabilities*, 2006
29. United Nations, *Convention on the Rights of Persons with Disabilities*, 2006

로 이어지기도 한다.[30]

CRPD의 적용에 있어서 특히 도전되는 지점은 비자의 치료 (involuntary treatment)의 범위다.[31] CRPD 제14조에서는 '당사국은 다른 사람과 동등하게 장애인에 대해 다음의 사항을 보장한다. ① 신체의 자유 및 안전에 관한 권리를 누린다, ② 장애인의 자유는 불법 또는 임의로 박탈당하지 아니하고, 자유에 대한 일체의 제한은 법에 합치하여야 하며, 어떠한 경우에도 장애의 존재가 자유의 박탈을 정당화하지 아니한다'라고 제시한다.[32] 이에 대해 유엔 위원회는 2014년 발표한 일반논평 1번(General Comments #1)에서 어떤 경우라도 비자의 입원 혹은 치료, 무능력자의 대체 의사 결정자 임명을 금지해야 한다고 해석했다.[33] 이에 대해 세계정신의학회(World Psychiatric Association, WPA)는 심각한 정신질환(예를 들면 자·타해의 위험이 있는 경우, 심한 우울증으로 자살의 가능성이 큰 경우 등)의 경우 비자의 입원 치료와 대체 의사결정의 사용이 정신질환 당사자의 이익을 보호하는데 적절한 역할을 한다고 주장한다.[34] 하지만 그 전제로 신중한 관리 감독 및 엄격한 법적, 절차적 보호가 필요하다고 동시에 말하고 있다.

한국은 2008년 CRPD의 전문과 본문을 국회에서 비준했다. 하지만 장애인의 권리가 침해당했을 때 당사자가 이에 대해 유엔 장애인권리

30. Kelly BD, "An end to psychiatric detention? Implications of the United Nations Convention on the Rights of Persons with Disabilities", *British Journal of Psychiatry*, 204:174-5, 2014
31. Szmukler G, Daw R, Callard F., "Mental health law and the UN Convention on the rights of Persons with Disabilities," *Int J Law Psychiatry*, 37:245-252, 2014
32. United Nations, *Convention on the Rights of Persons with Disabilities*, 2006
33. United Nations, *Committee on the Rights of Persons with Disabilities*. General comment, No. 1, 2014
34. World Psychiatric Association (WPA), *WPA position statement on the rights of persons with disabilities*, 2017 (http://docs.wixstatic.com/ugd/e172f3_e8d561c518524f69854c3d9f1d2c9af6.pdf(accessed September 22, 2021).d2c9af6.pdf)

위원회에 권리 구제를 청원하고, 위원회가 당사국을 조사할 수 있는 선택의정서는 아직 비준되지 않았다. 하지만 지난 2021년 8월 10일 보건복지부는 '유엔 장애인권리협약 선택의정서' 비준을 추진한다고 밝혔다. 현재까지 CRPD를 비준한 국가는 182개국이고 선택의정서까지 비준한 국가는 그중 96개국이다. 비준 후에도 CRPD 내 특정 조치에 대한 세부 준수 여부는 비준 국가마다 다를 가능성이 크다. CRPD의 핵심 중요성은 특정 조항의 정확한 준수보다는 모든 인간의 존엄(dignity) · 평등(equality) · 가치(worth)의 존중을 포함하여 광범위한 가치 집합의 표현에 있다.[35]

4. 한국의 정신보건법과 정신건강복지법

한국 정신질환자의 인권에 대해 서술하기 위해서 법을 언급하지 않을 수 없다. 놀랍게도 해방 후 50년이 지난 1995년이 되어서야 정신질환자와 관련된 법안이 정신보건법이라는 이름으로 처음 제도화되었다. 법 제정 이전에는 법적 근거 없이 환자 본인의 의사에 반하는 강제입원, 시설 입소가 이루어졌다. 공공시설의 부재 속에 민간에 의해 불법 방식으로 유지되고 있던 것이다. 정신보건법 제정 이후에는 가족의 동의를 받거나 지방자치단체장이 보호 의무자가 되어 강제입원을 진행할 수 있었다.

법 제정 필요성 논의는 1960년대 이후 지속해서 제기되었다. 하지만

---

35. Brendan DK., *Dignity, Mental Health and Human Rights*, Taylor and Francis, 2015

사회 질서 유지를 명목으로 정신장애인을 잠재적 범죄자로 여기는 시선이 대부분이었다. 1990년에 국회를 중심으로 정신보건법 제정 움직임이 활발했으나 인도주의실천의사협의회는 정치범 강제 수용 등 인권 유린에 악용될 수도 있음과 전근대적 수용시설의 양성화 등을 이유로 정신보건 법안 반대 견해를 발표한다. 이후 1991년 '여의도광장 질주 사건', '거성관 나이트클럽 방화사건'을 계기로 법무부 주도로 다시 법 제정 필요성이 강조된다.

정신보건법은 태생적 한계를 갖고 있었다. 1991년의 두 사건을 계기로 한 통제와 치안에 방점을 둔 정신보건법이 1995년에 제정된다. 강제입원 제도가 법적으로 도입되고 불법 시설 양성화 조치들이 취해진다. 지역사회 정신보건을 담당할 핵심 기관으로 정신보건센터 설립 및 운영의 기반이 마련되기도 한다. 그러나 결과적으로 정신보건법 제정 이후 강제입원에 따른 정신의료기관 병상의 급격한 증가, 장기 입원, 입·퇴원 및 치료 과정과 관련된 정신장애인 인권 문제 발생 등이 격리 정책으로 수렴되었다.[36]

정신보건법 폐지공동대책위원회는 2014년 1월 정신보건법 보호 입원 조항에 대해 강제 입원당하였던 정신장애인 4인을 청구인으로 한 헌법소원을 제출한다. 이는 각하되었으나 청구인 4인 중 1인이 서울중앙지방법원에 인신 보호 청구를 하면서 헌법재판소에 재판을 청구할 기회가 열리게 된다. 변호인단 측의 보호 입원 조항에 대한 위헌법률 심판 제청 신청에 대해 서울중앙지방법원은 보호 입원 조항이 위헌의 의심이 있다면서 2014년 5월 헌법재판소에 위헌법률 심판 제정을 하

36. 백재중, 『여기 우리가 있다-대한민국 정신장애인 수난사』, 건강미디어협동조합, 2020

였고, 헌법재판소는 2016년 4월 공개 변론을 열었다. 같은 해 9월 헌법 재판소는 보호 입원 조항에 대해 위헌(헌법불합치) 결정을 하였다.[37]

2016년 5월 19일 정신보건법은 20여 년 만에 '정신 건강증진 및 정신질환자 복지 서비스 지원에 관한 법률(정신건강복지법)'이라는 이름의 전부 개정안으로 국회 본회의를 통과한다. 이는 정신질환자의 범위 축소, 비자의 입·퇴원 제도 개선, 복지 서비스 제공에 대한 법적 근거 추가 등 현행법률상 문제점을 개선·보완하기 위해 2014년 1월 정부가 제출한 정신보건법 전면 개정안과 이명수 의원, 최동익 의원, 김춘진 의원이 낸 3개 법안을 병합 심의해서 최종 확정된 것이다.

개정된 정신건강복지법에 대해서는 양쪽의 평가가 엇갈린다. 급속히 변화하는 정신보건 환경의 변화에 탄력적으로 적응하고 정신질환자의 인권 보장을 향해 나아간 부분도 있지만, 재원이나 인력의 현실성을 고려하지 않고 충분한 논의와 국민적 합의를 얻지 못한 채 성급하게 진행된 것이 아니냐는 목소리가 있다.[38] 하지만 이미 2014년 10월 유엔 장애인권리위원회(Committee on the Rights of Persons with Disabilities)는 한국의 CRPD 이행에 관한 최초의 국가보고서에 대한 최종 견해에서 우리나라 정신장애인 자유와 복지에 대해 큰 우려를 표명하며 개선을 강력히 권고한 바 있다. 세계적으로 정신장애인 인권의 새로운 방향은 정신장애인의 강제입원제 축소 및 폐지를 전제로 하는 탈원화와 지역사회 통합의 방향으로 가고 있음을 놓치지 말아야 한다.[39]

37. 신권철, 「정신건강복지법의 시행과 입법 평가」, 『입법 평가연구』 13:15-58, 2018
38. 박종익, 박현정, 「역사적 관점에서 본 정신보건법 전부개정법률에 대한 검토」, 『J Korean Neuropsychiatric Assoc』, 56(1):1-9, 2017
39. 박인환, 「정신장애인의 인권과 지역사회통합의 관점에서 본 2016년 정신건강증진법의 평가와 과제」, 『의료법학』 17(1):209-279, 2016

지금의 법이 완결된 것이 아니기에 입원 제도를 개선하고 지역사회에서의 정신장애인의 사회적 삶을 지원할 수 있는 제도적 기반 마련을 위해 앞으로도 여러 직역의 노력이 필요하다.[40]

5. 존엄을 바탕으로 정신과 영역에서 인권 증진하기

위에서 본 바와 같이 역사적 맥락 안에서 정신질환자의 인권은 당사자의 인간으로서 삶을 보장하는 방향성을 갖고 그 중요성이 지속적으로 제기되어왔다. 이렇게 다양한 권리 선언과 관련된 국내법을 고려하여, 어떻게 하면 정신과 의사를 비롯한 정신보건 전문가들이 정신질환이 있는 이들의 인권을 보호하고 증진할 수 있을까? 우선 세계보건기구, 유엔, CRPD의 인권에 대한 기본 관점의 틀에 익숙해지는 것이 첫 단계가 될 수 있다. 국내에 적용되는 정신건강복지법의 내용을 숙지하는 것도 이의 연장선에 해당한다.

세계인권선언문과 CRPD에 제시된 인권의 가치를 지키려면 자율성(autonomy)과 의료 온정주의(paternalism) 사이에서의 동적인 균형이 필요하다. 임상 현장에서 이러한 개념을 활용하는데 참고할 만한 내용이 있다. 존엄(dignity)이 모든 권리의 중심이며, 존엄과 연결되지 않은 인권은 없다는 점을 주목해야 한다. 존엄에 대한 강조는 세계인권선언문과 CRPD의 서문이 모든 사람의 '천부적 존엄성'에 바탕을 두고 있다는 데에서도 찾을 수 있다. 또한 존엄을 강조하는 것은 정신과 진료에

40. 신권철, 「정신건강복지법의 시행과 입법 평가」, 『입법 평가연구』, 13:15-58, 2018

서도 인권 증진으로 향하게 하는 좋은 원칙을 제시한다.

과연 존엄이라는 것은 무엇을 말하는 걸까? 그리고 정신보건의 맥락에서 인권 증진을 위해 존엄이라는 개념이 어떻게 사용될 수 있을까? 존엄에는 주관적 측면과 객관적 측면이 존재한다고 인식하는 것이 도움이 된다. 그리고 이 둘 사이에는 동적인 상호작용이 있는 것이다. 시드하우스(Seedhouse)와 갤러거(Gallagher)가 제안한 이론이 참고될 수 있다. 이 둘은 한 개인이 존엄을 가지기 위해서는 능력(capabilities)이 발휘될 수 있는 환경(circumstances) 안에 있어야 한다고 말한다.[41] 이에 기반한다면 정신보건 전문가가 한 당사자의 존엄을 지지한다는 것은, 이들이 그 당사자의 능력을 향상시키든지, 환경을 더 좋게 만들든지, 아니면 이상적으로는 둘 다 이루는 것을 말한다.

존엄에 대한 접근은 법철학자이자 여성학자인 마사 누스바움(Martha C. Nussbaum)의 역량 접근법(capabilities approach)과 흐름을 같이한다. 역량 접근법에서는 '인간'을 정의할 때 그들의 존엄한 삶을 구현하도록 하는 특정한 역량이 필수적이라고 말한다. 누스바움이 제시한 10가지 핵심 역량은 다음과 같다.[42]

1. 생명(life) 정상적인 수명까지 살 수 있을 것; 너무 이른 시기거나 혹은 자신의 생명이 심하게 감퇴하여 살고 있다는 의미가 없어지기 전까지는 사망하지 않을 것.

2. 신체적 건강(bodily health) 건강한 재생산을 포함하여 좋은 건강을 유지할 수 있을 것; 적절한 영양을 섭취할 수 있을 것, 적절한 주거를 가질 것.

41. Seedhouse D, Gallagher A, "Clinical ethics: undignifying institutions", *Journal of Medical Ethics.* 28:368-72, 2002
42. Nussbaum MC, 『역량의 창조』 한상역 옮김, 돌베개, pp.48-50, 2015

3. 신체적 완전성(bodily integrity) 자유롭게 장소를 이동할 수 있을 것; 성폭력 및 가정 폭력을 포함한 폭력적 공격으로부터 안전할 것; 성적 만족 및 재생산을 위한 선택을 위한 기회들을 가질 수 있을 것.

4. 감각, 상상력, 사상(senses, imagination and thought) 상상하고 생각하고 추론하기 위해 감각들을 사용할 수 있을 것 - 그리고 이러한 것들을 '진정으로 인간다운' 방식으로 할 수 있을 것, 즉 글씨 쓰기나 기초적인 수학이나 과학적 훈련을 포함하지만, 결코 이것에 한정되지 않는, 일련의 적절한 (인성) 교육을 통해 익히고 함양되는 방식으로 할 수 있을 것. 경험하거나 작품을 만들거나 스스로 선택한 종교적, 문학적, 음악적 일 등과 관련하여 상상력이나 사고력을 사용할 수 있을 것, 정치적 발언과 예술적 발언 모두를 존중하는 표현의 자유와 종교적 행사 자유의 보장으로 보호되는 방식들로 자신의 정신을 사용할 수 있을 것. 즐거운 경험을 가지며 이득 없는 고통은 피할 수 있을 것.

5. 감정(emotions) 우리 외부의 사물이나 사람에 대한 애착을 가질 수 있을 것; 우리를 사랑하고 배려하는 사람들을 사랑하고, 그들의 부재에 슬퍼할 수 있을 것; 일반적으로 사랑할 수 있고, 슬퍼할 수 있고, 그리움이나 감사, 정당한 분노를 경험할 수 있을 것. 자신의 감정의 발전이 두려움이나 근심으로 저해되지 않도록 할 것.(이 역량을 지지하는 것은 인간 연합의 형식들이 인간의 발전에 있어서 중대한 것으로 보일 수 있다는 주장을 의미한다)

6. 실천이성(practical reason) 선 관념을 형성하고 자기 삶의 계획에 대한 비판적인 숙고를 할 수 있을 것.(양심의 자유와 종교적 의례의 자유 보호를 포함한다)

7. 유대(affiliation) A. 타인들과 함께 타인들을 위하여 살 수 있을 것, 타인을 인정하고 타인에 대한 배려를 보여줄 수 있을 것, 다양한 형태의 사회적 교류에 참여할 것; 타인의 상황을 상상할 수 있을 것.(이 역량을 보호하는 것은 그러한 형태의 유대를 구성하고 발전시키는 제도들을 보호하는 것, 또한 결사의 자유와 정치적

표현의 자유를 보호하는 것을 의미한다) B. 자기존중과 모욕당하지 않기에 대한 사회적 토대를 가질 것; 타인과 동등한 가치를 가진 존엄한 존재로 대우받을 수 있을 것. 이는 인종, 성, 성적 지향, 민족, 신분, 종교, 출신 국가에 근거하여 차별받지 않을 규정을 포함한다.

8. **인간 외의 종에 관한 관심(other species)** 동물, 식물, 자연 세계에 관심을 가지고 이들과 연관되어 살 수 있을 것.

9. **놀이(play)** 웃고, 놀고, 여가 활동을 즐길 수 있을 것.

10. **자신의 환경에 대한 통제(control over one's environment)** A. 정치적: 자신의 삶을 지배하는 정치적 선택에 효과적으로 참여할 수 있을 것; 정치적 참여권을 가지고 언론 및 집회의 자유의 보호를 받을 것. B. 물질적: (부동산 및 동산에 해당하는) 재산을 소유할 수 있으며 타인과 평등하게 재산권을 가질 것; 타인과 평등하게 고용을 추구할 권리를 가질 것; 부당한 압수와 수색으로부터 자유를 가질 것. 노동에서, 실천이성을 행사하며 다른 노동자들과 상호 승인의 의미 있는 관계에 참여하면서, 인간으로서 일할 수 있을 것.

핵심 역량 목록은 네 가지 주요 내용으로 수렴한다. 첫 번째는 사회 구성원은 건강한 삶의 질을 영위할 수 있어야 한다는 것이다. 여기에는 '생명', '신체적 건강', '감각, 상상력, 사상'과 연관된다. 두 번째는 비차별과 평등이 실천되어야 한다는 것이다. '신체적 완전성', '유대'가 관련되는 역량이다. 세 번째는 각 사회 구성원이 역량을 온전히 발휘할 수 있도록 환경적, 정치적, 경제적 조건이 뒷받침되어야 한다는 것이다. '인간 외의 종에 관한 관심', '자신의 환경에 대한 통제' 역량이 이에 해당한다. 네 번째는 각 사람의 삶 안에서 감성적 영역이 꼭 필요하다는 점이다. '감정', '놀이', '실천이성'이 감성 영역과 관련된 역량이다.[43] 핵심 역량 목록의 내용은 인간이라면 누구나 누릴 수 있어야 하는 것들이다. 이는 정신질환이 있는 개인들에게도 마찬가지다.

철학자 누스바움의 핵심 역량에 대한 지적은 건강에의 언어로 치환될 수 있다. 건강은 의료만으로는 결코 얻을 수 없다. 한 환자의 건강 상태를 평가하고 돕는 데는 그 사람의 삶을 둘러싼 많은 것들을 살펴야 한다. 이러한 질병 자체와 관련이 없는(혹은 없어 보이는) 요인 중에서 개인의 건강 상태에 영향을 주는 요인들을 건강 결정요인이라 부른다. 미국 질병통제예방센터는 건강의 다섯 가지 요인을 다음과 같이 제시한다: 생물학적 및 유전적 요소(biology and genetics), 개인행동(invidual behavior), 사회 환경(social environment), 물리적 환경(physical environment), 의료 서비스(health service).[44]

[표 6]을 통해 얼마나 다양한 건강 결정요인이 있을 수 있는지 확인할 수 있다. 또한 누스바움이 주장한 10가지 핵심 역량은 건강 결정요인 안에서 긍정적인 요소들과 연결됨을 볼 수 있다. 건강 결정요인에 대한 전반적인 이해는 의료인이 환자에 대한 전반적이고 종합적인 이해가 가능하도록 한다. 그리고 진료 현장에서 환자와 만날 때 어떤 것들을 탐색할지, 어떤 것들에 공감할지, 어떤 자원을 확보하도록 함께 노력할지를 생각할 수 있게 한다.

43. 김연미, 「누스바움의 역량 접근과 정의」, 『법학 연구』 61:73-107, 2019
44. Centers for Disease Control and Prevention, *NCHHSTP Social Determinants of Health: Definitions*, GA, March 21, 2014. (재인용: Vance MC, Kennedy KG, Wiechers IR, Levin SM., *A psychiatrist's guide to advocacy*, American Psychiatric Association Publishing, pp.61-62, 2020)

[표 6] 건강 결정 요인 5가지

건강 결정 요인	예
생물학적 및 유전적 요소	성별, 나이
개인 행동	심리적 자원(예, 자기 효능감) / 부정적 감정(예, 절망감) / 위험 관련 행동(예, 알코올 사용) / 신체 활동, 수면 습관 및 식습관
사회 환경	사회적 연결 / 인종, 문화 / 차별 / 근무 환경 / 성별 정체성
물리적 환경	거주 환경 / 인구 밀도 / 교육 기회 / 환경 오염 / 폭력에의 노출
의료 서비스	의료 접근성 / 의료의 질 / 환자 참여 / 건강 문해력

조현병 환자의 치료를 예로 들어보자. 이들이 망상 혹은 환청과 같은 증상이 있을 때 이를 정신질환으로 이해하고 진료로 접근할 수 있는 정신 건강에 대한 지식이 있는지에 따라 증상 초기에 대응이 달라질 수 있다. 진료실을 찾아 조현병으로 진단받고 마음에 대해 상담을 하고 약 처방을 받을 때 치료 효과와 부작용, 치료 경과에 대한 설명을 들을 수 있다면 치료에 대해 신뢰하게 되고 치료 유지 확률이 높아질 것이다. 자기 효능감과 같은 심리적 자원을 키우고 부정적 감정을 줄이는 상담의 방향성, 수면 습관과 식습관에 대한 상의, 적절한 신체 활동에 대한 교육도 필요하다. 하지만 결코 진료실 진료만으로 이들의 정신 건강을 충분히 회복시킬 수는 없다. 정신 건강에 효과적인 근거 있는 방법인 일상에서의 신체 활동 및 적절한 운동은 조현병으로부터의 회복에 도움이 될 수 있다. 사회적 연결성이 확보되고 여가생활을 독려받을 수 있다면 고립에서 벗어나고 알코올과 같은 물질 사용과도 거리를 둘 수 있다. 캐나다, 이탈리아 같은 경우는 건강 결정요인을 고려한 다양한 방향의 정신 사회적 지원 프로그램이 진행된다.

누스바움의 핵심 역량과 질병통제예방센터(CDC)에서 언급하는 건강 결정요인을 토대로 생각해 보면, 정신질환자의 존엄을 지지하기 위해서 그들의 역량 또는/그리고 환경을 더 낫게 해야 하고, 이것은 결국 그들의 건강과도 연결됨을 알 수 있다. 브렌든 켈리(Brendan D. Kelly)가 정신질환 당사자의 인권을 높이기 위해 제시한 영역 중 세 가지-임상 진료, 정신 건강 서비스 체계, 사회참여-를 소개하고자 한다.[45]

6. 진료 현장에서의 인권

정신과 의사들이 임상 현장에서 인권을 촉진하는 방법은 높은 수준의 근거 기반 정신 의료를 제공하는 것이다. 이를 통해 정신질환 당사자들의 증상이 줄어들고, 역량을 높이며, 존엄을 지킴으로 궁극적으로는 인권을 증진할 수 있다. 적절하게 사용된 정신과 약물은 마치 신체 질환에서 약이 효과를 발휘하는 것만큼 효과적일 수 있다. 또한 당사자들에게 제공 가능한 다양한 심리적 치료 기법들이 있다. 다만 모든 치료가 효과와 부작용을 동시에 가질 수 있다는 점을 유념해야 한다. 그렇기에 모든 치료는 신중하고 현명하게 적용되어야 한다. 동시에 정신장애 당사자 개인의 효능감을 높이고 그들의 인권을 촉진하는 방향으로 사용되어야 한다.

정신과 의사들이 인권과 관련된 선언, 원칙에 대해서도 친숙해야 한다. 세계인권선언과 CRPD의 천부적 인권, 자유, 기본권에 대해서도 고

---

45. Kelly BD, "Human rights in psychiatric practice: an overview for clinicians", *British Journal of Psychiatry Advances*, 21:54-62, 2015

려할 수 있어야 하며, MI 원칙에 대해서도 살펴 봐야 한다. 정신건강 복지법의 내용도 숙지해야 할 것이다. 법적으로 허용되는 입원의 방법, 기간, 검토 사항에 대해서도 익숙해져야 하며, 재활과 복지도 구법인 정신보건법에 비해 강조되고 있음을 인식해야 한다. 의료적 접근뿐 아니라 다학제 팀 구성을 통해 지역사회 구성원으로서의 소속감을 느낄 수 있도록 돕는 재활 치료의 방향성을 가지도록 해야 한다. 인권을 중요시하는 좋은 치료(good practice)를 챙김에 있어 '비판정신의학(Critical psychiatry)'이 제시하는 좋은 치료의 원칙은 참고할 만하다.[46] 더 나은 진료를 위해 정신과 의사들이 숙지하면 분명 도움이 될 것이다.

1. DSM(Diagnostic and Statistical Manual of Mental Disorders, 정신질환의 진단 및 통계 편람) 또는 ICD(International Statistical Classification of Diseases and Related Health Problems, 국제질병분류) 진단 꼬리표(DSM or ICD labels) 사용이 있어야 하는 의료 시스템에서 치료 작업을 해나갈 때 정신과 진단의 한계를 인정하라.

2. 연구와 마케팅의 덤불 속에서 어떠한 정신과 치료가 가치 있는지를 판단하라.

3. 환자와 그들의 가족에게 흔히 통용되는 그리고 널리 알려진 의견과는 다른 정신과 약물 사용에 관한 결론에 다다른 이유를 설명하라.

4. 정신과 약물 작용을 개념화할 때 질병 중심 패러다임(disease-centered paradigm)이 아닌 약물 중심 패러다임(drug-centered paradigm)을 적용하라.[47] 약물이 환자에게 이득을 제공할 수 있는지 그 시기와 여부를 이해하는 것과

---

46. 샌드라 스타인가드, 『비판정신의학-논쟁 그리고 임상 적용』 장창현 옮김, 건강미디어협동조합, pp. 337-338, 2020
47. 질병 중심 패러다임은 특정 상태, 특정 정신질환에 대한 치료 약을 처방한다는 개념이다. 이에 반해 비판정신의학자들이 주장하는 약물 중심 패러다임은 약물을 통해 약물이 유발하는 특정 상태로 변화하는

진단 꼬리표의 필요성을 구분하라.

5. 어떻게 치료를 시작하는지, 그리고 약물의 사용을 지속해야 하는지, 지속한다면 얼마나 오랫동안 사용해야 하는지 공부하라.

6. 특정 형태의 금단 증상(withdrawal)은 약물 중단의 예상된 결과임을 인지하고 환자에게 알리라. 약물의 금단 효과와 적응 과정에 대한 이해를 높이라.

7. 정신과 진료 안에서의 의사결정에 영향을 미칠 수 있는 편견을 인정하고, 약물치료가 필요한 경우에는 환자가 섣부른 약물 중단을 하지 않도록 하라.

8. 환자의 선호와 가치를 임상 현장에서의 의사결정에 통합하라.

9. 위험을 예방하기 위한 강압 치료라 할지라도 치료 부작용으로 부상을 일으킬 수 있음을 인정하라.

10. 정신적 고통을 경험한 당사자들의 가치 있는 경험을 진료실로 어떻게 가져올 수 있을지 고민해보라.

11. 정신과 의사에게 부여된 인식론적 권위를 인정하면서, 특별히 우리 정신과 의사들이 치료해야 할 환자들에 대한 대안적 지식 이해를 적극적으로 존중하라.

7. 정신 건강 서비스 운영과 인권

정신과 의사들은 일반적으로 정신 건강 서비스 운영의 모양을 만드는 데 관여한다. 이는 정신질환 당사자들이 그들의 회복을 경험해나가는 환경을 결정하는 핵심 요인이기도 하다. 정신 건강 서비스가 제공되는 환경은 당사자의 존엄성을 증진하기도 하고 손상을 가하기도 한다.

것이며 약을 적절하게 사용하기 위해서는 약의 효과와 부작용 프로파일을 잘 살피고 사용 기간에 대한 고려도 필요하다고 말한다. 또한 모든 약은 위험-이익 분석을 통해 사용되어야 한다고 주장한다.

당사자 존엄성의 손상은 가벼운 정도로 일어나기도 하고 심하게 일어나기도 한다. 정신 건강 서비스의 틀 안에서 인권침해가 일어날 수 있다는 인식하고 정신 건강 서비스 제도 개선에 있어서 인권을 높이려는 인식과 노력이 필요하다.

우리나라의 정신보건은 특히 민간 정신의료기관이 대다수이고 입원 시설의 경우에는 장기 입원의 양상을 띤다. 경제협력개발기구 회원국 조현병 환자 평균 재원 기간은 48.9일인데 비해 한국은 5배가 넘는 237.8일이다.[48] 국가인권위원회 조사를 보면 입원이 길어지는 이유는 '퇴원 후 살 곳이 없으므로'(24.1%), '혼자서 일상생활 유지가 힘들어서'(22.0%), '가족 갈등이 심해 가족이 퇴원을 원치 않아서'(16.2%), '병원 밖에서 정신질환 증상 관리가 어려우므로'(13.3%), '지역사회에서 회복, 재활을 위해 받을 수 있는 서비스가 없으므로'(8.1%) 등이다.[49]

우리나라는 지역사회 정신보건 및 복지 인프라가 취약하다. 현행 장애인복지법은 정신질환자를 정신장애인으로 규정하면서도 장애인복지법 15조를 두어 차별하고 있다. 정신건강복지법의 적용을 받는 정신장애인은 여타의 장애인이 받을 수 있는 복지 서비스(주거 편의, 상담, 치료, 여가, 교육, 직업 재활, 생활 환경 개선 등) 대상에서 제외되어 장애인 복지 시설을 이용할 수 없고, 자립 생활 지원을 받기도 쉽지 않다. 정신건강복지법 개정을 통해 복지, 지역사회 재활의 내용을 포함하긴 했으나 국가, 지자체의 의무 조항이 아니기에 현장에서는 법 개정 후에도 큰 변

---

48. Go DS, Shin KC, Paik JW, Kim KA, Yoon SJ. A Review of the Admission System for Mental Disorders in South Korea. Int J Environ Res Public Health. 2020 Dec 8;17(24):9159
49. 권오용 등, 『정신장애인의 지역사회 거주·치료 실태조사』, 국가인권위원회, 2018

화가 없다.

　정신질환 당사자의 인권을 위해 지역사회 중심의 정신 의료, 정신 재활이 전개되어야 한다. 당사자의 생활에 있어서 독립성과 조력이 필요한 부분을 잘 살펴 균형을 잡아야 한다. 무엇보다 당사자의 선호와 관심에 우선을 두어야 한다.

　앞서 언급한 국가인권위원회 조사에 따르면 지역사회에 거주하거나 치료기관에 입원·입소 중인 정신장애인 스스로 증상 관리 및 일상생활을 위해 필요한 서비스는 '지역사회 적응을 위한 사회복지 전문가의 집중 사례 관리'(16.2%), '증상 발현 등 긴급 상황 발생 시 가정 방문 서비스'(15.1%), '긴급 상담을 받을 수 있는 24시간 전화 핫라인'(14.1%), '병원과 지역사회 기관 간 정보 공유 및 연계 서비스'(11.9%), '여가 및 운동 프로그램'(11.2%), '소득 지원(생활 정착 지원금)'(11.1%), '동료 지원가에 의한 증상 관리 및 상담 서비스'(6.0%), '병·의원 진료 및 약 구매를 위한 비용 지원'(5.2%), '활동 보조인 서비스'(3.4%) 등이다.

　이러한 당사자의 의사를 반영하여 정신보건 종사 의료인들은 적절한 표준 정신보건 치료 재활 시설을 개발하고, 이에 대한 국가 지원의 필요성을 알리며, 정신질환 당사자의 인권을 보장하고 그들이 직접 참여하여 구현해야 한다. 이를 위해 현재 90% 가까이 지출되는 병원 중심의 정신 건강 관련 진료비에 따라, 혹은 그 이상으로 지역사회에서의 재활 비용을 확보해야 할 것이다.[50]

---

50. 백재중, 『여기 우리가 있다-대한민국 정신장애인 수난사』, 건강미디어협동조합, 2020

8. 사회참여와 인권

정신질환은 특정한 사회 맥락 안에서 경험된다. 한 개인의 상황적 맥락은 정신질환으로부터의 회복과 사회 복귀에 중요한 역할을 한다. 가난한 사람들은 더욱 어린 나이에 정신질환에 걸리기 쉽고 치료받지 못하는 기간이 길어질 수 있다. 정신질환 당사자는 그렇지 않은 이들보다 고용되지 못할 확률이 높으며 노숙의 가능성도 크다. 비슷한 상황에서 체포될 확률도 더 높다.[51] 이렇듯 부정적 사회 요인이 정신질환을 일으키기도 한다. 동시에 부정적 사회 요인은 정신질환으로 인한 낙인(stigma)과 결합하여 당사자와 가족에게 정신질환의 영향력을 증폭시키고, 시민으로서 삶과 사회인으로서 생활 참여를 배제하는 '구조적 폭력(structural violence)'의 한 형태로 작용하기도 한다.[52]

이러한 배경이 있으므로 정신의학은 정신질환 당사자를 위한 사회적 옹호(social advocacy)에 참여해야 한다. CRPD는 의료적 맥락을 넘어서 사회적 맥락에서 장애인의 권리를 옹호한다. CRPD는 정신질환 당사자 혹은 정신장애 당사자에 대한 더 나은 치료, 더 나은 지역사회 재활 및 복지의 필요성을 역설하는 데 중요하게 기능할 수 있다. 정신장애 당사자가 사회에 효과적으로 참여하는 것을 저해하는 태도적·환경적인 장벽을 낮추는데 정신과 의사를 포함한 정신보건 전문가는 설득력 있는 역할을 할 수 있다. 이를 위해서는 박탈당하고 피해를 본 집단의 정신 건강 이슈를 시민권과 인권, 공중보건 접근을 포함해 다시

---

51. Kelly BD., "The power gap: freedom, power and mental illness", *Social Science and Medicine*, 63:2118-28, 2006
52. Kelly BD, "Human rights in psychiatric practice: an overview for clinicians", *British Journal of Psychiatry Advances*, 21:54-62, 2015

틀을 짜는 것이 도움이 된다.[53]

9. 전 세계적, 전 지역적 차원의 옹호 활동과 인권

지금 시대에서 가장 중요한 의학 윤리적 차원의 주제를 꼽으라 한다면 전 지구적 건강 불평등일 것이다. 이는 정신 건강 분야에서도 마찬가지다. 세계보건기구는 정신과적, 신경과적 및 물질 사용 장애가 세계 질병 부담의 14%를 차지하지만, 대부분 사람(저소득 국가의 경우 75%)은 그들에게 필요한 치료에 접근하지 못한다고 말한다.[54] 정신 의료 영역에서 치료 접근성 부족은 세계적인 문제다. 고소득 국가에서 정신장애 당사자들이 겪는 인권 문제도 관심을 가져야 하겠지만, 세계적 차원에서 정신 의료와 관련된 가장 큰 인권의 문제는 정신 의료의 제공 자체가 부족한 것일 수도 있다.

대한민국 안에서도 수도권 지역과 비수도권 지역의 정신 의료 접근성은 차이가 크다. 우리나라의 경우 정신보건 시설과 인력은 주로 대도시에 집중되어있고 특히 서울시와 경기도에 많이 집중되어있다.[55] 정신보건기관의 수를 보면 서울 516개 기관, 경기도 398개 기관으로 전국 1, 2위를 다투나 강원도 62개 기관, 전라남도는 71개 기관에 그친다.[56] 그리고 수도권 외 지방의 경우에는 시와 군 지역에 정신보건 시

53. 레비 BS, 『사회정의와 건강』 신영전 외 옮김 한울아카데미, 2021
54. Kelly BD, "The power gap: freedom, power and mental illness," *Social Science and Medicine*, 63:2118-28, 2006
55. 정진욱, 오영인, 채희란, 윤시몬, 최지희, 황두성, 『국내 정신보건 자원 현황 연구』 한국보건사회연구원, 2012
56. 중앙정신 건강복지사업지원단, 『정신보건기관 현황도』 (http://www.nmhc.or.kr/trend/present.php)

설이 설치되지 않은 경우도 상당수 있다.

사회적 차별, 치료 접근의 어려움, 존중받지 못하는 자기 결정권, 사회 안전망의 부족은 정신질환 당사자들의 삶을 어려움으로 이끄는 요소들이다. 정신과 의사를 비롯한 정신보건 전문가들은 이러한 정신질환 당사자들의 삶의 맥락을 살펴야 한다. 선진국을 필두로 진행되는 탈원화의 움직임을 인정해야 하고 지역사회에서 정신질환 당사자들이 잘살 수 있도록 정신보건 정책의 방향성을 가져야 한다.

세계보건기구에서는 최근 지역사회 정신 의료 서비스에 대한 가이드를 발간했다.[57] 여기에서도 정신 사회적 장애가 있는 정신질환 당사자들이 충분히 좋은 치료를 누리지 못하고 인권을 침해당하는 데 대해 지적한다. 하지만 동시에 세계 곳곳에 존재하는 좋은 정신과 치료(good psychiatric practice)에 관해 설명하고 사람 중심, 회복 지향의 치료를 추구해야 한다고 말한다. 심지어 지역사회 기반 치료는 비용 또한덜 들 수 있다고 역설한다. 이를 실천하기 위해서는 교육, 직업 현장, 주거, 사회복지를 갖추기 위해 애써야 하며 CRPD의 내용을 준수하도록 노력해야 함을 언급한다. 세계보건기구 퀄리티라이츠에서 정신 건강 영역에서의 당사자의 사회참여, 법적 능력 및 당사자에 대한 비강압적 접근을 촉진하고자 하는 것도 맥락을 같이 한다.

정신 건강 영역에서 인권의 세계적인 맥락에 대해 인식할 때 그 첫 단계는 자유권 보호다. 하지만 치료권, 주거권, 노동권 등 여러 다른 권리들도 있으며 이는 사회적, 경제적, 정치적 현실에 의해 좌우되기도

---

57. World Health Organization. *Guidance on community mental health services(Promoting person-centred and rights-based approaches)*, 2021 (https://www.who.int/publications/i/item/9789240025707)

한다. 그렇기에 이러한 문제에 대한 해결은 진료실에서의 좋은 진료뿐 아니라 정치적인 권익 옹호 행위, 인권을 중심에 둔 경제정책, 사회정의를 위한 캠페인을 통해서도 촉구될 수 있다. 당사자의 회복을 진정으로 돕기 위한 여정은 진료실 안과 밖 모두에서 진행되어야 할 것이다.

해야 할 일

① 세계인권선언문, MI 원칙, CRPD와 같은 정신질환 당사자에 적용할 수 있는 인권 기준을 공부한다.

② 자기 결정권을 존중한다.

③ 인권을 보장하는 치료 방법에 대해 고민하고 공부한다.

④ 모든 치료는 효과와 부작용이 있음을 인정하고 정신질환 당사자와 효과적 치료에 대해 상의한다.

⑤ 정신질환 당사자의 권익 옹호(advocacy) 활동에 동참해본다.

하지 말아야 할 일

① 진료실에서의 진료만이 전부라고 생각하지 않는다.(정신질환의 사회적 결정요인 등 여러 결정요인에 대해서 고려하여 진료한다)

② 진료하는 의사, 의료진만이 전문가라고 생각하지 않는다.(정신질환 당사자는 질병 경험, 약물 경험의 전문가다)

③ 정신질환의 병리 증상만을 없애려고 하지 않는다.

④ 중증 정신질환 치료는 입원만이 답이라고 생각하지 않는다.

⑤ 정신질환 당사자의 사회 복귀를 막지 않는다.

질문

1. 세계인권선언문 1조의 핵심 내용은 자유권, 존엄에 대한 것이다. (예, 아니요)

2. 정신질환자는 자신의 치료 결정을 할 능력이 없으므로 치료 결정은 의사가 대신 한다. (예, 아니요)

3. 정신질환 당사자의 치료는 정신과적 정신치료 및 약물치료가 전부이고 지역사회에서의 재활 치료는 필요 없다. (예, 아니요)

4. 정신과 의사가 정신질환 당사자의 인권을 높이고자 한다면 진료실에서 인권 중심의 진료만 잘하면 된다. (예, 아니요)

참고문헌

- 건강보험심사평가원, 「최근 5년(2017-2021년) 우울증과 불안장애 진료현황 분석」 (https://www.hira.or.kr/bbsDummy.do?pgmid=HIRAA020041000100&brdScnBltNo=4&brdBltNo=10627)
- 권오용 등, 『정신장애인의 지역사회 거주·치료 실태 조사』, 국가인권위원회, 2018
- 김연미, 「누스바움의 역량 접근과 정의」, 『법학 연구』 61:73-107, 2019
- 누스바움 MC, 『역량의 창조』, 한상역 옮김, 돌베개, pp. 48-50, 2015
- 레비 BS, 『사회정의와 건강』, 신영전 외 옮김, 한울아카데미, 2021
- 박인환, 「정신장애인의 인권과 지역사회통합의 관점에서 본 2016년 정신건강증진법의 평가와 과제」, 『의료법학』 17(1):209-279, 2016
- 박종익, 박현정, 「역사적 관점에서 본 정신보건법 전부개정법률에 대한 검토」, 『J Korean Neuropsychiatric Assoc』 56(1):1-9, 2017
- 백재중, 『여기 우리가 있다-대한민국 정신장애인 수난사』, 건강미디어협동조합, 2020

- 샌드라 스타인가드, 『비판정신의학-논쟁 그리고 임상적용』, 장창현 옮김, 건강미디어협동 조합, pp. 337-338, 2020
- 신권철, 「정신건강복지법의 시행과 입법평가」, 『입법평가연구』, 13:15-58, 2018
- 정진욱 등, 『국내 정신보건자원 현황 연구』, 한국보건사회연구원, 2012
- 중앙정신건강복지사업지원단, 「정신보건기관 현황도」(http://www.nmhc.or.kr/trend/present.php)
- Brendan DK, Dignity, *Mental Health and Human Rights*, Taylor and Francis. 2015
- Centers for Disease Control and Prevention, NCHHSTP Social Determinants of Health: Definitions, GA, March 21, 2014 (재인용: Vance MC, Kennedy KG, Wiechers IR, Levin SM., *A psychiatrist's guide to advocacy*. American Psychiatric Association Publishing, pp. 61-62, 2020)
- Edmundson W, *An Introduction to Rights*, Cambridge University Press, 2004
- Go DS, et al, "A Review of the Admission System for Mental Disorders in South Korea", *Int J Environ Res Public Health*, 8;17(24):9159, Dec 2020
- Kelly BD, "An end to psychiatric detention? Implications of the United Nations Convention on the Rights of Persons with Disabilities", *British Journal of Psychiatry*, 204:174-5, 2014.
- Kelly BD, "Human rights in psychiatric practice: an overview for clinicians", *British Journal of Psychiatry Advances*, 21:54-62, 2015
- Kelly BD, "The power gap: freedom, power and mental illness", *Social Science and Medicine* , 63:2118-28, 2006
- Mfoafo-M'Carthy M, Huls S., Human Rights Violations and Mental Illness: Implications for Engagement and Adherence, SAGE Open. January 2014
- Rehm J, et al, "Global burden of disease and the impact of mental and addictive disorders", *Curr Psychiatry*, 21:10, 2019
- Robertson G., *Crimes Against Humanity: The Struggle for Global Justice* 4th edition, Penguin, 2012
- Seedhouse D, et al, "Clinical ethics: undignifying institutions", *Journal of Medical Ethics*, 28:368-72, 2002
- Szmukler G, et al, "Mental health law and the UN Convention on the rights of Persons with Disabilities", *Int J Law Psychiatry*, 37:245-252, 2014
- United Nations, Committee on the Rights of Persons with Disabilities. General comment No. 1, 2014
- United Nations, Convention on the Rights of Persons with Disabilities, 2006

- United Nations, "Principles for the Protection of Persons with Mental Illness and the Improvement of Mental Health Care" *In The Protection of Persons with Mental Illness and the Improvement of Mental Health Care*, United Nations Secretariat Centre For Human Rights, 1991
- World Health Organization. *Mental disorders Fact Sheets.*
(https://www.who.int/news-room/fact-sheets/detail/mental-disorders)
- World Health Organization. *Promoting Mental Health: Concepts, Emerging Evidence, Practice* (Summary Report), 2004
(https://www.who.int/mental_health/evidence/en/promoting_mhh.pdf)
- World Health Organization, *WHO Resource Book on Mental Health, Human Rights and Legislation*, 2005
- World Health Organization, *World Health Report 2001: Mental Health: New Understanding*, New Hope, 2001
- World Psychiatric Association (WPA), *WPA position statement on the rights of persons with disabilities*, 2017, (http://docs.wixstatic.com/ugd/e172f3_e8d561c518 524f69854c3d9f1d2c9af6.pdf)

HIV 감염인의 인권

_최재필

<table>
<tr><td>주요 내용</td><td>• HIV/AIDS는 1981년 처음 모습을 드러낸 이후로 특정 그룹에서 죽음의 병으로 인식되면서 사회적으로는 공포와 혐오가 조장되고, 감염인에 대한 낙인과 차별을 형성해 왔다. 강산이 변해 2023년 현재 HIV 질환은 모든 감염인이 발견 즉시 치료를 시작하고, 정기적인 약 복용을 통해 바이러스를 억제하고 면역을 정상적으로 유지하고 있다. 많은 감염인이 이제는 다양한 비감염성 합병증들을 경험하면서 나이 들어간다. 여전히 HIV 감염인들은 사회에서는 물론 의료 현장에서도 차별과 진료 거부를 경험한다. 먼저 변화한 의과학적 사실을 학습하고, 의료 현장에서 일어나는 낙인과 차별의 형태에 대하여 이해하여 바꿔나갈 책임이 의료인에게 있다.</td></tr>
<tr><td>목표</td><td>1. 만성 질환화된 HIV 질환, '검출 불가는 전파 불가(U-U)'의 HIV 의과학 변화를 이해한다.
2. HIV 감염인에 대한 의료 영역에서의 다양한 차별과 낙인의 피해를 이해한다.</td></tr>
</table>

<table>
<tr><td>글쓴이</td><td>최재필 내과 수련 이후 국립소록도병원, 외국인노동자의원에서 공중보건의사로 근무하였다. 서울의료원 감염내과 전문의로 근무하면서 신종감염병 환자들을 진료하고 감염인 의료기관 상담사업을 통해 내국인, 이주민 HIV 감염인들을 만나고 있다. 영국 Imperial College London, Saint Mary hospital HIV clinical trial center, sexual health clinic에서 방문 연구원으로 임상역학을 연수하며 이주민 경험을 했다. 연세대학교 의료법 윤리학 협동과정에서 『팬데믹의 생명윤리: 여성주의 돌봄 윤리와 행위자 네트워크 이론의 함의』란 제목으로 박사학위 논문을 작성하였다.
E-mail: dasole@hanmail.net, dasole@seoulmc.or.kr</td></tr>
</table>

인간면역결핍바이러스(Human immunodeficiency virus, HIV)는 RNA
바이러스로 인간의 세포 면역 체계 중 CD4 T세포를 공격하여 수를 감
소시킴으로써 면역을 떨어뜨린다. HIV가 몸속에 들어와 있는 상태의
사람을 HIV 감염인(이하 감염인, People living with HIV, PLWH)이라고 하
며, 이들의 면역 기능은 수년에 걸쳐 감소하게 되는데 CD4 T세포의 수
가 200개 이하로 감소하여 기회 질환, 기회 암들이 발생하게 되는 상태
를 후천성면역결핍증(Acquired Immune Deficiency Syndrome, AIDS)이
라고 부른다.

치료받지 않은 감염인의 성관계, 수혈, 모유 수유를 통해 전파가 이
루어진다. 보건의료인과 감염인은 진료 과정과 전파 차단을 위한 보건
학적인 노력의 과정에서 만나게 된다. 과거 20-30년 전에는 HIV 감염
이 AIDS로 진행된 후에 발견되어 급격히 사망에 이르는 죽음의 질병
으로 인식되었으나, 지금은 치료제를 규칙적으로 잘 복용하면 안정적
으로 평생 건강을 관리할 수 있는 만성 감염성 질환이 되었다. 아울러
감염인이 치료를 통해 혈중에서 바이러스가 검출되지 않게 되면 다른

---

58. 본 글에 대하여 검토해주시고 의견 주신 권미란, 최용준 선생님께 감사드립니다.

사람에게 전파하지 않는 상태에 이른다. 그러나 HIV 질환에 대한 우리나라 의료계와 사회의 인식과 경험은 여전히 초창기 상태에 머물러 있어 감염인들은 낙인과 차별 가운데 고통받고 있다. 문제는 환자로서 찾게 되는 의료 영역에서도 다르지 않다는 것이다. 낙인과 차별에 대한 인식의 경험 부족, 일상적 접촉을 통하여 감염될 수 있을 것 같은 두려움, 도덕적 판단과 가치판단의 문제가 주요한 위험 요소가 될 것이다.

여러 감염병의 유행에 있어 보건의료인은 헌신적으로 환자를 돌보고 유행을 차단하기 위해 노력해 왔다. 환자 개인이 특정 질환이나 특정 성향을 지녔다는 이유로 다르게 대하거나 진료를 거부하는 것은 이런 보건의료 전통에도, 의료 계약의 속성에도 맞지 않는다. HIV에 대한 막연한 두려움이 여전히 존재한다. 의료인 자신과 감염인을 포함한 모든 환자가 안전하게 진료받을 수 있는 돌봄 환경을 지속하는 것이 중요하다.

본 장에서는 HIV 의과학의 변화된 현실을 이해하며, 그런데도 아직 보건의료 영역에서 감염인들이 겪는 어려움과 인권침해를 이해하며 이를 개선하기 위해 보건의료인이 할 수 있는 일과 하지 말아야 할 일들을 이야기해 보고자 한다.

먼저 HIV 관련 낙인과 차별은 다음과 같이 정의된다.

• HIV 관련 낙인[59]: 감염인과 그들의 가족, 취약군 (게이 또는 양성애

---

59. 낙인의 정의: 특정한 특성이나 집단에 대하여 꼬리표를 붙이고 부정적인 고정관념과 연결해 이를 이유로 지위를 상실하거나 차별당하도록 하는 부정적인 사회적 현상

남성, 트랜스젠더 여성, 정맥 약물 사용자, 건강진단 대상자,[60] 유병률이 높은 국가에서 온 이주민)에 대한 부정적인 신념, 감정, 태도에 의해 꼬리표를 붙이고, 부정적인 고정관념을 주어 결과적으로 정당한 지위를 상실하거나 차별당하게 하는 사회적 현상

• HIV 관련 차별[61]: 감염인, 취약군이라고 하여 개인에 대하여 불평등하고 부당하게 대우하는 것. 정당한 사유 없이 배제, 구별하고 불리하게 대우하는 것

1. HIV 역사 이해하기

1981년 6월 5일 미국 로스앤젤레스에서 평소 건강하던 평균 나이 31세의 젊은 게이 5명에서 폐포자충 폐렴 발생, 두 명의 사망 사례가 미국 질병통제예방센터 질병과 사망 주보(MMWR)에 보고되었고 성생활과 관련된 공통된 원인에 의한 세포 면역의 기능 이상일 것으로 추측하였다. 이후 동시다발적으로 다른 지역에서도 젊은 남성에서 폐포자충 폐렴, 카포시 육종의 발생이 보고되기 시작하면서 원인 병원체는

---

60. 성 매개 감염병 및 후천성면역결핍증 건강진단 규칙<개정 2013.3.23.>에 따라 건강진단을 받게 되는 대상군: 청소년 보호법 시행령 제6조 제2항 제1호에 따른 영업소의 여성 종업원, 식품위생법 시행령 제22조 제1항에 따른 유흥접객원, 안마사에 관한 규칙 제6조에 따른 안마시술소의 여성 종업원
61. 차별의 정의: 실제적인 또는 그렇다고 인식되는 상태나 속성(HIV 감염과 같은 의학적 상태, 사회경제적 상태, 성별, 인종, 성 정체성, 나이 등)에 따라 개인이나 집단에 대하여 부당하게 또는 공정하지 않게 행동을 취하는 것. 모든 사람이 근본적으로 갖는 동등한 토대를 해치는 의도나 효과를 가진 행동이나 행태로 낙인의 결과이기도 함. 국가인권위원회법상의 "평등권 침해의 차별행위"란 합리적인 이유 없이 성별, 종교, 장애, 나이, 사회적 신분, 출신 지역(출생지, 등록기준지, 성년이 되기 전의 주된 거주지 등을 말한다), 출신 국가, 출신 민족, 용모 등 신체 조건, 기혼·미혼·별거·이혼·사별·재혼·사실혼 등 혼인 여부, 임신 또는 출산, 가족 형태 또는 가족 상황, 인종, 피부색, 사상 또는 정치적 의견, 형의 효력이 실효된 전과, 성적 지향, 학력, 병력 등을 이유로 고용, 재화·용역·수단·시설의 공급과 이용, 교육 훈련이나 그 이용에 있어 특정한 사람을 우대·배제·구별하거나 불리하게 대우하는 행위를 말한다.

확인이 되지 못한 상태에서 CD4 T 임파구의 감소와 그 기능 저하로 인해 발생하는 기회 감염병, 기회 암이 확인되어 선천성이 아닌 후천면역결핍증후군, 게이연관면역결핍증후군(Gay related immune decificiency syndrome, GRIDS)으로 불렸다. 1984년에 이르러 원인 병원체가 인간 면역결핍바이러스(Human immunodeficiency virus)이며 CD4 T 임파구라는 세포 면역 체계를 약화, 감소시킴으로 질병을 일으킨다고 확인되었다. 치료 약제가 개발되지 않은 상태에서 HIV에 걸린 감염인들은 대부분 젊은 나이에 후천성면역결핍증의 진행된 상태로 발견되어 폐포자충 폐렴, 거대세포바이러스 감염증, 크립토콕쿠스증, 카포시 육종, 임파선암 등의 기회 감염증과 암에 걸려 1-2년 이내에 급속히 사망하게 하는 신종감염병이었다.

이 질환의 발생이 게이 그룹에 국한된 것이 아님은 곧 확인되었다. 사하라 이남 아프리카, 유럽, 아시아 등의 지역에서 기존 혈액 샘플들과 환자 조사를 통해 적어도 1959년부터 HIV 감염과 AIDS로 인한 사망이 있었음이 확인되었다. 이성 간 성 접촉을 통해서도 이환되고, 엄마에서 아기로 수직 감염이 발생하며, 혈액 제제를 통해서도 감염이 발생하는 전 세계적 규모의 팬데믹, 보건 안보의 문제임이 확인되었다.

1980년대까지 HIV/AIDS 유행의 초기 과정에서 환자의 급증과 사망 증가에도 미국 레이건 행정부는 게이와 마약 사용자의 문제, 즉 특정 위험집단의 문제로 치부하며 철저히 침묵하고 무대응으로 일관했다. 강한 보수기독교적 정부 영향 아래 에이즈 예방을 명분으로 게이바, 사우나를 폐쇄하고 탈동성애, 순결교육 등의 정책을 펼쳤다. 이에 대하여 액트업(ACT UP, AIDS Coalition To Unleash Power) 등의 에이즈 운동단체들은 동성애에 대한 혐오와 정부의 방관에 대항하여 에이즈는 '의학적 위기가 아니라 정치적 위기임'을 지적하였고 유일한 치료제였던 지도부딘(zidovudine)의 높은 가격을 고수하는 제약 회사에 항의하며 운동을 벌였다. 이들은 성적 자기 결정권에 대한 시민권적 권리를 인정받고자 하였으며 다양한 성 정체성을 갖는 사람들이 공존하고 있다는 것에 대한 문화적 인정을 요구하였다. HIV/AIDS의 유행은 비정상적인 행위에 내려진 심판으로서 죽음의 병, 특정 그룹 타자들의 역병으로 그러나 '무고한 사람을 공격할 수 있다', '당신도 희생자가 될 수 있다'라는 구성적 수사를 통해 실제 고통받는 환자나 취약한 사람들의 문제를 감춘다.

국내에서는 1985년 첫 내국인 환자 발생이 보고되면서 감염병의 유입 차단과 억제를 목적으로 1987년 후천성면역결핍증 예방법(에이즈예방법)이 제정되었다. 사회적인 공포와 함께 유행의 억제, 관리와 감시를 위해 감염인의 인권은 유보할 수 있다는 인식이 퍼졌다. 이런 분위기에서 감염인들은 보호되지 못하고 격리, 추적 관리되었으며, 감염 취약 대상자에 대한 강제 검진, 외국인에 대한 HIV 검진 정책이 이루어졌다. 이런 상황에서 2004년 'HIV/AIDS 인권연대 나누리+', 2011년 부산에서 개최된 제10차 아시아태평양 에이즈 대회를 기점으로 '한국 HIV/AIDS 감염인 연합회 KNP+'등이 형성되어 활동하였다. 이들은 유엔의 HIV/AIDS와 인권에 관한 국제 가이드라인(1997)을 바탕으로 「HIV/AIDS 인권 지침서」 제작하고, 관리와 감시에 초점이 맞춰져 있던 '후천성면역결핍증 예방법' 개정 운동, 익명 검진 제도, 검진 결과로 인한 근로관계 불이익과 차별 대우 시정, 보건의료 영역에서의 감염인 인권 보호 운동, 후천성면역결핍증 예방법 제19조 전파 매개 행위죄 폐지 운동 등 많은 활동을 수행해 왔다. 치료의 향상과 감염인의 인권 문제에 대한 인식의 향상 등의 HIV/AIDS 정책 변화는 많은 부분 활동가의 노력 결과라 하겠다.

치료제의 측면에서 1987년에 처음 지도부딘이라는 약제가 AIDS의 치료제로 사용되고, 폐포자충 폐렴과 같은 기회 감염증에 대한 치료와 예방이 병행되면서 사망률이 개선되기 시작하였다. 또한 의료 현장에서 만나는 환자에서 HIV를 비롯한 혈액 매개 감염질환의 보유 여부를 알 수 없으므로 모든 환자의 혈액과 체액을 오염된 것으로 간주하고 주의하는 보편주의(universal precaution) 방식이 확립되었다.

1995년에 첫 단백 효소 억제제가 HIV 치료제로 허가를 받으면서 고강도 항레트로바이러스 치료(Highly Active Antiretroviral Therapy, HAART) (칵테일 요법)[62]가 치료 원칙으로 자리 잡게 되었고 이후 지속적인 혈중 HIV 바이러스 수치의 억제와 환자의 면역(CD4 T 임파구 수) 증가로 생존율이 획기적으로 개선되기 시작하였다. 초기 HIV 팬데믹의 대응 과정에서 1987년 세계의사협회의 AIDS에 대한 잠정 선언문(interim statement)에서 "에이즈 환자와 감염인들은 적절한 의료적 돌봄을 받아야 하며 불평등한 치료를 받거나 그들의 삶에 대한 임의적, 비합리적인 차별을 받아서는 안 된다. 의사는 고통받는 환자를 연민과 용기로 대하는 역사적이고 명예로운 전통을 갖고 있으며 이 전통은 AIDS 대유행 동안에 지속하여야 한다"라고 명시하였다.

치료법이 확립되기 이전(Pre HAART era) 시기의 의사, 간호사를 포함한 보건의료인은 환자의 죽어감 앞에서 무기력하지만, 환자의 옆에

---

62. HIV의 생활사(cycle)에서 뉴클리오시드역전사효소 억제제 2종류와 비뉴클리오시드역전사효소억제제 또는 단백 효소 억제제, 통합효소 억제제 중 한 종류를 포함하여 3종류의 항레트로바이러스제를 동시에 사용하는 병합 요법을 고강도 항레트로바이러스 치료(칵테일 요법)라 칭한다. 최근에는 2제 요법도 표준 치료로 활용되고 있다.

서 고통과 죽음의 과정을 지키고 때로는 낙인과 차별에 맞설 수 있도록 지지하는 역할을 했었다. 그러나 고강도 항레트로바이러스제 치료 원칙이 확립된 이후로 HIV 질환은 치료 불가능한 죽음의 질환이 아닌 만성질환이 되었다. 감염인들이 검사를 통해 감염 사실을 빨리 인식하고, 간편하고 부작용이 줄어든 항레트로바이러스제를 규칙적으로 복용하게 되면 수개월 이내에 혈중 바이러스는 감소하며 검출 한계 미만의 검출 불가 상태를 유지하면서 일반인처럼 면역 저하로 인한 감염성 합병증을 경험하지 않고 평생을 살아갈 수 있게 되었다. 그러나 감염인들은 HIV와 관련된 만성적 염증 반응, 의료 접근성의 저하 등의 복합적인 이유로 일반 인구보다 더 높은 빈도의 심뇌혈관 질환, 당뇨, 골다공증 등의 대사성 질환, 신장 질환, 정신·신경 질환, HIV 와 직접 관련 없는 암과 같은 만성 비감염성 합병증(비에이즈 합병증)을 경험한다.

감염인들의 진료는 초기부터 심각한 면역 저하로 인한 AIDS 질환과 HIV에 대한 항레트로바이러스제 치료를 위해 감염내과가 있는 종합병원을 중심으로 진행되었다. 일반 의료 영역에서는 질환에 대한 두려움과 감염인에 대한 진료 경험의 부족, 편견과 차별의 사회적 분위기 속에 다른 급만성 질환으로 인한 일반 의료 수요는 충족되지 못했다. 그러나 점차 다양한 만성질환이나 건강 문제에 대하여 의료기관 방문하여 진료를 받아야 하는 경우가 더 늘어나고 있다. 이처럼 HIV 관련 전문영역에서 HIV 바이러스의 억제, 면역의 증가, 항레트로바이러스제 투약 순응도 등의 분야에서 호전되었으나 의료화되었고 반면 다른 일반 의료 영역에서의 늘어나는 필요는 여전히 무시되고 있다.

2. 현재의 HIV 국내외 현황

2021년 세계적으로 3억 8천4백만여 명의 감염인이 살아가고 있으며, 한 해 150만 명(1996년 대비 54% 감소)의 신규 감염인이 발생하였다. AIDS로 인한 사망은 2010년 대비 52%까지 감소하였으나 65만 명이 여전히 사망하고 유행이 계속되고 있다. 유엔에이즈계획(UNAIDS)은 HIV 유행의 종식을 위해 2020년까지 전체 환자 중 감염 인지율 90%, 인지한 사람 중에 치료받는 사람의 비율 90%, 치료받는 사람 중 바이러스 억제율 90%를 달성하고자 하는 90-90-90 목표, 2030년까지 이를 95-95-95로 올리는 것을 목표로 제시하고 관리해 오고 있다.

국내의 환자 발생 상황은 2021년 기준 15,196명의 내국인 감염인이 살고 있고, 한 해 975명의 신규 감염인이 확인되었는데 이 중 202명이 이주민이었다. 국내에서 인지율의 공식 자료는 없는 현실이나 전국 28개 의료기관(전체 감염인 69%)이 참여하고 있는 감염인 상담사업 자료에 따르면 항레트로바이러스제 치료 중인 사람은 96.8%, 바이러스 검출 불가율은 95.9%를 유지하고 있음을 확인할 수 있다. 정부에서는 등록된 감염인에 대하여는 항레트로바이러스제 치료 비용을 지원하면서 관리하지만, 국민건강보험 가입이 불가능한 미등록 이주민이나 난민의 항레트로바이러스제 치료를 위한 공식적인 재원이 없어 의료 접근성과 관리에 한계가 있다.

그런데 국내에서 발생하는 문제점은 기관을 방문한 신규 감염인의 60%가 면역이 CD4 350개 미만으로 감소한 상태에서, 즉 늦게 병원을 방문하여 합병증을 경험하고 건강을 회복하는데, 어려움을 겪는다는 점이다. 이는 굳어진 HIV 감염인에 대한 낙인과 차별로 인하여 감염인들이 가족이나 직장 등 사회적 관계에서 낙인과 차별의 고통을 경험하고, 내재적인 낙인을 가지며, 몸이 아파도 주변에 질병을 알리지도 못하는 상황에서 늦게서야 의료기관을 방문하게 되기 때문이다. 심한 편견과 차별을 경험하는 HIV 감염인의 경우 병원에 늦게 방문하여 치료받는 경우가 2.4배 더 많았다.

3. HIV/AIDS 의과학의 변화: 검출 불가 = 전파 불가
(Undetectable=Untransmittable, 이하 U=U)

치료 시작 시기와 관련하여 항레트로바이러스제가 개발되면서 약제의 부작용에 대한 우려로 기다렸다가 환자의 면역 수치가 낮아지면 치료를 시작하던 것이 점점 앞당겨지기 시작하였다. 2015년 Temprano 연구와 START(Strategic Timing of Antiretroviral Therapy) 연구의 결과를 바탕으로 모든 환자에서 면역세포 수치에 상관없이 조기에 항레트로바이러스제 치료를 시작하는 것이 HIV 관련 질환의 발생과 사망을 줄일 수 있는 것으로 알려지면서 현재는 감염 사실 확인 즉시 항레트로바이러스제를 시작하고 있다.

초기 보건학적인 연구를 통하여 전파가 정액, 질 분비액 등을 매개로 한 성 접촉, 오염된 주사기 사용, 혈액 제제의 수혈, 모유를 통한 수직 감염, 의료 행위 중 감염을 통하여 전파될 수 있음이 알려진 바 있다. 감염 예방을 위해서 전통적인 콘돔의 적절한 사용, 모유 수유의 금지, 주산기 감염 예방, 의료 행위 중 표준주의 지침 준수, 노출 후 예방 치료가 효과가 있었다.

HIV 치료의 발전은 감염 예방에도 변화를 일으켰다. 현재 획기적인 세 가지 변화가 예방 정책을 주도하게 되었다. 2011년부터 '예방으로서 치료 (Treatment as Prevention, TasP)', 2012년부터 '약제를 통한 노출 전 예방(Pre-exposure prophylaxis, PrEP)', 2016년부터 '바이러스 검출 불가=전파 불가(U=U)'등 캠페인을 유엔에이즈계획을 비롯한 국제기구, 미국 질병통제예방센터, 영국 NHS, 여러 정부 기구, 비정부 기구들이 예방 정책으로 채택하게 된 것이다.

먼저 사전예방요법(PrEP)의 경우 '트루바다' 등의 약제를 미리 복용하여 성 접촉 중 바이러스가 체내로 들어오더라도 자리를 잡지 못하도록 예방하는 방법으로 IPERGAY 연구, PROUD 연구 등을 통해 86%의 전파 예방률을 증명하였다. 이에 따라 국내에서도 대한에이즈학회에서 사전예방요법을 통한 예방을 권고하고 있다. 현재는 감염인의 파트너에 대하여만 급여화되어 있으나 전체 고위험군으로 급여 확대가 예방에 있어서 중요하다.

2015년 이후 환자들을 HIV 감염 발견 즉시 치료하고 있다고 하였는데 이에 더하여 HIV 감염인의 치료가 곧 예방의 가장 중요한 방법임을 확인한 '예방으로써 치료'는 여러 연구를 통해 'HIV 감염인이 항레트로바이러스제를 잘 복용하여 6개월 이상 혈중 HIV 바이러스 미검출 상태(<200 copies/ml)를 유지하면 콘돔 없는 성관계를 통해 HIV를 전파할 위험이 0이다'라는 '검출 불가=전파 불가(U=U)'로 이어지게 되었다.([표 7]) HIV 예방 시험 네트워크 052(HPTN052)의 무작위 배정 연구는 면역이 감소하였을 때 치료하는 것(치료 연기군)보다 조기 치료군이 96%의 HIV 전파 예방 효과를 나타냄을 보였다. 이들 1,763커플 중 조기 치료군에서 3명, 연기군에서 5명이 유전학적으로 파트너와 연관성

이 확인된 감염이 발생하였다. 이들은 모두 높은 바이러스 수치가 확인되거나 약제가 듣지 않는 내성이 확인된 경우였으므로 약제를 잘 복용하여 바이러스가 억제되는 감염인의 경우 HIV 음성인 배우자에게 전파시키지 않음을 무작위 배정 임상 연구의 결과로 확인하게 된 것이다.

이후 PARTNER1 연구는 14개 유럽 국가에서 548쌍의 이성 HIV 양성-음성 커플과 340쌍의 남성 동성 커플에서 시행한 관찰 연구로 파트너 감염인이 HIV 바이러스가 낮게 유지되는 경우(<200 copies/ml) 1.3년 간 58,000건의 콘돔을 사용하지 않은 성관계 자료에서 다른 성 매개 질환의 발생률은 10% 정도였으나 유전학적으로 확인된 감염인 배우자로부터의 HIV 전파는 한 건도 발생하지 않았다.

이후 남성 동성 커플에 대한 OPPOSITE ATTRACT 연구와 PARTNER2 연구가 각각 호주, 브라질, 태국과 유럽에서 343커플과 782커플에서 시행되었다. 전자의 경우 1.7년 간 16,800건, 후자의 경우 2년간 76,088건의 콘돔을 사용하지 않는 성관계가 이루어졌다. 마찬가지로 다른 성 매개 질환은 각각 13%, 24%에서 발생하였으나 감염인 파트너의 유전형과 같은 HIV 바이러스의 전파는 단 한 건도 없었다.

이런 과학적 근거들을 기반으로 'HIV 감염인이 항레트로바이러스제를 잘 복용하여 6개월 이상 혈중 HIV 바이러스 검출 불가 상태(<200 copies/ml)를 유지하면 콘돔 없는 성관계를 통해 파트너에게 HIV를 전파할 위험이 0이다'라는 U=U 캠페인을 세계보건기구, 유엔에이즈계획, 미국 DHHS 가이드라인, 영국 NHS를 포함하여 1,025개 기관과 102개 국가에서 승인하고 받아들이게 되었고 국내 AIDS 학회에서도 지지하고 있다.

HIV 바이러스가 체내에 들어와 자리를 잡으면 없어지지 않고 계속 존재하는데 치료제를 중단하면 재검출이 되므로 치료를 지속해야 한다. 검출 불가란 HIV 바이러스가 인체에서 존재하지 않는 상태가 아니라 검출되지 않을 정도로 적은 양이 존재하여 전파를 일으킬 수 없는 상태이다. 바이러스는 신체 내 여러 세포에 존재하는데 재검출(rebound) 현상도 2.4-5.1%에서 발생할 수 있다. 또한 검출 불가 상태의 감염인에서 정액의 8%, 질액의 5%에서 바이러스가 발견된다고 보고되었지만, HIV 감염 전파는 발생하지 않는다는 것이다.

우리나라에서 감염 사실을 인지하고 치료를 유지하는 대부분 감염인은 U=U 상태에 도달하여 콘돔 없는 성관계를 통해서도 파트너에게 본인의 바이러스를 전파할 가능성은 0이다. 감염의 예방을 위한 안전한 성관계 방법으로 콘돔 사용이 매우 중요하지만, 그 위상이 변화하게 된다. 현재 HIV의 전파 예방 중재를 위해 다양한 수준의 방법들로 ① 검사를 통한 조기 발견(screening), 고위험군에 대한 검사 접근도를 향상하는 것, ② HIV 상태를 알 수 없는 사람과의 성 접촉 시 콘돔의 사용 또는 사전예방요법의 사용, ③ 무엇보다도 가장 중요한 HIV 감염인이 더 빨리 치료를 시작하여 건강하고 U=U의 상태를 유지하도록 지원하는 것, ④ U=U를 아직 달성하지 못한 상태의 감염인과의 안전하지 못한 성관계를 통해 바이러스에 노출된 경우 노출 후 예방 약제 투여를 적절히 시행하는 것들이 있다. 미국 질병통제예방센터에서는 U=U 상태의 감염인에 대하여 콘돔의 사용을 HIV 전파를 이유로 의무화하지 않고 있다.

[표 7] 검출 불가=전파 불가의 근거가 된 대규모 임상 연구들

연구	HPTN052	PARTNER1	OPPOSITE ATTRACT	PARTNER2
연구 디자인	무작위 대조군 연구	전향적 관찰 연구	전향적 관찰 연구	전향적 관찰 연구
참여자 모집	아프리카, 동남아시아, 아메리카 1,763쌍의 혈청학적 불일치 커플(98%가 이성 커플임)	14개 유럽 국가 548 이성 커플 (HIV 양성 남성 n=269, HIV 양성 여성 n=279) 340 남성 동성 커플	호주, 브라질, 태국 343 혈청학적 불일치 남성 동성 커플	14개 유럽 국가 782 혈청학적 불일치 남성 동성 커플
HIV 양성 파트너의 상태		바이러스 < 200 copies/mL 미검출 760명(85.5%)	바이러스< 200 copies/mL 미검출 267명(78%) 평균 면역 수치 CD4= 628·8/mm3	바이러스 < 200 copies/mL 미검출 774명(99%) 면역 수치 CD4 > 350/mm3 730명 /781명 (93%)
참여 커플 년 수 (중위 추적 기간, 년)	(5.5년)	1,138년(1.3년)	588.4년(1.7년)	1,593년(2.0년)
콘돔 없는 성관계 수		이성 커플: 36,000회 남성 동성 커플: 22,000회	16,800회	76,088회
신규 HIV 감염 건수 (건)	조기 치료군: 19 vs 치료 연기군: 59	10 남성 동성, 1 이성애 커플	3 신규 HIV 감염	15 신규 HIV 감염
계통학적으로 연결된 감염 전파	0	0	0	0
다른 성 매개 감염병 이환 여부	검사되지 않음	89/888(10%)	46/343(13%)	185/779(24%)
추적 주기	초기 3개월 매달 이후 3개월(분기)	기본 방문 후 매 4-6개월	3-6개월, 6개월	기본 방문 후 매4-6개월

4. 2023년의 사회적, 법적 현실: 후천성면역결핍증 예방법 19조 폐지 운동

역사적으로 여러 감염병에 대한 두려움을 외부 또는 특정 대상에게 원인을 돌리면서 이들을 낙인찍고 혐오하고 차별하는 행위는 반복되었다. HIV와 같이 그 질환이 특정 소수자들에서 발생할 때, 경계의 파괴에 대한 원초적 혐오와 맞물려 혐오와 차별은 담론적인 차원이 아닌 실행 차원에서 일상적인 영역에서 드러난다. 감염인들은 HIV 진단 시부터 가족, 친구, 지인들로부터 단절되고, 의료기관에서의 차별을 겪을 뿐만 아니라 직장에 알려지게 되면 명시적이나 암묵적 낙인을 통해 직장을 그만두도록 압력을 받는다. 또한 우리 사회에서는 보수적 종교인들이 동성애를 에이즈의 원인으로 지목하고 성소수자와 감염인에 대한 극단적 혐오 발언을 일삼고 집회를 개최하지만 별다른 제재가 없다. 과거 제정된 법률의 오류들로 인해 사회적 차별이 강화되고, 반대로 사회적 통념이 잘못된 법률의 존치 근거로 사용되어온 예가 바로 후천성면역결핍증 예방법 19조(이하 19조)이다.

HIV가 처음 등장하였을 당시 여러 나라에서 예방을 목적으로 감염인에 대한 형사처벌을 정당화하는 법령을 제정하였다.[63] 우리나라에서는 1985년 첫 내국인 HIV 감염 사례가 발생하면서 1988년 서울올림픽에 따른 외국인 유입을 앞두고 1987년 2월 24일 AIDS를 전염병 예방

---

63. 모든 국가에서 HIV를 특별법령으로 관리하는 것은 아니다. 일본은 1989년 에이즈예방법 시행하다가 2000년 폐지한 뒤 1998년, HIV/AIDS를 포함해 '감염증 예방 및 감염증 환자에 대한 의료법'을 통해 모든 전염병 관리를 규정하고 있다. HIV justice network의 2019년 작성된 Advancing HIV Justice 3: Growing the global movement against HIV criminalization에 따르면 75개국에서 HIV 관련 형사법을 두고 있었다. 미국에서 35개 주에서 HIV 감염인의 행위를 범죄화하고 있으나 9개 주에서는 HIV 형사법을 현대화하거나 폐지하였다.

법상 지정 전염병으로 고시하였다. 당해 11월 28일 후천성면역결핍증 예방법을 법률 제3943호로 공포하였고 이후 몇 차례 개정을 통해 현재에 이르게 되었다. 그중 19조는 "감염인은 혈액 또는 체액을 통해 다른 사람에게 전파 매개를 해서는 안 된다"로 규정하여 감염인의 성관계를 '잠재적 전파 매개 행위'로, 감염인들을 '추상적 위험범'으로 간주하고 처벌의 대상으로 규정한다.

앞서 얘기했듯이 HIV 감염의 전파는 치료받고 있는 U=U 상태의 감염인이 아니라 감염 사실을 인지하지 못하고 있는 상태에서 발생하므로 예방이 목적이라면 감염인의 성관계를 금지할 것이 아니라 검사를 통해 조기 발견하고, 사전예방 약제의 보급 또는 콘돔의 사용을 통해 관리하는 것이 필요하다. 이런 현실에서 2022년 11월에는 헌법재판소에서 19조 전파 매개 행위 금지 조항에 대한 위헌 제청 공개 변론이 있었다.

HIV와 관련된 범죄화(criminalization)는 효과적인 제어 수단이 없던 시기, 치료를 통해 바이러스의 억제를 달성할 수 없던 시기에 사법적 수단을 통해 전파를 통제하고자 했던 것에서 시작되었다. 그러나 치료 방법이 없던 시기에서조차 이런 법률적 수단이 공중보건학적 측면에서 볼 때 효용이 떨어지는 반면 심각한 인권침해를 일으킨다는 것이 여러 연구를 통해 꾸준히 제기되어 왔다. 처벌을 통한 규제는 감염인이 자신의 상태를 파트너에게 알리거나 성적 접촉 행동의 종류, 콘돔 사용에 영향을 주지 못하였다. 오히려 낙인을 강화하여 감염인들이 자신의 상태를 알고 치료에 참여하는 것에 부정적 영향을 주었다. 이에 몽타니에 박사와 함께 HIV를 처음 발견한 바레시누시(Barre-Sinoussi) 박사를 포함한 20명의 HIV 역학, 임상 전문가들은 2018년 국제에이즈

학회에서 형법의 맥락에서 HIV 과학에 대한 합의문(Expert consensus statement on the science of HIV in the context of criminal law)을 통해, HIV 과학에 대한 불충분한 이해가 감염인에 대한 낙인을 강화하고, 불합리한 법 집행을 불러온다고 우려를 표명했다.

19조는 특별법상의 전파 매개 행위 금지 조항으로 감염인의 전파 행위에 대해 '추상적 위험범'으로 처벌할 수 있도록 하였다. 기존 상해죄가 아니라 별도의 법령을 통해 처벌할 수 있도록 한 조치는 상해죄 적용에 필요한 고의성 확인과 인과관계 입증의 어려움을 피해가려는 편법이었다.

그런데 이전 사법부의 판결에서 "후천성면역결핍증은 현재 의학 기술로 완치가 어려운 중대한 질환으로서", "그 확산 속도가 빨라 전파 매개 행위 그 자체로 매우 위험성이 높은 행위"라 하고, 이것이 추상적 위험범에 해당한다는 설시(서울중앙지방법원 2016. 1. 28. 선고 2015고단5249-1 판결), "피고인의 행위가 전파 매개 가능성이라는 추상적 위험조차 초래하지 않았다고 평가할 수는 없고, 위와 같은 상태에서 성관계 등을 통해 HIV를 전파할 위험이 사실상 0에 가까울 정도로 낮아진다는 연구 결과들이 있으나 그 위험이 0이 된다고 일반화하기에는 한계가 있다"(서울중앙지방법원 2018. 8. 14. 선고 2017고단6412 판결)라고 하여 U=U의 과학적 사실을 받아들이지 않고 임의로 판단하였다. 즉 HIV 검출 한계 미만의 검출 불가가 전파의 위험이 '0'이라는 의과학적 인정에도 불구하고 그 위험이 '0'이 아니라고 임의로 판단하고 유죄를 선고하는 것이다.

사법적으로 표준적인 콘돔 사용은 80% 예방 효과를 가지는 것으로 알려져 있는데 위험이 0이 아닌 것을 법 기준으로 삼고 있다. 국내에서 시행하고 있는 항레트로바이러스제 지원을 통한 공중보건학적 관리를 통하여 치료받고 바이러스가 억제되는 상태의 감염인들 수가 많아졌다. 전파 매개 행위 금지법의 대상 행위자는 자신의 감염 사실을 아는 환자들이다. 감염인 상담사업 기준 약물치료 비율이 96.8%, 바이러스 검출 불가율이 95.9%로 대다수 대상 감염인들이 잘 치료받고 검출 불가를 유지하고 있어 의학적으로는 U=U의 상태를 유지하고 있으므로 콘돔 없는 성접촉을 통해서도 감염 전파 가능성은 의학적으로 0%인데도 이들에 대해 평생 콘돔 없는 성 접촉을 전파 매개 행위죄로 간주하고 기소할 수 있게 하는 것이다. 이는 절대다수 문제없는 대상군의 성행위를 불법적인 것으로 간주하는 불합리한 조항이다. 이런 심각한 법 집행 오류는 감염인을 잠재적 범죄자로 간주하고, 비감염인을 HIV로 보호하지 못하면서 이들에게 법이 보호한다는 가짜 안도감을 느끼게 한다.

또한 19조는 감염인의 성 접촉을 금지함으로써 성적 자기 결정권, 행복추구권의 기본권을 침해한다. 그리고 긴밀한 관계 형성을 할 수 있는 개인의 자유를 부당하게 제한하는 결과를 초래한다. 다른 어떤 질환도 이처럼 질병을 이유로 평생 기본권을 제한받는 예는 없다. 콘돔을 사용하면 되는 것 아니냐고 쉽게 얘기해서는 안 된다. 콘돔 사용 의무, 감염 사실의 고지의무 자체는 현재 상황에서 감염인의 긴밀한 사회적 관계를 제한 또는 단절시킨다. 이는 상호 간의 내밀한 관계에 대해 국가가 과도하게 개입하여 통제하고자 하는 것으로 형사적 제재의 최후적이고 보충적인 역할임을 생각할 때 다른 덜 침해적이고 비례적인 대안(예, 사전예방요법의 제공)이 있으므로 이를 먼저 이용하여야 할 것이다.

국제적으로 사법 영역에서 인권에 기반하고 현재의 의과학적 현황을 고려하여 HIV 법령의 현대화, 비범죄화 노력이 이루어지고 있다. 현행 법률 조항이 법률의 원래 목적, 국민 보호라는 공익과도 어긋나고,

현재까지의 의과학적 성과를 반영하지도 못하고 있다. 감염인에게 주어지는 금지가 과도하고 헌법이 보장하는 자유와 행복추구권에 부합하지 않으며 오히려 공중보건 지표 개선에 악영향을 주므로 과감하게 폐지를 결정해야 할 것이다. 무엇보다 부정적 도덕 감정, 혐오와 낙인, 차별에 기반한 사회적 통념은 헌법 정신에 어긋나므로 이를 근거로 불합리한 법률 조항을 유지하는 것은 맞지 않는다.

5. 보건의료 환경에서 과도하게 평가되는 HIV 감염 리스크

[표 8] 항레트로바이러스제를 사용하지 않는 상태에서의 노출 행위당 HIV 전파의 위험도[64]

Type of exposure	Exposure from an HIV positive individual who is NOT on suppressive ART
Receptive anal intercourse	1 in 90
Receptive anal intercourse with ejaculation	1 in 65
Receptive anal intercourse with no ejaculation	1 in 170
Insertive anal intercourse	1 in 666
Insertive anal intercourse, not circumcised	1 in 161
Insertive anal intercourse and circumcised	1 in 909
Receptive vaginal intercourse	1 in 1,000
Insertive vaginal intercourse	1 in 1,219
Semen splash to eye	<1 in 10,000
Receptive oral sex(giving fellatio)	<1 in 10,000
Insertive oral sex(receiving fellatio)	<1 in 10,000
Mucocutaneous	1 in 1,000
Blood transfusion(one unit)	1 in 1
Needlestick injury	1 in 333
Sharing injecting equipment(includes chemsex)	1 in 149
Human bite	1 in 10,00E

　　HIV의 전파에 대한 과장된 두려움이 의료 현장과 사회에서 감염인에 대한 두려움을 갖게 한다. 노출로 인한 전파의 위험은 HIV 유행 초

---

64. Risk of HIV transmission per exposure from a known HIV positive individual not on suppressive antiretroviral therapy (ART) adopted from UK guideline for the use of HIV post-exposure prophylaxis 2021.

기 충분한 항레트로바이러스제 치료가 이루어지지 않던 시기의 자료로 볼 때 1회의 성 접촉에 의한 것은 0.08-1.5%이며 구강 성 접촉으로 인한 가능성은 무시할 수 있는 수준이다. 의료 현장에서 주사침 찔림 사고에 노출된 경우 0.3%, 점막 노출 시는 0.1%로 알려져 있다.([표 8]) 다른 혈액 매개 병원체의 주사침 찔림의 경우 C형간염은 3-10%, B형간염은 2-40%의 전파 가능성을 갖고 있으며 해당 질환의 노출 후 예방 지침에 따라 검사를 받고, B형간염의 경우 항체가 없으면 항체 주사와 예방주사 접종을 시행할 수 있다.

성적 접촉에 의한 전파에 대한 U=U 연구가 대규모로 이루어졌으나 의료 현장에서의 직업적 노출에 대한 대규모 관찰 연구나 무작위 배정 연구는 아직 이루어진 바 없다. 미국 질병통제예방센터에서는 의료 현장에서의 직업적 HIV 노출로 인한 전파가 극히 드물고 1999년 이후 단지 한 건만 발생하였다는 것을 밝히면서 예방을 위한 주의 지침과 함께 노출 원인 환자의 상태에 상관없이 노출 후 예방 약제 사용을 권고하는 2013년 지침을 현재까지 유지하고 있다.

그러나 항레트로바이러스제의 치료로 6개월 이상 검출 불가 상태를 유지하는(U=U) 경우와 치료받지 않은 급성 HIV 감염증의 경우 위험도는 다를 것이며, 노출로 인한 감염의 위험은 개별 행위당 위험도로만 계산되는 것이 아니라 해당 인구집단에서의 HIV 유병률과의 곱으로 표시될 수 있다. 해당 사안을 2013년부터 논의해온 영국에서는 2021년 가이드라인에서는 이를 반영하여 고전적 노출의 전파 위험 중 무시할만한 노출을 명시하고, U=U의 상황에서는 노출 후 예방요법이 필요 없음을 명시하였다.([표 9]) 국내에서도 1985년 이래 현재까지 한 건도 의료진에게로 HIV 전파 사례는 발생하지 않았다.

[표 9] 노출 후 예방 권고안(영국) 요약표[65]

	Index HIV positive		Index of unknown HIV status	
	HIV VL unknown or detectable	HIV VL detectable	From high-prevalence country/high-risk group (e.g. MSM)	From low-prevalence country/group
Sexual exposures				
Receptive anal sex	Recommened	Not recommened	Recommened	Not recommened
Insertive anal sex	Recommened	Not recommened	Consider	Not recommened
Receptive vaginal sex	Recommened	Not recommened	Generally not recommened	Not recommened
Insertive vaginal sex	Consider	Not recommened	Generally not recommened	Not recommened
Fellatio with ejaculation	Not recommened	Not recommened	Not recommened	Not recommened
Fellatio without ejaculation	Not recommened	Not recommened	Not recommened	Not recommened
Splash of semen into eye	Not recommened	Not recommened	Not recommened	Not recommened
Cunnilingus	Not recommened	Not recommened	Not recommened	Not recommened
Occupational and other exposures				
Sharing of injecting equipment	Recommened	Not recommened	Generally not recommened	Not recommened
Sharps injury	Recommened	Not recommened	Generally not recommened	Not recommened
Mucosal splash injury	Recommened	Not recommened	Generally not recommened	Not recommened
Human bite	Generally not recommened	Not recommened	Not recommened	Not recommened
Needlestick from a discarded needle in the community			Not recommened	Not recommened

현재 우리나라에서 미국 지침을 따라 HIV로 인한 주사침 찔림 사고, 눈 점막 노출 발생 시에는 일차 소독 후에 감염내과 진료 또는 응급실 진료를 통해 되도록 수 시간 이내(적어도 72시간 이내) 노출 후 예방 요법을 시작하여 4주간 유지할 수 있다. 국내에서 감염 사실을 알고 치료 중인 대부분 감염인은 혈중 바이러스가 검출 불가 상태로 조절되고 있어 이들을 통한 전파 가능성은 없다. 기본적으로 모든 감염인에 대한 일상적인 접촉과 진료, 간호, 간병 돌봄의 과정을 통해 감염이 발생하지 않는다. 타액, 소변, 대변, 구토물, 눈물, 땀 접촉, 터치, 목욕시키기, 옷 입혀 주기, 식사 같이하기, 식기의 공동 사용, 화장실의 사용을 통한 전파 위험 가능성도 없다.

---

65. Summary table of post-exposure prophylaxis (PEP) prescribing recommendations) adopted from UK guideline for the use of HIV post-exposure prophylaxis 2021.

6. 국내 의료기관에서 발생하는 차별, 인권침해 사례

　이렇게 HIV 억제 측면에서 의과학적인 큰 발전이 있었지만 2023년 우리나라 감염인들의 HIV 치료 이외의 건강 문제, 사회적 상황은 여전히 어려운 현실이다. 검사를 통한 감염 사실의 확인 이후 대부분 6개월 이내 의료기관을 방문하고 있으나 방문한 신규 감염인의 60%가 면역이 CD4 T 임파구 350개 미만의 낮은 상태인 것으로 늦게 검사를 통해 확진되고 있음을 통해 병·의원에 방문하거나 검사받는 데 어려움이 있음을 짐작할 수 있다.

　2016년 국가인권위원회 연구 사업으로 진행된 감염인 의료 차별 실태조사에서 205명의 감염인 중 76.2% 응답자가 다른 질병으로 병원 방문 시 HIV 감염인임을 밝히기 어려움에 '매우 그렇다' 또는 '대체로 그렇다'고 답변하였다. 의료기관에서 발생한 것으로 알려진 HIV 감염인에 대한 차별 또는 인권침해 사례에 본인이 가장 많이 경험한 항목은 치료, 수술, 입원 시 감염 예방을 이유로 별도의 기구나 공간을 사용한 경우가 40.5%로 가장 많았으며, HIV 감염 사실을 확인한 후 약속된 수술이 기피되거나 거부된 경험이 26.4%, 의료인으로부터 동성애 등 성 정체성에 대한 혐오적, 차별적 발언이나 태도를 경험한 것이 21.6%로 많았다.

　미충족 의료의 현황으로 현재 감염인의 정신과 폐쇄 병동 입원이 받아들여지지 않고 있으며, B형간염 이외에 C형간염이나 HIV 감염인의 혈액투석기를 별도로 사용할 필요가 없다고 권고되고 있지만, 현실에서 감염인은 혈액투석이 가능한 병원을 찾기 어렵고, 감염인의 치과 치료는 빈번히 거부되고 있다. 감염인은 기존에는 '전염성 질환자'로 요양병원 입원 대상에서 제외되어 있었으나, 2015년 보건복지부는 의료법시행규칙의 개정을 통해 감염병 예방 및 관리에 관한 법률상 관리기관 감염병 관리기관 입원 치료 대상 감염성 질환자로 명시하여 HIV 감염인이 요양병원 입원이 가능하게 하였다. 감염인의 노령화, 만성 합병증의 발생 증가 추세를 고려할 때 중요한 제도적 변화이지만 현실에서는 감염 사실을 알고 입원을 받아주는 요양병원을 구하기 어렵다.

의료기관에서의 낙인과 차별의 형태는 ① 진료 거부와 방치, ② 오래 기다리게 함, ③ 불필요하게 다른 의료인 또는 다른 의료기관으로 전원시킴, ④ 말 만들기와 놀림, ⑤ 다르게 치료하기(의료 행위 제공 전 HIV 검사 강요, 다른 사람에게 가능한 치료를 감염인에게 제공하지 않음, 조건부 치료(예, 피임 권고)), ⑥ 환자의 차트나 옷에 감염인 표시, ⑦ 의학적인 필요가 없음에도 별도의 대기 장소, 병동에 격리하거나 기다리도록 함, ⑧ 환자의 동의, 충분한 상담 없는 HIV 검사와 불충분한 결과 설명, ⑨ 환자의 동의 없는 HIV 상태 고지, ⑩ 부적절한 과도한 감염 관리 절차(barrier precaution) 시행, ⑪ 도덕적 판단 내리기 등이 알려져 있다.

국내에서 발생한 사례들을 살펴보면 다음과 같다.

1) 수술 거부 사례 1

2011년 A대학병원에서 감염인이 고관절전치환술 수술을 요청하였으나, 환자의 수술 시 필요한 특수 장갑이 없어 수술이 어렵다고 전원을 권유하였다. 국가인권위원회는 감염인 수술 시 별도의 특수 장갑이 필요 없음에도 수술을 거부한 것은 합리적 이유가 없다고 보고 차별로 판단하였다. 위원회는 피진정인에게 향후 같은 인권침해가 발생하지 않도록 재발 방지 대책을 수립하고, 해당 진료과 소속 의사, 관련 업무 종사자에게 HIV 감염인 인권교육을 시행할 것을, 보건복지부 장관에 게는 감염인에게 제공하는 의료 서비스에서 차별이 발생하지 않도록 관리 감독 강화를 권고하였다.

2) 수술 거부 사례 2

2014년 종합병원 이비인후과에서 중이염 진단을 받고 수술이 필요 하여 준비하던 중 면담하는 자리에서 뼈에 염증이 있어서 이를 긁어내 면 혈액이 튀는데, 이를 가릴 막이 설치되어 있지 않아 수술해 줄 수 없 다고 설명하며 수술을 거부하였다. 이에 대하여 국가인권위원회는 병 원이 의료진에 대한 감염 예방 및 환자의 치료받을 권리가 어긋나지 않는 방안을 모색하지 않은 채 수술을 시행하지 않은 것은 합리적 이 유 없이 HIV 감염인을 차별한 행위라고 판단하였다. 해당 병원이 향후 유사한 수술을 시행할 수 있도록 자체 방안을 마련하고 관련 규정에 대한 지속적 교육 시행 계획을 밝히는 등 재발 방지 조처하도록 권고 하였다. 그리고 의료인의 의식과 관행 개선을 위한 효과적인 정책 수립 을 위해 보건복지부 장관에게 좀 더 실효성 있는 국가 차원의 재발 방 지 대책 마련을 권고하였다.

3) 응급수술 거부 사례

2020년 감염인 B씨는 수도권의 한 공장에서 일하다 기계에 엄지손가락이 말려 들어가 절단되는 사고를 당해 구급차를 타고 수술이 가능한 병원을 찾았다. 13시간 동안 구급대원이 수용 여부를 전화로 문의하였지만 20여 곳의 병원에서 거부당했다. 수술이 가능한 병원도 'HIV 감염' 얘기를 하면 HIV 감염인을 치료할 격리병실과 감염내과 전문의가 없다는 이유로 종합병원으로 전원하여 수술받을 것을 권고하며 수용을 거절하였다. 이에 대하여 국가인권위원회는 응급 상황에 처한 피해자에 대한 수술을 거부할 수 있는 합리적 이유로 볼 수 없다고 판단하였다. 기저 심장 질환, 응급수술 지연으로 인한 엄지손가락의 기능상실로 환자를 장애인차별금지법 제2조에 따른 장애인으로 보았다. 이어 의료기관에서 일상적인 감염 예방 조치하에 진료가 가능하였음에도 수술을 거부한 것은 장애인에 대한 '의료 행위를 거부한 차별 행위'에 해당한다고 판단하고 유사한 차별 행위가 발생하지 않도록 특별 인권교육 수강, 병원 의료인 대상 직무교육 시행을 권고하였다. 경기도지사에게는 재발 방지를 위해 도내 의료인들을 대상으로 감염인에 대한 차별 예방 교육을 강화할 것을 권고하였다.

1)-3)과 비슷한 형태의 수술 거부 사례는 병원급에서 3차 대학병원까지 다양한 규모의 기관에서 발생하고 있으며 이로 인한 차별 시정 권고 사례는 2022년에도 있어 현재 진행형임을 알 수 있다.

4) 치과 진료 시 차별 사례

2015년 서울의 한 시립병원에서 HIV 감염인을 스케일링 시술하면서 진료용 의자를 과도하게 비닐로 싸고, 주변 칸막이를 비닐로 덮어 감염인에게 자신이 '정말 더럽고 무서운 존재구나'라고 생각하게 하였다. 감염인에 대한 차별로 시민인권보호관에 민원이 제기되었고 이에 대해 서울시 시민인권보호관은 시술 시 필요 이상의 과도한 감염 관리 조치를 시행한 것은 사회에 만연한 AIDS에 대한 막연한 두려움, 감염인과의 접촉 자체를 무서워하는 사회적 편견이 만들어낸 비인간적 조치로 당사자에 대한 인격권 침해에 해당한다고 인정하였다. 이후 서울 시립병원들은 감염인 인권 보호를 위한 지침을 제정, 공지, 부착하였다.

5) 건강검진센터의 내시경 거부 사례

2017년 감염인이 5년째 진료받던 대학병원 건강검진센터에서 종합검진을 위해 감염 사실을 사전 고지 후 검진을 받고자 하였으나 HIV 감염을 이유로 소화기내과에서 내시경을 받도록 안내하였다. 국가인권위원회는 준비를 통해 의료진에 대한 감염 예방 및 환자의 치료받을 권리가 어긋나지 않는 방안을 모색하지 않고 진정인에게 다른 진료과의 수검을 요구한 것은 HIV 병력을 이유로 비감염인과 다르게 구별하는 차별 행위로 보았다. 이에 HIV 감염인 진료 과정 중에 차별적 처우가 발생하지 않도록 재발 방지 대책을 마련하고 소속 건강검진센터 의료진을 대상으로 차별 예방 인권교육을 시행할 것을 권고한 바 있다.

6) 감염인에 대한 투석 거부

2016년 만성 신부전을 동반한 감염인 C씨는 15년간 다닌 대학병원에서 외래 투석실이 이미 포화 상태이고 HIV 감염인을 신장 투석하려면 투석 기계를 새로 사야 하고 그에 따른 인력도 채용해야 한다며 D

의료원으로 가라는 권고를 받아 투석 거부에 따른 차별 시정을 국가인권위원회에 진정하였다. 이에 대하여 국가인권위원회는 해당 병원에 외래 투석 거부를 병력에 따른 차별 행위로 인정하지는 않았으나 향후 투석 환자의 변동이 발생할 경우 피해자의 신장 투석을 우선 고려할 것을 촉구하는 의견을 표명하였다. 다수의 감염인이 혈압, 당뇨 등의 만성질환이 있는 상태에서 나이가 증가하고 있어 투석에 대한 수요가 점점 증가하고 있다. 투석실에서 감염 관리 표준 지침상 감염인의 투석을 위해 투석 기계를 구분하거나 담당 의료진을 구분할 필요는 없지만, 현재 감염인들의 급성기 이후 유지 투석이 원활하게 이루어지지 않는 게 현실이다.

7) 재활병원 입원 거부 사례

E씨는 면역력이 떨어져 2017년 2월 신경계 기회 질환이 발생하여 시력을 잃고 편마비가 발생하였다. 종합병원에서 기회 질환 치료와 안과 치료를 종료한 후 적극적인 재활 치료를 위해 F재활원에 문의하였으나 '감염관리위원회 원내 지침에 의하여 역격리에 해당하는 질환이 있는 것으로 확인되어 입원이 안 됨'을 통보받았다. 역격리란 환자의 면역력 CD4 수치가 낮아서 다른 환자나 의료진으로부터 감염에 노출될 위험을 최소화하기 위해 격리를 하는 것이다. 당시 E씨의 CD4 수치는 200이었고, 피해자가 치료를 받는 종합병원에서는 역격리를 시키지 않고 다인실에 입원하여 하루 1회 재활 치료를 받고 있었으나, CD4 수치가 조금 더 향상되기를 기다리기로 했다.

3개월이 지나 CD4 수치가 200 이상 유지되어 다시 문의하였으나 F

재활원은 "역격리가 필요한 응급 상황 발생 시 이에 대처할 수 있는 시스템이 없다"라며 입원을 거부하였다. 이에 대하여 국가인권위원회는 장애인차별금지법상 '장애'가 '신체적·정신적 손상 또는 기능 상실이 장기간에 걸쳐 개인의 일상 또는 사회생활에 상당한 제약을 초래하는 상태'라는 점을 언급하면서, E씨가 등록 장애인은 아니지만, 편마비와 시력 상실로 일상생활과 사회생활 모든 영역에서 상당한 제약을 받는 상태이므로 장애인차별금지법상 장애인의 정의에 포함된다고 보아 장애인차별금지법에 따른 차별이라고 판단하였다.

8) 과도한 표식 사용으로 인한 차별적 대우

2016년 한 대학병원에서 HIV 감염인에게 식판의 구별, 의료기기(혈압계, 체온계, 청진기)의 별도 사용, HIV 감염인에게 표식 스티커(주사기 그림 아래에 혈액 주의 표시)를 환자의 침상 이름표 옆에 부착하였다. 이에 대해 국가인권위원회는 의료기관 내 감염 관리는 특정 질병 기준이 아니라 모든 환자에 대한 표준주의가 준수되어야 하며, 의료인들 간에 특정 질병에 대한 정보 교환이 필요하더라도 해당 의료인에게만 필요한 정보를 제공해야지 해당 의료인이 아닌 사람까지 인식할 수 있는 표식을 붙이거나, 의료기기를 개별 지급하고 식판의 색깔을 구분하는 것은 의학적 근거가 없는 구별이라고 판단하였다. 이에 따라 HIV 감염인을 구별하는 행위를 중지할 것을 권고하였다. 혈액 매개 병원체(HBV, HCV, HIV 등) 보유자의 수술을 위해 별도의 장비, 시설이 필요한 것은 아니다. 일반적 혈액 매개 병원체 관리 지침에 따라 안전한 수술을 시행을 시행하는 것이 필요하다.

9) HIV 감염 수용자에 관한 인권침해 사례

2018-2019년 G교도소는 HIV 감염인이란 이유로 두 명의 감염인을 격리 수용하였고, '특이 환자' 표식과 함께 큰 소리로 '특이 환자'라고 호명하였으며, 감염 사실을 재소자들과 직원에게 드러내고, 운동 시간과 장소도 분리하였다. 이에 대하여 국가인권위원회는 교도소장에게, 피해자를 포함한 HIV 감염인들이 과도하게 기본권이 제한되거나 차별을 받지 않도록 방안을 마련할 것과 향후 유사 사례가 재발하지 않도록 전 직원 교육을 시행할 것을 권고하였다. 또한 법무부 장관에게는 각 교정기관에서 감염인 등 수용자의 민감한 개인 병력이 노출되지 않도록 관리·감독을 철저히 할 것과 이와 관련한 지침을 마련하여 각 교정기관에 전파할 것을 권고하였다. 과거 법무부의 수용자 의료 관리 지침에 따라 '감염자와 감염 의심 수용자 모두를 즉시 격리 수용'하게 하던 것을 2013년 국가인권위원회의 권고에 따라 '의무관의 의견을 들어 분리 수용하는 등 적절한 조치'를 취하도록 변경한 바 있다. 의무관의 권한과 역할을 강조한 것으로 보건의료 종사자가 HIV 질환에 대하여 이해하고 재소자의 인권침해가 발생하지 않도록 노력할 필요가 있겠으며, 향후 분리 수용의 규정 역시 재논의도 필요할 것이다.

10) 난민, 미등록 이주 감염인의 인권

체류 외국인의 수가 증가하면서 국내 미등록 이주민의 수도 2022년 말 41만 명으로 증가하고 있다. 늘어나는 난민 신청자 대비 인정률 2.9%, 보호율은 8.2%로 낮은 상황이다. 국내 이주민 보건의료 정책은 국제사회의 비차별적 지원의 권고와 흐름과 달리 상호주의에 근거하여 작동하고 있다.

등록 이주민들은 의료보험 제도에 가입할 수 있으나 이 또한 2019년 이후 불리한 조건에 처해 있다. 비정규 체류자의 경우 국내에서는 응급의료에 관한 법률 이외에 건강권과 관련한 근거는 없는 상황에서 수술, 출산 등의 응급 상황에 대하여 '외국인 근로자 등 의료지원 사업'을 통해 일회성으로 지원이 제공되고 있다. 이주민 HIV 감염인의 경우 등록 이주민은 국민건강보험에 가입하여 보험료를 지불하고 항레트로바이러스제를 공급받을 수 있으나 비정규 체류자의 경우는 응급 질환 이외에는 공식적으로 국내에서 HIV 치료를 받을 수 있는 재원이 현재는 없는 상황이다. 매년 200여 명의 이주민 감염인이 발생하고 있으며 이 중 30%가 미등록 이주민 또는 난민 신청자로 항레트로바이러스제 치료에 대한 접근권이 막혀 있다.

여러 나라에서 HIV 감염인에게 약제 지원을 통해 치료율과 바이러스 억제율을 관리하고 있다. 2018년 유럽연합 자료에 따르면 49개 EU 국가 중 15개국이 미등록 이주민에 대하여 항레트로바이러스제를 무상으로 제공하고, 7개 국가에서 내국인과 같은 조건으로 약제를 제공하고 있었다. 우리나라에서 이주민들에 대한 HIV 약제의 공급은 기본적인 생명권과 직결된 문제이자 감염병 정책이라는 국가 관리에 있어서도 중요한 문제로 정부 차원에서 조속한 해결이 필요하다.

11) HIV 감염 사실을 근거로 한 사직 권고와 직업 제한

2018년 중환자실 근무하는 간호사가 건강검진에서 HIV 검사 양성 결과가 나온 뒤 이 사실을 감염관리실을 통해 보고 받고 병원 측은 면담을 통해 사직을 권고하였다. 이에 대하여 국가인권위원회는 합리적인 이유 없이 사직을 강요한 것임을 인정하고 소속 직원에 대한 HIV/AIDS 관련 인식 개선 등을 위한 인권 교육과 본인 외에 HIV 검사 결과를 통보하지 않는 재발 방지 대책을 권고하였다.

2017년 H소방서는 HIV 감염을 이유로 119 구급대원에게 사직을 종용하여 의원면직 처리하였다. 119구조·구급에 관한 시행규칙에서 B형 간염과 함께 HIV 검사를 연 2회 시행하도록 하며 결과에 따라 대원의 건강 회복을 위하여 필요한 조치를 하도록 하고 있다. H소방서는 대원의 감염 사실을 근거로 업무에 부적합하다고 임의로 판단하고 사직서를 작성하도록 종용하였다. 국가인권위원회에서는 국제노동기구나 후천성면역결핍증 예방법상의 권고대로 진단에 따른 차별이나 해고의 부당함을 알리고 대원의 복직 등 피해 회복 조치를 권고하였으나 지자체는 이를 받아들이지 않았다. 법정 소송 결과 고등법원에서 소방서 측의 위법한 행위로 원하지 않는 면직 의사를 통해 면직 처분을 받게 된 것에 대한 정신적 고통에 대한 위자료를 지급하도록 하였으나, 대법원은 본인의 사직 의사에 따른 면직 처분으로 판단하여 면직 자체는 무효로 할 수 없다고 판단하였다.

이렇듯 보건의료 인력은 직종을 수행하는데 의료적·법적 제한이 없음에도 감염 사실 노출 시 직장을 그만둬야 하는 경우가 많이 발생했다. 영국 등에서는 의료진에서 환자에게 전파 가능성이 있는 행위 제한과 관련하여 '노출이 일어나기 쉬운 술기(exposure prone procedure, 이하 EPP)'로 관리해 왔다. 그러나 2013년부터 고위험 EPP의 수행을 금지하던 관행을 폐지하고 U=U 상태 의료인의 EPP를 보건당국에 허가하고 있다. 이에 대하여 박은 의료진의 HIV 감염 사실에 대한 환자의 알 권리를 근거로 감염인의 EPP 의료 행위 규제 필요, 공론화가 필요하다는 논리를 전개한 바 있다. 그러나 환자의 알 권리는 환자가 담당 의료진으로부터 환자 본인의 질병 상태, 치료 방법, 의학적 연구 대상 여부, 치료 부작용 등의 예상되는 결과, 진료 비용에 대해 충분한 설명을 듣고 이에 대한 온전한 동의 여부 결정이 가능하도록 하는 것으로 이에 적용된다 보기 어렵다. 국외 사례와 같이 건강을 유지하는 감염인 보건의료 인력이 자신의 감염 상태를 알릴 의학적 필요도, 의무도 없을 것으로 일할 권리를 보장하는 것이 필요하다.

해야 할 일과 하지 말아야 할 일

국가인권위원회가 질병관리본부장에게 의료인 인식 개선을 위해 HIV 감염인 인권침해와 차별 예방 가이드를 개발하고 예방 교육, 캠페인 활성화를 권고한 바 있다. 이에 따라 2020년 HIV 감염인 진료와 안전한 의료 환경 조성을 위한 의료기관 길라잡이를 제작 배포하였으므로 이를 살펴보자. 길라잡이의 목적은 HIV 감염인을 포함한 모든 환자가 불필요한 차별 없이 진료받고, 의료진과 환자 모두 안전한 의료 환경을 조성하는 것이었다. 길라잡이는 환자 인권 관련 다섯 항목, 감염 관리, 교육과 훈련(학회의 책무성), 정책에 대한 국가 책무성 등을 포함하는 총 8개 항목으로 구성되어 있다. 이는 감염인에 대한 차별 없는 진료, 안전한 의료 환경의 문제는 보건의료인 개인과 감염인 양자 사이의 문제가 아니라 학회 등 단체, 질병관리청, 보건복지부와 같은 국가기관이 제도적으로 지원하고 모니터링해야 함을 강조하는 것이다.

HIV 감염인 진료와 안전한 의료 환경 조성을 위한 의료기관 길라잡이

1. (환자의 건강권) 모든 환자는 성별, 나이, 국적, 인종, 종교, 언어, 사회경제적 상태, 장애 여부, 성 정체성, HIV 감염을 포함한 건강 상태, 약물 사용 또는 수감 여부와 상관없이 의료기관에서 차별받지 않고 동등하게 최선의 진료를 받을 권리를 가집니다.

2. (차별 없는 진료) 의료 제공자는 정당한 사유 없이 HIV 감염인이라는 이유로 진료(입원과 수술 포함)를 거부하지 말아야 합니다. 특별한 의학적 사유(결핵과 같이 감염 전파 가능성이 있는 감염병이 동반된 경우, 면역 저하로 보호 목적의 격리 치료가 필요한 경우, 침습적 시술 또는 수술을 더 안전하게 제공하기 위해서) 없이 HIV 감염인을 별도의 장소에서 진료하거나 진료 순서를 뒤로 미루지 말아야 합니다.

3. (검사와 상담) 의료 제공자는 HIV 검사를 시행할 때는 설명과 동의 과정에 주의를 기울여야 합니다. 검사 결과가 보고되면 선별 검사의 위양성, 위음성의 가능성 등 충분한 설명을 제공해야 합니다.

4. (비밀 보장과 사생활 보호) 의료 제공자는 진료 과정에서 인지한 환자의 HIV 감염 사실에 대해 비밀을 유지하며 환자 본인의 동의 없이 타인에게 말하지 않아야 합니다. 의료기관 내에서 다른 환자들이나 일반인이 HIV 감염인임을 알아볼 수 있는 별도의 표시를 환자의 침상이나 차트 등에 하지 않아야 합니다. (단 감염 관리를 위해 필요한 경우 의료진만이 알 수 있는 방식을 사용해야 합니다.)

5. (환자 존중) 의료 제공자는 HIV 감염인, 취약군과 면담할 때에 혐오나 경멸이 섞인 언어적, 비언어적 표현을 하지 않도록 유의해야 합니다. 의료 제공자는 진료 시에 환자에게 적절한 정서적 지지와 배려를 해야 합니다.

6. (감염 관리-표준 주의 의무 준수) 의료 제공자는 모든 환자의 진료 과정에서 표준주의 지침을 준수해야 합니다. 혈액을 다루거나 침습적 시술이 아닌 일상적인 진료에서 HIV 감염인이라는 이유만으로 다른 환자의 진료 시와 다르게 보호구를 착용할 필요가 없습니다. 의료진은 HIV 감염인의 수술 시 환자와 의료진의 안전을 위해 공통적인 혈액 매개 병원체 주의 지침을 준수해야 합니다.

7. (교육과 훈련: 학회의 책무성) 관련 의료단체는 차별이 환자의 건강에 미치는 악영향을 인식하여 의료 제공자에게 환자 인권 감수성을 향상하고, HIV 감염인에 대한 이해의 증진을 위한 교육을 시행하고, 사회적인 낙인과 차별의 감소를 위해 전문가적인 책임을 다해야 합니다.

8. (정책: 국가의 책무성) 보건당국은 HIV 감염인의 인권 보호를 위한 차별의 예방과 의료기관에서의 환자와 의료 제공자의 안전을 위한 감염 관리에 적절한 자원을 공급하고 모니터링해야 합니다.

해야 할 일

① 감염인 외래 진료 시 다른 비감염인 환자와 마찬가지로 대하고 진료하면 된다. HIV 질환 자체에 대한 진료는 감염내과에서 하지만 감기, 소화기계, 근골격계 질환 등 급성 질환과 당뇨, 고혈압 등 동반된 만성질환은 일반 의료기관을 방문하게 된다. 진료 시 의학적 판단에 따라 각 해당 질환의 진료를 할 수 있다.

② HIV에 대해 혈액 검사를 시행할 때는 설명하고 동의를 구한다. 검사와 검진을 통하여 HIV 감염인의 조기 발견이 이루어지고 조기 치료로 이어지면서 예후가 개선되고 있어 검사가 필요할 때는 환자를 위해 적극적으로 설명하고 검사하는 것이 필요하다. 단 의료진은 이 과정에서 환자의 자기 결정권 존중을 위해 검사에 대하여 설명하고 동의를 받아야 한다. 침습적 시술이나 수술이 예정되어 감염 관리를 위해 병·의원에서 혈액 매개 병원체에 대한 검사를 진행하는 경우 이들 검사에 대한 포괄적인 설명과 동의의 과정이 필요하다. 의료기관에는 3세대 또는 4세대 HIV 검사를 1차 선별 검사로 진행하게 되는데 이때 양성 결과가 나오면 위양성이 있을 수 있고, 아직 확진 상태가 아님을 환자에게 알려주고, 확진 검사 확인이 필요함에 대하여 설명해야 한다. 의심되는 경우에는 선별 검사 음성이더라도 창문기(window period)에 위음성으로 나타날 수 있는 것을 설명하고 4주 뒤 재검이 필요함을 설명하여야 한다.

하지 말아야 할 일

① HIV 감염 사실이나 소수자의 성 정체성을 근거로 진료 거부[66]를

---

66. 의료법 제 15조 (진료 거부 금지 등) ① 의료인 또는 의료기관 개설자는 진료나 조산 요청을 받으면 정

하거나 차별하지 말아야 한다. 감염 사실의 사전 고지와 상관없이 진료의 거부는 앞의 사례들처럼 입원·외래·수술 등 모든 영역에서 공공연히 발생하고 있다. 또한 감염인과 그들의 가족, 감염의 취약군에 대한 낙인과 차별의 문제는 경계가 없이 다층적으로 발생한다.

환자들은 감염이 걱정되더라도 혹시 검사 결과가 양성이면 겪게 될 고립과 차별에 대한 두려움으로 검사받기를 두려워하므로 진단이 늦어질 수 있다. 진료가 거부될 것에 대한 두려움으로 어떤 HIV 감염인들은 의료기관을 방문하였을 때 자신의 감염 사실을 숨기기도 한다. 의료 종사자들이 이러한 낙인과 차별이 환자의 건강과 공중보건에 미치는 영향을 이해하고 먼저 의료 현장에서 개선을 위해 노력해야 한다.[67]

② 감염인이라 하여 표준주의 이외의 별도 주의 지침의 준수가 필요하지 않다. 진료 순서를 뒤로 미루거나 별도의 진료 장소를 사용할 필요도 없다. 병원에 따라 모든 감염성 질환 환자의 검사를 뒤로 미루는 경우가 있다. 그러나 HIV와 같은 접촉 주의가 필요 없는 환자의 X-ray, 초음파, CT, MRI 등의 검사 경우 뒤로 미룰 이유는 없다. 물론 활동성

당한 사유 없이 거부하지 못한다. <개정 2016. 12. 20.> ② 의료인은 응급환자에게 「응급의료에 관한 법률」에서 정하는 바에 따라 최선의 처치를 하여야 한다.
　　정당한 사유와 관련하여 보건복지부의 유권해석, 대한의사협회 정책 연구 등이 있다. 해당 진료가 의료인의 전문영역과 다르거나 전문지식, 경험이 부족하여 다른 의료기관을 이용하는 것이 효과적이라 판단하는 경우, 타 전문과목 영역 또는 고난도의 진료를 수행할 전문지식 또는 경험이 부족한 경우, 즉 전문분야가 아님에 따른 전원은 감염인 진료 거부의 이유로 제시될 여지가 있겠다. 그러나 전원 및 전의의 의무는 보편적인 의료 지식 하에서의 진료 행위와 관련되는 것으로 HIV와 관련된 합병증에 대한 전문적인 치료가 필요한 경우가 아니면 해당 진료 과정에서 감염인에 대한 표준주의 의무 이외에 특별한 조치, 지식이 필요 없다. 대부분 HIV 자체보다는 다른 질환들의 진료를 위해 병·의원을 방문하는 것으로 해당 진료 분야의 전문지식으로 진료를 할 수 있을 것이다. HIV 감염인이라는 것 자체는 진료 거부의 합리적인 이유에 해당한다고 보기 어렵다.
67. 2019년 11월 이에 대하여 의료 차별의 개선을 위해 '후천성면역결핍증 예방법 일부개정 법률안'에 HIV 감염인에 대한 정당한 사유 없이 진료 거부와 차별 대우를 하지 못하도록 하는 규정을 신설하고자 하였으나 대한의사협회는 의료법 제15조, 응급의료법 제6조에 이미 정당한 사유 없는 진료 거부 금지 규정이 있고, HIV 감염인에 대한 과도한 차별 금지 조항은 의료 행위에서 필요한 문진이나 보다 적절한 의료기관으로 전원 의뢰도 어려워지는 상황으로 이어질 수 있다며 개정안에 대해 반대하여 규정 신설은 보류되었다.

폐결핵, 수두, 홍역과 같이 공기 주위가 요구되는 상태에 해당할 경우는 병원의 감염 관리 원칙에 따라 관리할 필요가 있으나 이런 경우는 환자에게 이를 설명해야 한다. 혈액을 다루거나 침습적 시술이 아닌 일상적인 진료에서 HIV 감염인이라는 이유만으로 다른 환자와 다르게 보호구를 착용할 필요도 없다.

③ 접촉 주의 질환(다제 내성균 등)이나 공기 매개 주의 질환(결핵 등)을 동반하지 않은 HIV 감염인의 경우 검사나 진료 순서를 불필요하게 뒤로 미룰 이유는 없다. 미루어야 할 의학적 사유가 있을 때는 환자에게 이를 설명해야 한다.

④ HIV 감염인 또는 감염 취약군과 면담, 문진할 때에 질환이나 성적 지향, 성 정체성 등에 대한 혐오나 경멸이 섞인 표현을 쓰지 말아야 한다. 종교적, 도덕적 신념은 보건의료인 개인에 따라 다를 수 있으나 내담자의 성적 지향, 성 정체성에 관하여 판단 중지하고 대화하는 것이 중요하다. 감염인의 22%가 성적 지향, 성 정체성에 대한 의료인의 혐오 발언이나 차별적 태도를 경험한다고 한다. 또한 내담자들은 다양한 성적 지향, 성 정체성을 가지고 있으며 가질 수 있으므로 이를 단정하지 말고 열린 대화를 해야 한다. 감염인을 모두 게이나 양성애자로 단정해서는 안 되고 필요하면 정중하게 물어보고 상담하여 성병, 암 등의 위험요인을 파악하면 된다. 많은 감염인이 사회에서 타인에게 노출된 뒤 심각한 낙인과 차별을 경험하므로 의료 제공자들이 먼저 주의하고 배려할 필요가 있다.

⑤ 비밀의 유지와 사생활 보호
  • 의료 제공자는 진료 과정에서 인지한 HIV 감염 사실에 대해 환자 본인의 동의 없이 타인에게 말하지 않아야 한다.

- 의료기관 내에서 HIV 여부를 인식할 수 있는 표식을 침상이나 차트에 붙이면 환자의 비밀이 타인에게 노출될 수 있으므로 이러한 표식을 붙이지 말아야 한다. 감염 관리를 위해 병원에서 필요한 경우 의료진만 알 수 있는 방식으로 공유하고 표시할 수 있다. 예를 들어 HIV, 주사기, 두개골 등의 표식을 침상 또는 환자 이름표에 붙이면 일반인들이 의심하거나 유추할 수 있다. 대신 혈액 매개 질환에 대하여 공통적인 약자(예, S: standard precaution)를 채혈용 바코드나 전산상에서 진료 시 확인하게 하는 방법 등 병원 내부 직원 간 공유 방식을 정하여 명확히 공유하는 것이 필요하다.

- HIV 감염인의 경우 접촉 주의가 필요하지 않으므로 일회용 식기를 사용하거나 식판에 별도의 표시를 할 필요가 없다. 개인용 식판을 따로 사용하거나 비닐로 싸서 내놓거나 별도로 소독하는 것은 불필요하고 오히려 개인 질병 노출 위험이 있다.(모든 감염성 질환으로 격리를 경험하는 모든 환자에게서도 인권의 보호가 필요하다. CRE(카바페넴내성장내세균), VRE(반코마이신내성장알균) 등의 접촉 전파 감염균들이 항생제 치료 등 진료의 과정 중에 집락화되는 경우가 많고 다른 환자에게 전파의 방지, 감염 관리를 위해 격리 조치 되는데 이 과정에서 역시 의료진이 확인할 수 있되 환자와 가족에게는 수치심을 불러일으키지 않는 방법의 선택과 환자의 존중이 필요하다)

⑥ 다인실에 입원 시 다른 환자의 안전을 위해 특별한 조치가 필요하지 않다. 감염인의 입원을 통해 다른 환자에게 HIV를 전파할 가능성이 없고, 개인의 혈액 매개 감염병(HIV, B형간염, C형간염)을 입원 시나 입원 중 다른 환자에게 알려야 할 의학적 필요나 의무는 없다. HIV 감염인에 대하여 모든 환자에게 적용하는 표준주의 지침을 지키면서 입

원 진료를 시행한다.

⑦ HIV 감염인의 경우 위생 상태가 나쁘거나 자가 간호가 어려워 환경을 오염시킬 가능성이 있는 경우 또는 면역이 낮아 역격리가 필요한 경우(CD4 T 임파구 200개 미만)를 제외하고는 별도의 1인실 사용이 꼭 필요하지 않다.

|| 마치며 ||

인권과 의과학에 근거하여 혐오에 기반한 사회적 통념에 대항하는 네트워크 구성하기

사회적, 과학적인 사실들은 연구자에 의하여 하루아침에 발견되는 것이 아니라 수많은 동맹과 네트워크의 구성을 통하여 사실로 만들어지는 것이다. 의과학적 연구의 내용, 의과학적인 사실이 사회적인 사실로 받아들여지기까지 오랜 시간이 소요되며 특히 그 대상이 기존에 혐오와 낙인의 대상이면 관성을 극복하기가 더 어렵다. HIV/AIDS와 관련하여 특별한 치료 방법 없이 죽음의 선고였던 시기에는 그 위협에 대응하고 감염인을 포함한 국민의 보호를 위해 감염인의 자유를 제한하여 관리하는 법과 의료 행위에서 격리, 다르게 치료함을 받아들이는 것을 문제로 보지 못하였다. 그러나 이런 기간이 길어지면서 감염인들은 의료적, 사회적 낙인과 차별을 감내해야 했다. 이 시기에도 감염인들과 운동가들을 통해 인권의 중요성이 강조되어왔고 현재의 변화는 이를 반영한다.

HIV/AIDS 치료가 발전한 지금 더는 HIV 질환이 죽음의 병이 아니다. 제대로 치료가 되면 '검출 불가는 전파 불가(U=U)'라는 공중보건학적인 패러다임의 변화도 나타났다. 그런데도 보건의료 영역에서조차 이런 변화가 공유되지 못하고 의학적인 사실로 아직 충분히 인지되지 못하고 있다. HIV 질환은 여전히 유행하고 있고 종식을 위한 노력이 필요하지만, 그 방법이 달라져야 한다. 감염인에 대한 뿌리 깊은 혐오와 낙인, 차별은 HIV 종식을 위한 노력을 가로막고 있다. 이런 의료적, 사회적 지연은 감염인의 건강을 악화시키고 시민으로서 누릴 수 있는 행복추구권을 박탈한다. 조기에 검사받고 조기에 치료하는 것을 어렵게 하여 공중보건의 관점에서도 모두의 건강을 해친다. HIV 전파 매개 행위 금지와 관련된 현행 19조는 후천성면역결핍증 예방에 관한 법률의 목적, 국민의 보호라는 공익과 어긋나고 현재 의과학적 사실과도 부합하지 않고, 감염인의 기본권을 과도하게 제한하여 국민 모두의 건강과 행복을 해친다.

보건의료인은 현재 위치한 장소에서 의료적 돌봄을 제공하는 가운데 감염인을 만나면서 현재의 의과학적 사실과 인권 현실을 인지하고 보건의료적 돌봄 관계를 맺는 경험이 더 많이 필요하다. 도덕적, 종교적 판단을 중지하고 감염병의 전파자, 피해자의 관점이 아닌 내담자, 환자로서 만나야 한다.

1. 일반 의료 환경에서 HIV 감염인의 진료에 익숙해지는 방법은 무엇이 있겠는지 함께 생각해 보자.

2. 코로나 팬데믹 이후 감염 관리 환경이 변하고 있다. 안전한 의료 환경을 만드는 것과 인권 감수성을 갖고 감염인을 진료하는 것 사이에서 무엇을 고려해야 할 것인지 생각해 보자.

참고문헌

- 김민중, 범경철, 「에이즈 : 법적 딜레마」, 『의료법학』, 6(2), 311-337, 2005
- 김승섭, 「동성애, 전환치료 그리고 HIV/AIDS」, 『기독교 사상』 2016년 8월호, 통권 제692호, pp. 31-41
- 김종철, 「에이즈 때문이 아니라 혐오 때문에 아프다」, 『한겨레신문』, 2021.1.23
- 김찬, 「후천성면역결핍증 예방법상 전파 매개 행위 처벌의 문제」, 『공익과 인권』, 19(0):163-200, 2019
- 나영정, 권미란, 김대희, 김성연, 김재왕, 손문수, 이훈재, 『감염인(HIV/AIDS) 의료 차별 실태조사』, 국가인권위원회, 2016
- 마사 누스바움, 『혐오와 수치심』, 조계원 옮김, 민음사, 2015
- 박창범, 「인간면역결핍바이러스(HIV)에 감염된 의료인의 의료행위 규제」, 『일감법학』, 39, 147-172, 2018
- 서보경, 「에이즈 운동의 싸움꾼들, 돌아오다」, 『한겨레 21』 제654호, 2007.4.5
- 수전 손택, 『은유로서의 질병』, 이재원 옮김, 이후출판사, 2002
- 아이리스 메리언 영, 『차이의 정치와 정의』, 김도균, 조국 옮김, 모티브북, 2017
- 양충모, 박윤형, 장원기, 이미영, 「에이즈예방법상 감염인의 인권침해 요인과 인권 개선 방안에 관한 연구」, 『한국 의료법학회지』, 15(1), 64-101, 2007
- 조병희, 손애리, 「한국의 개신교회는 왜 동성애와 에이즈에 적대적일까?」, 『보건과 사회 과학』 48(8); 5-28, 2018

- 질병관리청, 『HIV 감염인 진료를 위한 의료기관 길라잡이』, 2020
- 플루키, 「사회적 질병으로서의 HIV/AIDS와 동성애 혐오」 (https://flooky.tistory.com/26)
- 최재필, 이일학, 임승관, 『감염인 인권 보호를 위한 가이드라인 개발 정책연구 용역사업 최종결과보고서』 질병관리청, 2019
- 최준용, 「HIV 감염 예방의 최신 지견」, 『대한내과학회지』, 90(6), 474-480, 2016
- 한국 HIV 낙인 지표 조사 공동 기획단, 『한국 HIV 낙인 지표 조사』, 2017
- 희망을 만드는 법. [공개 변론 준비기] 후천성면역결핍증 예방법 전파 매개 행위죄 위헌 심판 제청 (https://hopeandlaw.org/ accessed 2023/5/4)
- BBS 뉴스, 「인권단체 "인권위, HIV 재소자 차별 행위 시정 권고 환영"」 2019.1.23
- HIV/AIDS인권활동가네트워크, 『19조를 폐지하라』, 2020
- Asanati K, et al, "Healthcare workers potentially exposed to HIV: an update", *J R Soc Med*, 115(8):286-288, 2022
- Barré-Sinoussi F, et al, "Expert consensus statement on the science of HIV in the context of criminal law", *J Int AIDS Soc*, 21(7):e25161, 2018
- Bavinton BR, et al, "Viral suppression and HIV transmission in serodiscordant male couples: an international, prospective, observational, cohort study", *Lancet HIV* 5:e438-e47, 2018
- Carr, D., et al, Achieving a Stigma-free Health Facility and HIV Services: Resources for Administrators. Washington, DC: Futures Group, Health Policy Project, 2015 (accessed 2022/03/21 https://www.healthpolicyproject.com/pubs/281_SDAdministratorsGuide.pdf)
- Cohen MS, et al, "Antiretroviral Therapy for the Prevention of HIV-1 Transmission", *N Engl J Med* 375:830-9, 2016
- Cohen MS, et al, "Prevention of HIV Transmission and the HPTN 052 Study", *Annu Rev Med* 71:347-60, 2020
- Cresswell F, et al, "UK guideline for the use of HIV post-exposure prophylaxis 2021", *HIV Med*, 2022 May;23(5):494-545
- Crowe JH, "Contagion, Quarantine and Constitutive Rhetoric: Embodiment, Identity and the "Potential Victim" of Infectious Disease", *Journal of Medical Humanities*, 43(3), 421-441, 2022
- Expert Advisory Group on AID, "Updated recommendation for HIV post-exposure prophylaxis (PEP) following occupational exposure to a source with undetectable HIV viral load", (https://assets.publishing.service.gov.uk/government/uploads/system/uploads/attachment_data/file/275060/EAGA_advice_on_PEP_after_

exposure_to_UD_source_Dec 13.pdf)

• Gerberding JL, "Management of occupational exposures to blood-borne viruses", *N Engl J Med*, 16;332(7):444-51, 1995

• Gesesew HA, et al, (2017), "Significant association between perceived HIV related stigma and late presentation for HIV/AIDS care in low and middle-income countries: A systematic review and meta-analysis" *PLoS One*, 12(3): e0173928. 2017

• Heather Territo, et al, HIV Prophylaxis (https://www.ncbi.nlm.nih.gov/books/ NBK534852/)

• HIV justice network, (2019), Advancing HIV Justice 3: Growing the global movement against HIV criminalisation, (https://www.hivjustice.net/publication/ advancing3/CDC) HIV criminalization and ending the HIV epidemic in the U.S. (https://www.cdc.gov/hiv/policies/law/criminalization-ehe.html)

• INSIGHT START Study Group, et al, "Initiation of antiretroviral therapy in early asymptomatic HIV infection", *N Engl J Med*, 373:795-807, 2015

• JP Choi, et al, "HIV-Related Stigma Reduction in the Era of Undetectable Equals Untransmittable: The South Korean Perspective", *Infect Chemother*, 53(4):661-675, 2021

• JP Choi, et al, "The Story and Implications of the Korean Health Care Facility Counseling Project on People Living with HIV", Infect Chemother, 55:e20, 2023

• Kim SW, "Non-AIDS morbidity among HIV patients", *Korean J Med* 90:487-93, 2016

• McCormack S, et al, (2016), "Pre-exposure prophylaxis to prevent the acquisition of HIV-1 infection (PROUD): effectiveness results from the pilot phase of a pragmatic open-label randomised trial", *Lancet*, 2;387(10013):53-60, 2016

• Min S, et al, "Evaluating HIV viral rebound among persons on suppressive antiretroviral treatment in the era of Undetectable equals untransmittable (U=U)", Open Forum Infect Dis 7:ofaa529, 2020

• MMWR. Pneumocystis Pneumonia, Los Angeles (https://www.cdc.gov/mmwr/ preview/ mmwrhtml/June_5.htm)

• Mujugira A, et al, (2016), "Seminal HIV-1 RNA Detection in Heterosexual African Men Initiating Antiretroviral Therapy" *J Infect Dis*, 214(2):212-5, 2016

• Nelson JAE, et al, "Female genital tract shedding of HIV-1 is rare in women with suppressed HIV-1 in plasma", *AIDS* 34:39-46, 2020

• Rodger AJ, et al, (2016), "Sexual Activity Without Condoms and Risk of HIV

Transmission in Serodifferent Couples When the HIV-Positive Partner Is Using Suppressive Antiretroviral Therapy", *JAMA* 316:171-81, 2016

• Rodger AJ, et al, "Risk of HIV transmission through condomless sex in serodifferent gay couples with the HIV-positive partner taking suppressive antiretroviral therapy (PARTNER): final results of a multicentre, prospective, observational study", *Lancet* 393:2428-38, 2019

• Selwyn PA, Arnold R. "From fate to tragedy: the changing meanings of life, death, and AIDS", *Ann Intern Med*, 129(11):899-902, 1998

• TEMPRANO ANRS 12136 Study Group, et al, "A Trial of Early Antiretrovirals and Isoniazid Preventive Therapy in Africa", *N Engl J Med* 373:808-22, 2015

• Te WMA Interim Statement on AIDS, adopted in October 1987. 40th World Medical Assembly Vienna, Austria, September 1988. (accessed 2023/05/21 https://www.wma.net/policy-tags/acquired-immunodeficiency-syndrome/UNAIDS, https://www.unaids.org/en/resources/documents/2022/core-epidemiology-slides)

• The Denver Principles, "Statement From the Advisory Committee of People With AIDS", 1983

• The Korean Society for AIDS, "Summary of Guidelines for the Use of Pre-Exposure Prophylaxis for HIV in Korea", *Infect Chemother*, 49(3):243-246, 2017

• Updated U.S. Public Health Service guidelines for the management of occupational exposures to HIV and recommendations for postexposure prophylaxis, 2013 (https://stacks.cdc.gov/view/cdc/20711)

• US CDC, HIV criminalization and ending the HIV epidemic in the U.S. (https://www.cdc.gov/hiv/policies/law/criminalization-ehe.html)

노인 환자의 인권

_이화영

주요 내용

• 노인 인권은 노인이 인간으로서 존엄성을 존중받고 행복하게 살아가는데 필요한 모든 권리이다. 개인과 공동체의 건강을 책임져야 할 전문가로서 의료인이 반드시 인지해야 할 노인 환자 인권 실태를 살펴보고, 노인 인권 증진을 위한 지침을 확인하고자 한다.

목표

1. 노인 인권의 개념과 현황을 이해한다.
2. 요양원과 요양병원에서의 노인 환자 인권 해 유형과 사례를 통해 이를 방지하기 위한 실천적 지침을 이해한다.
3. 노인 환자 인권 증진과 침해 방지를 위해 의료인으로서 해야 할 것과 하지 말아야 할 것에 대해 설명할 수 있다.

글쓴이

이화영 내과 전문의, 미국 연수 중, 9·11 이후 인권을 이용하여 전쟁을 정당화하는 부시 정권을 목격하고 대학원에서 국제분쟁학을 공부하였다. 귀국 후 의료인의 인권 감수성 증진을 위해 의과대학에서 인권의학 교육을 시작한다. 2009년 인권의학연구소를 설립하여 취약 계층의 건강권 실태조사와 인권 피해자 치유 지원 활동을 하면서, 2013년 김근태기념치유센터 '숨'을 설립하고 국가 폭력 피해자의 삶의 회복을 위해 의료적 법적 지원을 하고 있다. 2017년 인권교육서 『의료, 인권을 만나다』를 기획 발간하였다.
email: icarpeace@naver.com

유엔은 노인 학대의 심각성을 알리고 이를 개선하기 위해 2006년부터 '세계 노인 학대 인식의 날'을 정하고 관련 캠페인을 지속해서 전개하고 있다. 우리나라도 2017년부터 6월 15일을 '노인 학대 예방의 날'로 지정, 매년 노인 학대의 사회적 공감대 형성을 위해 각종 캠페인을 벌이고 있다.

통계청에 따르면, 2021년 우리나라 전체 인구 대비 노인이 차지하는 비율은 16.5%로, 초고령화 사회의 기준인 20%를 충족하기까지 얼마 남지 않았다. 2012년 11.5%를 차지하던 노인 인구 비율이 약 10년 만에 5% 증가한 것이다.

최근 우리나라 출산율 감소 대비 노령인구 증가는 심각한 사회문제로 주목받고 있는데, 이러한 사회문제 가운데에서도 노인 학대 문제는 특히 심각하다. '노인 학대'란 노인에 대한 신체적·정신적·정서적·성적 폭력 및 경제적 착취 또는 가혹 행위를 하거나 유기 또는 방임하는 것으로, 노인복지법에서 정의를 내리고 있다. 하지만 학대 행위 금지를 법령에 명시하고 있음에도 불구하고 끊임없이 발생하고 있다. 중앙노인보호전문기관 통계에 의하면, 노인 학대 신고 건수는 2005년 3,500여 건에서 2019년에는 16,000여 건으로 매년 증가 추세를 보인다.

한편 인구 고령화의 영향으로 요양병원이 증가하면서 노인 환자에 관한 인권침해 사례도 적지 않게 발생하는 것으로 알려졌다. 국가인권 위원회가 2014년에 실시한 「노인 요양병원 노인 인권 상황 실태조사」에 따르면 '장시간 신체 보호대 사용', '가림막 없이 기저귀 의복 교체', '입원실 출입 제한', '고함이나 윽박지름' 등 다양한 인권침해 사례가 확인됐다.[68] 이런 인권침해 사례가 언론을 통해 계속 노출되면서 요양병원들이 마치 인권 사각지대인 것처럼 보이는 것 역시 현실이다.

2018년 국가인권위원회가 시행한 노인 인권 모니터링 결과를 보면 요양병원에서 '노인에 대한 과도한 신체 억제대 사용', '욕창 관리 부실', '노인의 입·퇴소 시 자기 결정권 보장 미흡', '환자와 보호자의 알 권리 침해', '종교의 자유·인격권 침해' 등의 노인 환자 인권침해 사례가 여전히 심각한 것으로 보고하고 있다.

아래 사례를 보면 일상 병상 생활에서도 노인 환자의 존엄성이나 환자 권리가 제대로 보호받지 못하고 있는 것을 확인할 수 있다.[69]

사례 1

> 담당 의사, 간호사를 보기가 어렵다. 하고 싶은 말이 있는데 입안에서 잘 안 나온다. 그냥 가버린다. 내가 할 말을 생각하고 있었는데 막상 물으면 기억이 안 난다. (여, 85세)

68. 국가인권위원회, 「노인 요양병원 노인 인권 상황 실태조사」, 서울사이버대학교 산학협력단, 2014
69. 대한요양병원협회, 『요양병원 노인 인권 지침서 : 존엄 케어의 시작』, 2019

> 화장실에 가고 싶다고 간병인에게 이야기했는데 화를 내면서 그냥 기
> 저귀에 누라고 한다. 누워서 기저귀에 소변을 보려니 잘 나오지 않는다.
> 기저귀 교체해 달라고 말하기가 부끄럽다.(여, 82세)

마침내 2020년 11월, 국가인권위원회는 요양병원에 입원한 노인 환자의 인권을 보호하기 위해 의료법에 인권교육 근거 규정을 신설하고, 요양병원 인증 기준에 종사자 인권교육을 포함하라고 보건복지부에 권고하였다.[70]

보도자료에 의하면, "요양병원은 노인 환자가 전체 환자의 약 80%를 차지하고 있고, 6개월 이상 장기 입원하는 경우가 대부분"이라며 "요양병원이 노인 환자에서 발생할 수 있는 인권 문제에 민감성이 낮아 환자의 존엄성 및 기본권 보장에 있어 미흡하다는 지적이 끊임없이 제기되어 왔다"라고 하였다.[71]

그러나 현재까지 요양병원에는 노인 환자의 인권을 보호하기 위한 종사자 대상 인권교육이 거의 없고, 의료인을 대상으로 한 양성 교육 및 보수교육 체계에서도 인권교육을 찾아보기 힘들다. 또한, 요양병원 간병인은 공식적인 간호 체계나 장기요양 체계에 포함되지 않는 인력

---

70. 국가인권위원회는 2020년 11월 10일 "인권위, 요양병원 인권교육 권고"라는 보도자료를 통해, 취약한 노인 환자의 인권 보호를 위한 종사자의 인식 개선 필요성과 의료법 개정을 강조하였다.
71. 국가인권위원회는 2014년 노인 요양병원 노인 인권 상황 실태조사를 실시하고, 그 결과를 토대로 2016년 보건복지부 장관에게 노인 환자 인권 보호를 위한 제도 개선을 권고하였고, 이에 보건복지부도 수용 의사를 밝힌 바 있다.

으로 직업훈련 체계에 관한 법적 근거조차 마련돼 있지 않은 상황이다.

국가인권위원회는 "전체 의료계 종사자를 대상으로 한 인권교육이 필요하지만, 즉각적인 도입은 현실적으로 쉽지 않다"라고 하면서 "하지만 의료기관 중 노인 환자가 대다수이며 장기간 치료와 요양을 제공하는 요양병원에 대해서만큼은 취약한 노인 인권을 먼저 보호하기 위해 인권교육의 의무 실시를 시급하게 도입해야 한다"라고 강조하였다.

그동안 국가인권위원회는 노인 환자에 대한 인권 상황 실태조사를 지속해서 시행하였고, 실태조사 결과를 통해 보건복지부에 노인 환자 인권 개선을 위한 제도적 개선을 권고하였으나, 노인 환자에 관한 인권 침해 사례가 여전히 발생하고 있어서 보도자료를 통해 요양병원 종사자들에 대한 인권교육을 재차 권고한 것으로 보인다.

노인 인권은 노인이 인간으로서 존엄성을 존중받고 행복하게 살아가는데 필요한 모든 권리이다. 노인이 환자가 되어서도 마땅히 보호받아야 할 권리 또한 변하지 않는다. 이 장에서는 개인과 공동체의 건강을 책임져야 할 전문가로서 의사가 반드시 인지해야 할 노인 인권 특히 요양원 또는 요양병원과 같은 의료시설에서의 노인의 인권 실태를 살펴보고, 노인 환자 인권 증진을 위한 의사의 행동 지침을 확인하고자 한다. 이 교재는 노인 환자를 직접 지원하는 의료시설 종사자 중에서도 의사의 인권 중심적 인식과 실천을 지원하는 데 중점을 두고 있다. 따라서 이들이 노인 의료시설을 이용하는 노인의 인권을 이해하고 감수성을 갖추어 이를 서비스와 실천에 적용할 수 있도록 목표를 두고 있다.

1. 노인 인권 개념

인권이란 인간이면 누구나 누릴 수 있는 당연한 권리 즉 인간답게 살 권리를 말하며, 존엄권·자유권·평등권 등을 그 내용으로 한다. 노인 인권이란 노인이라는 생애주기에서 특별히 보호 및 존중되어야 하는 인간의 기본적 권리를 구분하여 명명한 것으로, 세계 고령화의 정치선언문, 마드리드 고령화 국제행동계획, 노인을 위한 유엔원칙 등 국제기구에서 제시한 기본 원칙을 그 내용으로 하되, 그 나라와 사회적 배경에 따라 인권의 개념을 구체화하고 있다.

노년기라는 특정 연령대에 속해 있는 노인은 다른 연령 집단과 다름없이 인간이 누리는 모든 권리를 향유 할 수 있는 인권의 주체이다. 그러므로 일반 인권의 개념과 노인 인권의 개념은 다르지 않다. 다만 그 대상이 노인으로 국한될 뿐이다. 따라서 노인의 인권은 '노인이 존엄한 존재로 존중받고, 인간다운 노후 생활을 영위하는데 필요한 모든 권리'이다. 그러나 이러한 노인 인권에 대한 정의는 매우 추상적이며, 노인의 특성과 사회적 환경을 충분히 반영하지 못하고 있으므로, 노인 인권을 보다 구체적으로 개념화할 필요가 있다.

법적 규정상 노인 인권을 명확히 정의하기 어렵지만, 일반적으로 '노인이 헌법과 법률이 정한 기본 권리와 안정된 생활을 보장받을 권리'라 할 수 있다. 좁은 의미로 노인이 학대받지 않을 권리부터 넓은 의미로 나이 차별 없이 적극적으로 사회에 참여할 권리에 이르기까지 광범위한 개념으로 해석한다. [72]

---

72. 권중돈, 『노인 복지론』, 학지사, 2012

우리나라의 노인 인권 보호의 구체적인 실현으로는 1981년 노인복지법이 제정되어 현재에 이르기까지 노인을 위한 다양한 공공정책 프로그램들이 제공되어왔다. 특히 2004년 노인복지법 개정을 통해 착취나 학대의 피해로부터 안전을 보장받고 존엄하게 살아갈 수 있는 권리를 보장하였고, 2005년에는 저출산·고령사회기본법을 제정하여 노인 인구의 증가와 특성 변화에 대응한 저출산·고령사회 기본계획을 수립하였다. 2007년 노인장기요양보험법 제정을 통해 건강과 케어에 필요한 사회적 서비스를 받을 수 있도록 하고 있다.

　　특별히 국가인권위원회는 2006년 국가 인권 정책 기본계획에서 '노인의 주거권·건강권·사회복지권'이라는 세 가지 권리 보장을 노인 인권 증진의 목표'로 규정하였다. 이는 노인 인권 역시 존엄권·자유권·사회권 그리고 법 절차적 권리를 포함하는 것으로 이러한 노력은 모두 노인 인권 보호를 위해 강화된 국가의 의무와 책임을 보여주고 있다.

　　한편 장애인, 여성, 아동, 난민 등 사회적 약자와 소수자의 인권 보호를 위한 국제인권조약은 존재하지만, 노인만을 위한 인권선언이나 국제규약은 따로 존재하지 않는다. 그러나 국제사회에서 본격적으로 노인 인권에 대해 논의하기 시작한 것이 1980년대이다. 1980년대에 세계적으로 인구 고령화에 관한 관심이 증가하고, 고령화 문제에 접근할 수 있는 행동 계획을 마련하기 시작하면서 유엔의 노인 인권 보호에 관한 활동이 전개되었다.

　　1982년 유엔은 오스트리아 빈에서 고령화에 관한 국제행동계획을 채택했다. 이 계획은 고령화 및 노인 문제 관련 정책과 사업의 수립·지침을 위한 최초의 국제적 도구가 되었다. 1990년에는 10월 1일을 '세계 노인의 날'로 정했으며, 1991년 12월에는 유엔 총회에서 노인을 위한 유엔원칙을 채택하고 자립·참여·보호·자아실현·존엄의 5가지 주요 원칙을 제시하였다.[73] 자립의 원칙에서 노인은 소득 보장, 적절한 음식, 식수, 주거, 의복, 의료 서비스 등에 접근할 수 있어야 한다고 언급하고 있다. 또한 노인은 보호나 치료 시설에 거주할 때라도 인권과 기본적인 자유를 누릴 수 있어야 한다면서 시설 생활 노인의 인권 보호에 대해서도 구체화하고 있다. 특히 유엔원칙은 노인이 자신의 존엄성을 지킬 수 있고, 안전하게 살 수 있으며, 착취 대상이 되어서도 안 되고, 신체적 또는 정신적 학대를 받아서도 안 된다고 하면서 각종 학대로부터 노인을 보호해야 하는 중요성을 강조하고 있다.

2. 노인 환자 인권 영역

최근 우리나라는 급격한 인구 고령화와 노인장기요양보험 실시와 관련하여 노인요양시설 및 거주 노인의 수가 해마다 증가하고 있다. 요양병원 수는 2006년 367개에서 2015년 1,489개로 10년 만에 약 4배 이상 증가했고, 2015년 기준 전체 의료기관 중 약 47.9%를 차지하였다. 2012년부터는 요양 병상 수가 일반병상 수를 넘어섰고, 2013년 기준 노인 인구 1,000명당 요양 병상 수는 31.4개로 경제협력개발기구 회원국 중 1위로 나타났다. 이는 2위인 일본의 10.7개에 비해서도 월등히 높은 수치인 것이다. 2019년 3월 기준에서 요양 병상 수는 39.6개로 증가하여 경제협력개발기구 회원국 중 여전히 1위를 유지하고 있다. 많

---

73. 보건복지부, 『고령화 관련 국제행동계획과 노인을 위한 유엔원칙』, 2000

아지는 요양병원 수만큼 여러 문제도 함께 늘어나는 추세이다. 즉 요양병원은 과도한 치료와 재활 서비스를 제공하거나 노인 환자에 관한 인권침해 사례가 나타나고 있다.

이에 노인 인권 문제를 다룸에 있어 노인 요양시설에 거주하는 노인에 초점을 두어 인권 보호 방안을 모색할 필요가 있다. 신체적·정신적 의존상태의 노인이 시설에 공동으로 거주하면서 발생하는 인권 문제는 많은 국가가 겪는 사회문제로써 노인 인권 보호를 위해 자국의 관련 법을 제정하고 시설 종사자를 대상으로 노인 인권교육을 의무화하는 추세이다.

우리나라도 2006년 보건복지부에서 '노인 복지시설 인권 보호 및 안전관리 지침'을 제시하고, 2007년 제정된 노인장기요양보험법에 시설 노인의 방임 행위에 대한 처벌 조항을 마련하였다. 노인 요양시설 노인의 존엄성을 침해하는 형태는 주로 학대로 나타났으며, 특히 방임과 언어·정서적 학대 상황을 경험한 것으로 나타났다.[74]

우리나라 노인복지법에서는 노인 복지시설의 종류를 노인 주거복지시설, 노인 의료복지시설, 노인 여가복지시설, 재가 노인 복지시설, 노인 보호 전문기관의 5개 유형으로 규정하고 있다. 이 가운데 노인이 시설에 입소해 생활하면서 서비스를 받는 노인 주거복지시설과 의료복지시설이 대표적인 노인 복지시설이다. 이 장에서는 시설에서 생활하는 노인 환자의 인권 실태를 노인복지법에 근거한 노인 의료복지시설로 주거와 의료 서비스를 제공하는 '요양원'과 의료법에 근거한 의료기관인 '요양병원'에 국한해 살펴보고자 한다.

---

74. Kim, K. K, "The nurses' perceptions and experiences on the older adult's dignity in nursing homes", *Journal of Korean Academy of Nursing Administration*, 15, 81-90, 2009

최근 들어 노인 복지시설인 요양원과 요양병원에서 빚어지는 노인 인권침해 사례가 보고되면서 노인 환자의 인권에 관한 관심이 증가하고 있으나, 학대나 인권침해 중심의 소극적이고 사후 처리적 접근 방법으로는 노인 환자의 인권을 증진하는 데 한계가 있을 수밖에 없다. 전반적인 시설 서비스의 내용과 방식에 인권 관점을 적용하고 이를 적극적으로 변화시킬 때, 노인 환자의 인권 보호는 물론 만족스럽고 질 높은 서비스가 제공될 수 있다. 따라서 노인 환자의 인권적 관점과 실천이 필요한 이유는 다음과 같이 정리할 수 있다.

　첫째, 요양병원을 이용하는 노인은 치매, 중풍 등 중증 질환을 오랜 기간 앓았으므로 스스로 자기 보호가 어렵고 권리 보호를 위한 구체적인 활동을 할 수 없는 경우가 많다. 또한 중증 노인을 돌보는 시설의 서비스는 비교적 건강한 노인에게 제공되는 재가 서비스와 비교할 때 서비스 제공자의 일상적 행위가 자칫 노인 환자의 인권을 침해할 위험성을 내포하고 있다. 이 같은 노인 환자의 취약성, 요양병원 의료 서비스의 특수성 때문에 노인 환자 인권 관점에서 서비스를 체계화할 필요가 있다.

　둘째, 노인 장기요양보험 제도와 같은 보편적 노인 복지 정책의 시행으로 노인 복지 서비스는 저소득층 노인만이 아니라 노인이라면 누구나 누려야 할 기본 권리로 인식되고 있다. 또한, 민간 노인 요양시설이 급격하게 증가함으로써 서비스 소비자인 노인 환자가 시설과 서비스를 선택하고 결정할 권리가 강화된 점도 노인 환자 인권에 관한 관심을 증가하게 했다.

　셋째, 질 높은 서비스에 대한 사회적 요구가 증가하면서 인권적 관점의 서비스 제공의 필요성이 더욱 강화되고 있다. 이제 노인 환자와 가족들은 단순한 보호와 일상적 보살핌을 넘어 신뢰할 수 있는 질 높은 요양 서비스를 요구하고 있다.

3. 노인 환자 인권침해 사례와 지침

1) 노인 학대

노인복지법(제1조 2항)에서는 노인에 대하여 신체적·정신적·성적 폭력 및 경제적 착취 또는 가혹 행위를 하거나 유기 또는 방임을 하는 것을 노인학대로 규정하고 있다. 보건복지가족부(2010)는 노인의 가족 또는 타인이 노인에게 신체적·언어적·정서적·성적·경제적으로 고통이나 장해를 주는 행위 또는 노인에게 필요한 최소한의 적절한 보호조차 제공하지 않는 방임 및 유기를 노인학대로 정의하고 있다.

노인 보호 전문기관의 노인 학대 전체 신고접수 건수는 꾸준히 증가 추세이다. 2013년 대비 2017년 전체 신고 건수는 31.0% 증가(10,162건 → 13,309건)하였다. 학대 사례의 경우 31.3% 증가(3,520건 → 4,622건)하였고, 일반 사례의 경우 30.8% 증가(6,642건 → 8,687건)하였다.[75] 학대 발생 장소를 살펴보면 2017년 기준 가정 내 학대는 89.3%(4,129건)로 2013년 이후 계속 증가하여 2017년에는 가장 높은 비율을 보였다.[76] 생활 시설은 7.1%(327건)로 2015년부터 꾸준히 증가 추세를 나타냈다.

또한 2017년 보건복지부·중앙노인보호전문기관에서 발행한 『노인

75. 중앙노인보호전문기관,『노인 학대 현황 보고서』, 2017, p179
76. 중앙노인보호전문기관,『노인 학대 현황 보고서』, 2017, p18

학대 현황 보고서』에 따르면 병원에서 노인 학대는 2013년까지 꾸준히 증가하다가 점차 줄어드는 추세이다.[77] 하지만 병원에서의 노인 인권 침해 신고가 드러나지 않는 이유는 외부인과 접촉이 쉽지 않은 병원의 특성, 의료진과 종사자로부터 받을 수 있는 불이익 또는 의사표시가 쉽지 않은 노인이라는 점에서 실제의 피해자는 훨씬 많을 것으로 생각된다.

2) 노인 환자 인권침해 실태[78]

현재 노인 장기요양보험 제도의 시행으로 1-2등급의 중증 노인에게 시설 급여를 제공하고 있어서 노인들의 재활 치료에 대한 요구가 증가하는 추세이다. 노인 환자들은 의사의 처방에 따라 개인의 질병과 기능에 상응하는 의료와 재활 치료를 받을 권리가 있다. 이 과정에서 보호되어야 할 노인 환자의 권리와 함께 인권침해 사례와 예방 지침을 살펴보고자 한다.

(1) 재활 등 적절한 의료 서비스를 받을 권리

요양병원의 노인이 앓고 있는 질환은 대부분이 만성 퇴행성 질환이므로 적극적이고 지속적인 관찰과 적절하고 질 높은 의료 서비스가 필요하다. 또한, 정확한 치료 도구 사용과 전문 인력에 의한 서비스 등 안전한 재활 치료를 받을 노인의 권리가 보장되어야 한다. 이를 위해 재

---

77. 중앙노인보호전문기관,『노인 학대 현황 보고서』, 2017
78. 노인 환자 인권침해 사례와 예방 지침은 2014년 국가인권위원회가 발간한 『노인 인권 길라잡이』의 노인 주거·의료복지시설에서의 인권 보호에서 인용하였다.

활 치료 장비는 항상 안전하고 즉시 사용 가능한 상태로 관리·유지·보수되어야 한다. 치매 등 의사소통이 불완전한 노인 환자인 경우에도 노인이 하는 말에 주의를 기울이고, 노인이 다른 장비에 접근하거나 만지지 않도록 지켜보아야 한다. 특히 핫팩의 사용과 보관에 유의해야 한다.

한편 치매나 뇌 질환 등으로 의사소통이 어려운 경우, 소극적인 재활 치료 서비스가 제공될 위험이 있다. 따라서 치매, 뇌 질환 등으로 의사소통에 제한이 있는 노인을 치료하는 계획은 보호자와 충분히 상의해야 한다. 재활을 위한 치료 공간과 치료 인력을 적절한 규모로 확보해야 하며, 장기요양 등급이 상향 조정되는 것을 우려해 재활 치료를 소극적으로 시행하는 일이 없어야 한다.

(2) 일상생활 지원

노인 환자에게 제공하는 요양 서비스 중에서 높은 비중을 차지하는 것은 일상생활 지원이다. 즉 영양, 식사, 의복, 청소, 세면, 구강 청결, 두발 관리, 목욕, 배변 등이 이에 해당한다. 종사자들이 목욕, 배변 등의 위생 서비스를 잘못 수행할 경우 노인의 신체적 건강 유지와 심리적 자존감에 손상을 줄 수 있는 민감한 활동이다. 또한 영양과 식사 서비스는 생명 유지에 필수적 인권 영역이므로 여러 한계상황에도 불구하고 질 높은 서비스를 제공해야 한다. 특히 이동 능력이 제한된 노인에겐 보행과 이동, 외출을 지원할 수 있어야 한다.

① 적절한 배변 서비스를 받을 권리

요양병원 노인 환자 중에는 대소변 문제를 스스로 처리할 수 없는 경우가 대부분이다. 이런 노인들은 종사자의 도움을 받아 화장실을 이용하거나 배설 보조기를 사용하게 된다. 이때 노인 환자에게는 자존감에 상처를 입지 않으면서 위생적이고 안전한 배변 서비스를 받을 권리가 있다.

사례 3

> 환자는 척추 기능 손상으로 휠체어에 앉는 것도 요양보호사의 도움을 받아야 한다. 인지 기능은 정상으로 감정 표현과 의사소통이 가능하나, 하반신 마비 증세로 기저귀를 착용한다. 출입문 쪽 병상에 있는 환자는 기저귀 교체 때마다 복도 쪽 사람들의 발소리와 말소리에 신경이 쓰인다. 요양보호사 대부분은 기저귀를 갈기 전 항상 문을 닫고 조용히 도움을 주는데, 신입 요양보호사는 환기를 시킨다며 기저귀를 갈면서 문을 열어놓는 경우가 있어 그럴 때마다 매우 불쾌하다.
>
> ▶ 지침: 기저귀를 교체할 때 침상 옆에 개별 커튼이나 스크린을 설치하고, 수건으로 덮어주는 등의 조치로 노인의 수치심을 줄이도록 한다.

② 개인 물품 관리와 소비 활동의 권리

요양원이나 요양병원 노인은 개인 재산과 물품에 대해 스스로 소유하고 소비하며 이용할 권리를 가진다. 다만 스스로 관리할 능력이 없는 경우 의료시설 입소로 인한 개인 물품 관리의 책임은 시설에 위임되므로, 종사자는 생활 노인의 소비 요구를 경청하고 그에 맞는 소비 활동을 지원해야 한다.

사례 4

종교기관에서 운영하는 한 노인 환자 시설에서 치매라는 이유로 노인 환자의 통장과 도장, 주민등록증을 시설 책임자가 보관하였다. 환자는 여러 차례 간병인을 통해 면회 온 손님들을 위한 물품과 마스크 구매를 위해 통장과 주민등록증을 돌려 달라고 요청하였으나 무시당했다. 이후 가족은 이 사실을 국가인권위원회에 진정하였다.

▶ 지침: 요양원이나 요양 시설은 어떠한 이유로라도 환자의 신분증이나 통장, 도장 등을 보관할 수 없다. 다만 스스로 개인 물품을 관리할 능력이 없는 노인의 경우, 법적 보호자의 서면 동의를 받아 시설이 위임받는 절차를 거쳐야 한다.

③ 종교의 자유

종교 활동이 가져다주는 긍정적인 기대 효과에도 불구하고 종교 활동은 자유로운 선택에 따라 이루어져야 한다. 특정 종교 행사에 참여하기를 강요하거나 종교적 신념의 변화를 목적으로 부적절한 영향력을 행사해서는 안 된다는 것이다. 또한 노인 개개인의 종교의식이나 활동을 종교가 다르다는 이유로 제한해서도 안 된다.

사례 5

종교 봉사자가 어르신들을 너무 무리하게 종교 활동에 모셔가고 있어요. 물리치료에 가야 할 시간이라고 해도 영적인 게 더 중요하다며 모셔가는 거예요. 아무리 종교 재단에서 운영하는 시설이지만 너무하지 않나요?

▶ 지침: 요양원이나 요양 시설의 종교 활동은 특정 종교에 국한되어서는 안 된다. 개인의 종교 활동은 적극적으로 보장해야 하고, 공용 공간에 특정 종교 표지물을 과도하게 부착하지 않는다.

④ 안전한 환경에서 생활할 권리

안전사고를 유발하는 시설 설비와 관리 소홀 등의 시설 요인, 노화와 증상 심화로 인한 노인 개인적 요인, 자연재해나 사고로 인한 불가항력적 외부적 요인 등과 무관하게 노인은 안전하게 보호받을 권리를 지닌다.

사례 6

작년에 8건의 낙상 사고가 일어났는데요. 야간에 침상에서 혼자 내려오다가 떨어지신 분, 화장실에서 주저앉으신 분, 보행하다가 다른 노인과 살짝 부딪쳐서 낙상하신 분, 휠체어에 앉아 계시다가 앞으로 쓰러지신 분 등 종류도 많아요. 최선을 다하는데 어쩔 수 없는 경우가 너무 많아 참 힘들어요.

▶ 지침: 침대 낙상 위험 노인에게는 항상 침대 난간을 올려 둔다. 인지장애가 있거나 행동 제어가 안 되는 노인은 바닥에 매트리스를 깔고 생활하도록 조치한다. 휠체어에 앉았을 때 앞으로 쏠림 현상이 있는 노인의 경

우, 상체에 안전대를 대어서 휠체어에 고정하되 이유를 설명하고 동의를 받는다. 낙상 예방을 위한 활동과 종사자 교육을 항상 시행한다.

⑤ 자유로운 정보통신 권리 보호

자유로운 의사소통과 표현의 권리 보장은 의사소통 수단을 자유롭게 이용할 권리를 보장할 때 가능하다. 노인 환자는 외부의 타인들과 교류하고 자유로운 의사소통을 하는 데 꼭 필요한 면회, 유·무선 전화, 편지나 우편물, 신문이나 인터넷 등 의사소통 수단을 활용하는 데 있어서 제약을 받아서는 안 된다.

사례 7

종교기관에서 운영하는 한 노인 환자 시설에서 특정 노인 환자 가족의 면회를 제한하거나 시간을 제한하는 때도 있어서 가족이 국가인권위원회에 진정하였다.

사례 8

방에 전화가 어디 있어? 핸드폰을 쓰는데, 어찌나 고장이 잘 나는지. 충전 시 어떤 때는 되는데 안 될 때도 많더라고. 내가 뭘 몰라서 그러지 뭐.

▶ 지침 : 노인의 면회는 코로나 팬데믹 상황과 같은 특정한 경우를 제외

하고는 제한해서는 안 된다. 또한 노인의 거실 공간에는 수신 전용 전화를 설치하거나 최소한 무선 전화기로 노인이 외부인과 의사소통을 하는 데 지장이 없도록 한다. 컴퓨터나 인터넷을 이용하고자 하는 경우, 정보 통신 수단에 접근할 수 있도록 서비스를 제공해 주어야 한다.

(3) 치매 등 특수 질환

요양원이나 요양병원의 노인 대부분은 오랜 기간 중증의 질환을 앓아 일상생활 수행 능력이 현저하게 떨어져 있으며 치매나 뇌졸중 등에 의해 와상 상태에 놓인 경우가 많다. 시설 종사자는 치매, 와상 노인들 역시 삶의 질을 추구할 권리가 있음을 기억해야 한다. 세심한 요양 서비스 계획과 위험 상황에 철저히 대비함으로써, 더욱 안전하고 안락한 요양 서비스를 제공하려고 노력해야 한다.

① 차별받지 않고 평등한 처우를 받을 권리

치매 노인은 기억의 상실을 경험하며 대인 관계와 일상생활에 많은 장애를 겪게 된다. 와상 노인의 경우, 신체 기능이 손실되어 근력과 균형 능력의 저하, 방광 기능과 배변 장애 등을 겪는다. 이와 같은 특정 질환이나 증상 때문에 치매·와상 노인에게는 더욱 적극적인 프로그램 참여와 외부와의 접촉이 필요하며, 혼자 방치되거나 우울과 불안을 느끼지 않도록 하는 배려가 더욱 필요하다. 치매·와상 노인 환자의 경우 질환이나 증상, 요양 등급의 경중에 따라 차별받지 않고, 동등한 처우를 받을 권리가 있음을 기억해야 한다.

② 서비스 내용과 과정에 대해 알 권리

일상적으로 반복되는 서비스라 할지라도 현재 제공하는 서비스가 무엇이며, 어떤 과정을 통해 제공할 것인지를 설명한다. 서비스에 대해 불편한 점은 없는지, 기분은 어떤지 등 대화를 나눔으로써 노인 환자의 알 권리를 보장해야 한다.

③ 신체적 제한을 받지 않을 권리

자해, 치료 거부, 건강을 해칠 수 있는 문제 행동을 반복적으로 하거나 배회 증상이 있는 노인에게는 물리적 제한이 필요한 수 있다. 또한, 치매 노인의 경우 실종 위험이 있고 와상 노인은 외출과 산책 등 이동에 제한을 겪게 된다. 그러나, 노인 의료복지시설은 격리나 신체적 제한에 대해 정의와 필요성을 명백히 규정해야 한다. 적용 기준과 방법, 원칙에 대해서도 자체 매뉴얼을 마련하고 관련 종사자 교육을 지속함으로써 노인의 자유로운 신체 활동에 제한받지 않을 권리를 보장해야 한다.

④ 치료에 대한 자기 결정권

치매 증상을 보이는 노인으로 인해 다른 노인의 수면과 생활이 방해받을 경우, 안정제 등 약물을 처방하는 사례가 빈번하게 발생하기도 한다. 이때 환자와 보호자에 대한 고지와 동의 없이 종사자의 판단으로 정신과 진료와 투약 결정을 내리는 일이 있어서는 절대 안 된다.

저 사람 때문에 잠을 잘 수가 있어야지. 한밤중에도 중얼중얼… 뭘 그리 찾으러 돌아다니는지. 이불마다 다 들추고 사람을 툭툭 차고 다니고. 방을 바꿔주든지, 내가 나가든지 해야지 원.

▶ 지침 : 치매 노인이 야간에 잠을 이루지 못하고 배회하거나 큰 소리를 내는 등 다른 노인의 수면을 방해하는 경우 별도의 공간에서 안정을 취하게 한다. 종사자는 치매 노인과 동료 노인 사이에 일어날 수 있는 갈등 상황에 대해 적극적으로 중재해야 한다.

4. 노인 환자 인권 보호를 위한 단체의 노력

최근 언론을 통해서도 요양병원 노인 인권에 대한 문제들이 대두되고 있고, 계속되는 문제들로 인해 인권단체의 이목이 쏠리고 있으며, 제도 개선을 위한 움직임을 보이는 상황이다.

1) 대한요양병원협회의 노력

(1) 신체 구속 폐지

대한요양병원협회는 2011년 5월 19일 서울 백범김구기념관에서 신체 구속 폐지 한국 선언 행사를 열고 노인 의료를 담당하고 있는 요양병원 종사자들의 인간 존엄성 확립과 노인 환자 인권 보장을 위한 노력을 공식 선언했다. 선언문에서는 인간 존엄 바탕의 질 높은 케어 지향, 내 부모와 내가 받고 싶은 간호 실현, 안전이나 치료를 위한 안이한 신체 구속 금지, 환자 성향에 맞는 케어 지향, 효과적 임상 적용을 위한 학문적 연구 등을 다짐했다.

(2) 인증을 통한 인권 준비 및 교육

요양병원은 2013년부터 의무적으로 인증을 받게 되었다. 요양병원 인증 조사 기준은 기준집에 정규 평가 항목으로 규정되어 있으며, 환자가 진료를 받는 모든 과정에서 환자의 권리와 의무를 존중하고, 개인정보를 보호해야 함은 물론 취약환자의 경우에는 해당 환자의 권리를 보호하기 위한 의료기관의 책임과 지원 체계를 규정하고 있다.

(3) 윤리 헌장 선포

대한요양병원협회는 2015년 12월 18일 국회 의원회관에서 '요양병원 윤리 헌장 선포 및 발전 방향 모색' 토론회를 개최하고, '요양병원 윤리 헌장'을 선포하였다. 윤리 헌장은 협회의 의뢰로 연세대학교 의료법윤리학과에서 제작하였다. 요양병원 종사자의 윤리적 의무로서 인간 존중 정신을 바탕으로 최선의 의료와 돌봄, 편견과 차별 지양, 환자 사생활 보호, 환자의 의사결정 존중, 요양 의료 표준 준수 및 윤리적 의사결정, 전문가 품위 유지 등의 내용을 담고 있다.

(4) 존엄 케어 분과의 신설 및 운영

지난 2017년부터 대한요양병원협회 춘·추계 학술 세미나에서 존엄 케어 분과를 신설하여 현장에서의 인권과 존엄성 케어에 대한 정보를 공유하고 개선해나가고 있다. 또한 전문분야별 토론회를 통해 제도 개선과 질 높은 케어를 위한 표준화 작업을 진행 중이다.

(5) 존엄 케어를 위한 4무 2탈 운동 확산

존엄 케어를 위해 요양병원에서 4무 2탈 운동(냄새 발생 無, 욕창 발생 無, 낙상 발생 無, 신체 억제 無, 脫 기저귀, 脫 침대-와상)을 전개하고 있다. 이는 한 인간을 향한 존중과 배려의 운동이자 남아있는 잔존 능력을 유지, 향상해 재활할 수 있도록 하며 가정으로의 복귀를 위한 노력이다.

(6) 노인 인권 및 노인학대 예방 교육 진행

대한요양병원협회는 2019년 3월 26일 서울 백범김구기념관에서 '노인 인권 신장을 위한 존엄 케어 선포식'과 노인 인권에 대한 주제토론을 통해 노인 인권에 관한 관심과 책임감을 느끼게 하며, 『요양병원 노인 인권 지침』을 발간하여 노인 인권침해 예방 교육을 진행하고 있다.

2) 한국노인복지시설협회의 노력

『노인 복지시설 인권 매뉴얼』을 바탕으로 하여, 시설 서비스가 제공되는 단계를 기준으로 입소 이전 단계, 입소 초기 단계, 입소 생활 단계, 퇴소 단계 등으로 구분하고 단계별 서비스 내용과 그에 따른 인권 영역과 인권 항목을 제시하고 있다. 이를 통해 시설에서 생활하는 노인의 인권을 보호하기 위한 실천 원칙을 제시하면서 종사자들에 의한 인권 침해를 방지하고자 노력하고 있다.

노인 환자 인권이라고 해서 모든 노인이 갖는 인권과 전혀 다른 인권을 갖는 것은 아니다. 다만 시설이라는 공동생활의 특수성으로 말미암아 가정에서 개인 생활을 하는 노인과는 그 영역과 내용이 조금 다르다. 대한요양병원협회가 발간한 『요양병원 노인 인권 지침서-존엄 케어의 시작』에는 요양병원의 공통 인권 수행 지침과 부서별 실천 방안을 구체적으로 기술하고 있다.[79]

요양병원 인권 수행 지침을 보면, '환자의 알 권리를 무시하지 않는다', '자기 삶을 스스로 결정 할 수 있는 기회를 박탈하지 않는다', '생명의 위협이나 치료적 목적 이외에는 절대 신체 억제를 하지 않는다', '어떤 경우에라도 반말, 폭언, 폭행하지 않는다', '노인 학대, 방임, 폭행 등의 상황을 묵인하지 않는다', '노인이라는 이유로 다른 환자와 차별하지 않는다' 등을 실천 방안으로 제시하고 있다.

그렇다면 노인 환자 인권 증진을 위해 의료인은 어떻게 행동해야 할까? 노인 환자 인권을 보호하기 위한 전문가로서 의료인의 행동 지침을 '해야 할 일'과 '하지 말아야 할 일'로 정리하고, 대표적 노인 환자 인권침해 유형인 신체 강박에 대한 현행 의료법 시행규칙을 인용하여 실천 방안을 제시하고자 한다.

해야 할 일

① 만약 신체 보호대를 적용할 때에는 반드시 환자에게 충분히 설명

---

79. 이주영, 「요양병원 모든 구성원이 환자 인권 지킴이」, 『의료&복지 뉴스』, 2019.8.5

해야 하며, 환자의 기질적인 문제로 동의가 어려울 때는 반드시 보호자의 동의를 얻어야 한다.

② 기저귀 착용이나 침대에서 벗어날 수 있도록 도와줄 수 있는 치료계획에 대해 고민하고, 적극적으로 시행한다.

③ 치료나 간병 과정에서 신체 노출이 발생할 때는 반드시 스크린이나 노출을 최소화할 수 있는 장치를 한 후 시행함으로써 환자의 프라이버시를 보호한다.

하지 말아야 할 일

① 노인이라는 이유로 치료계획 수립 과정에서 배제되어서는 안 되며, 노인 환자도 치료 과정과 내용에 대한 알 권리가 있고 설명을 생략해서는 안 된다.

② 낙상 위험이나 치료의 편의를 위해 진정제나 수면제로 환자의 움직임을 제한하는 행위를 금지한다.

③ 예외적인 상황 이외에는 신체 보호대 사용을 금지한다.

④ 간호의 편의를 위해 환자의 움직임을 제한하거나 인력이 부족하다는 이유로 화장실에 가려고 하는 환자에게 기저귀를 채워서는 안 된다.

⑤ 체위 변경이나 처치를 할 때 함부로 감정이나 신체를 훼손하는 행동을 하거나, 개인적인 감정 해소를 위해 환자의 신체에 폭력을 가해서는 안 된다.

요양병원 개설자가 환자의 움직임을 제한하거나 신체를 묶는 경우 준수해야 할 사항[80]

① 신체 보호대란 전신 혹은 신체 일부분의 움직임을 제한할 때 사용되는 물리적 장치 및 기구를 말한다.

② 신체 보호대는 입원 환자가 생명유지 장치를 스스로 제거하는 등 환자 안전에 위해가 발생할 수 있어 그 환자의 움직임을 제한하거나 신체를 묶을 필요가 있는 경우에 제3호에서 정하는 바에 따라 최소한의 시간만 사용한다.

③ 신체 보호대 사용 사유 및 절차는 다음 각 목과 같다.

• 주된 증상, 과거력, 투약력, 신체 및 인지 기능, 심리 상태, 환경적 요인 등 환자의 상태를 충분히 파악한 후 신체 보호대를 대신할 다른 방법이 없는 경우에만 신체 보호대를 사용한다.

• 의사는 신체 보호대 사용 사유·방법·신체 부위, 종류 등을 적어 환자에 대한 신체 보호대 사용을 처방하여야 한다.

• 의료인은 의사의 처방에 따라 환자에게 신체 보호대 사용에 대하여 충분히 설명하고 그 동의를 얻어야 한다. 다만 환자가 의식이 없는 등 환자의 동의를 얻을 수 없는 경우에는 환자 보호자의 동의를 얻을 수 있다.

• 위 절차에 따른 동의는 신체 보호대 사용 사유·방법·신체 부위 및 종류, 처방한 의사와 설명한 의료인의 이름 및 처방·설명 날짜를 적은 문서로 얻어야 한다. 이 경우 다목 단서에 따라 환자의 보호자가 대신 동의한 경우에는 그 사유를 함께 적어야 한다.

---

80. 「의료법 시행규칙」 제36조 제6항

④ 신체 보호대를 사용하는 경우에는 다음 각 목을 준수하여야 한다.

- 신체 보호대는 응급 상황에서 쉽게 풀 수 있거나 즉시 자를 수 있도록 한다.
- 신체 보호대를 사용하고 있는 환자의 상태를 주기적으로 관찰·기록하여 부작용 발생을 예방하며 환자의 기본 욕구를 확인하고 충족시켜야 한다.
- 의료인은 신체 보호대의 제거 또는 사용 신체 부위를 줄이기 위하여 환자의 상태를 주기적으로 평가하여야 한다.

⑤ 의사는 다음 각 목의 어느 하나에 해당하는 사유가 발생한 경우에는 신체 보호대 사용을 중단한다.

- 신체 보호대의 사용 사유가 해소된 경우
- 신체 보호대를 대신하여 사용할 수 있는 다른 효과적인 방법이 있는 경우
- 신체 보호대의 사용으로 인하여 환자에게 부작용이 발생한 경우

⑥ 요양병원 개설자는 신체 보호대 사용을 줄이기 위하여 연 1회 이상 의료인을 포함한 요양병원 종사자에게 신체 보호대 사용에 관한 교육을 하여야 한다. 이 경우 신체 보호대의 정의·사용 방법·준수 사항, 신체 보호대를 사용할 경우 발생할 수 있는 부작용, 신체 보호대 외의 대체 수단 및 환자의 권리 등을 포함하여 교육하여야 한다.

1. 요양원이나 요양병원에서 치매 증상을 보이는 노인으로 인해 다른 노인의 수면과 생활이 방해받을 경우, 의료인은 환자와 보호자에 대한 고지와 동의가 없어도 안정제 등 약물을 처방할 수 있는가?

2. 요양병원에서 환자 안전에 위해가 발생할 수 있어 환자의 신체를 묶을 필요가 있는 경우, 신체 보호대를 대신할 다른 방법이 없는 경우에는 환자나 보호자의 동의 없이 신체 보호대를 사용해도 되는가?

3. 의료 인력이 부족하다는 이유로 환자의 움직임을 제한하거나 환자에게 기저귀를 채워서는 안 되지만, 완전 의존적일 수밖에 없는 기저귀와 침대에서 벗어날 수 있도록 치료 계획을 세우고 적극적으로 시행하는 것까지 의료인이 해야 하는가?

참고문헌

- 국가인권위원회, 『노인 요양병원 노인 인권 상황 실태조사』, 서울사이버대학교 산학협력단, 2014
- 국가인권위원회, 『노인 인권 길라잡이』, 2014
- 국가인권위원회, 『노인 인권 모니터링 결과 발표회』, 2018
- 국가인권위원회, 『노인 환자의 인권 교재 개발 연구』, 인제대학교 산학협력단, 2020
- 권중돈, 『노인 복지론』, 학지사, 2012
- 대한요양병원협회, 『요양병원 노인 인권 지침서 : 존엄 케어의 시작』, 2019
- 보건복지부·중앙노인보호전문기관, 『노인 학대 현황 보고서』, 2017
- Kim, K. K, "The nurses' perceptions and experiences on the older adult's dignity in nursing homes", Journal of Korean Academy of Nursing Administration, 15, 81-90, 2009

말기 환자의
인권

_박진노

<table>
<tr><td>◆
주요 내용</td><td>• 말기 환자들은 자신의 질환에 대한 알 권리가 있으며, 여명을 알게 될 때의 장점이 있다. 말기 질환에 대해 이해하고, 말기 환자들의 알 권리, 자기 결정권에 대해 이해한다. 인권을 보호하고 불확실하고 결정하기 어려울 내용에 대한 대안도 찾아본다.</td></tr>
<tr><td>◆
목표</td><td>1. 말기 환자들이 자신의 여명을 정확히 알아야 하는 이유와 알게 되는 경우의 장점을 이해한다.
2. 말기 환자들 모두 여명을 정확히 알아야 하는 것은 아니다. 예외적인 경우에 대해 알아본다.</td></tr>
<tr><td>◆
글쓴이</td><td>박진노
• 내과 전문의(종양내과)
• 호스피스 완화의료 인정의
• 한국호스피스완화의료학회 기획이사
• 대한요양병원협회 호스피스연명의료위원장
• (사)호스피스코리아 운영위원장
• (전)보바스기념병원 병원장
email: pubjack@hanmail.net</td></tr>
</table>

말기 환자는 신체적 기능이 떨어지면서 심리적으로 위축되며 임종에 대해 정확히 예감하거나 어렴풋이 불안감을 느끼기도 한다. 심리·사회적 약자가 되고 합리적 판단을 하기 어려운 경우도 발생한다. 우선 말기 환자에서 논의되는 사례를 살펴보자.

사례 1

75세 A씨는 비소세포성 폐암 4기 남자 환자로 여러 장기에 이미 전이된 상태로 자신의 상태를 정확히 알고 있다. 하지만 지난 2년간 항암치료제를 바꿔가면서 치료를 지속해왔으니 앞으로도 항암치료제를 바꿔가면서 계속 살아갈 것이라고 막연하게 생각한다. 항암치료 시작하는 날이 돌아와서 병원 가려고 집에서 계단 내려오다 힘이 빠져 넘어지듯이 주저앉았다. 갑자기 걷기 힘들게 되었고 병원에서 빈혈과 흡인성 폐렴 진단을 받았다. 2주간 치료 후 이번에 항암치료 하기 어려우니 쉬었다가 체력을 회복하고 진행하자고 주치의로부터 얘기 듣고 퇴원하였다. 퇴원 후 다시 낙상이 발생할까 두려워 근처 요양병원에 입원하였다. 퇴원 전 환자의 아들은 주치의로부터 많이 진행되어 항암치료 의미를 찾기 어렵고 여명도

두 달 이내로 예상되니 항암치료 중단을 권한다고 들었다. 환자는 직접 듣지 못한 상태였다.

사례 2

38세 남자는 근위축측삭경화증(루게릭병, Amyotrophic Lateral Sclerosis, ALS) 진단받고 빠르게 병이 나빠진 환자이다. 자신을 돌보던 주치의에게 병이 진행되면 호흡곤란, 연하곤란 등이 동반될 가능성이 커 위장관루 형성과 기관절개술이 필요할 수도 있다는 설명을 들었다. 하지만 자신은 위장관루, 기관절개, 인공호흡기 사용을 원치 않는다고 밝혔다. 그렇다면 아직 임종기가 아니라서 사전연명의료의향서를 작성할 수 있다고 안내받았고 작성 기관도 간호사인 담당 코디네이터로부터 소개받았다. 작성 후 1년여 시간이 흐른 뒤 상태 악화로 요양원에 입소하게 되었으나 의식은 명료한 상태에서 기능장애가 있어서 다인실 사용이 힘들었고 1인실을 사용하게 되었다. 환자는 가족이 없는 상태고 경제적인 어려움도 있었지만 무의미한 삶에 대한 좌절감, 허무감, 우울감, 분노 등 여러 감정을 접하게 되었다. 요양병원에 방문하는 촉탁의와 상담하고 자기가 죽을 수 있게 해달라고 요청을 하였고, 촉탁의는 있을 수 없는 일이라고 거부하였다.

1. 말기 질환에 대해 알아야 할 사전 지식

말기 질환은 질환의 회복 가능성과 생존 가능성 등을 고려하여 완치나 생명 연장 목적의 의학적인 노력을 기울이기 힘든 질환 상태인데, 학문적으로 명확하게 정리된 용어는 아니다. 2016년 2월 제정되고 2017년 8월 시행된 '호스피스 완화의료 및 임종 과정에 있는 환자의 연명의료 결정에 관한 법률(이하 연명의료결정법이라 칭한다)' 제2조에 말기 환자란 '적극적인 치료에도 불구하고 근원적인 회복의 가능성이 없고 점차 증상이 악화하여 보건복지부령으로 정하는 절차와 기준에 따라 담당 의사와 해당 분야의 전문의 1명으로부터 수개월 이내에 사망할 것으로 예상되는 진단을 받은 환자'로 정의한다.[81]

말기 질환에는 일반적으로 말기 암뿐만 아니라 비암성 질환도 포함된다. 비암성 질환 중에 암은 [그림 5]의 Terminal illness 그림과 같이 짧은 기간 내에 급격한 일상생활 수행 능력의 감소가 특징적이다. 이로 인해 암 환자 말기에 이르면 오래 살 수 없다는 것은 인정하지만, 이렇게 빠른 변화를 보이며 악화한다는 것을 잘못 받아들여 환자 자신과 보호자 모두 준비가 안 되어 있는 상태에서 임종을 맞이하기 쉽다.

비암성 질환 중 간 질환, 만성폐쇄성폐질환의 말기는 [그림 5]의 Organ Failure 그림과 같이 악화와 호전이 반복되면서 전반적인 기능이 나빠져 간다. 폐렴, 패혈증, 요로감염 등으로 질환이 악화할 때마다 임종의 위험성도 올라가지만, 생명이 위험한 순간에도 회복 가능성이

---

81. 국가법령정보센터, 호스피스·완화의료 및 임종 과정에 있는 환자의 연명의료 결정에 관한 법률 [시행 2017.8.4.] [법률 제14013호, 2016.2.3., 제정]/ [시행 2018.3.27.] [법률 제15542호, 2018.3.27., 일부개정]/ [시행 2020.4.7.] [법률 제17218호, 2020.4.7., 일부개정]

[그림 5] 말기 질환 군별 신체 기능 경과[82]

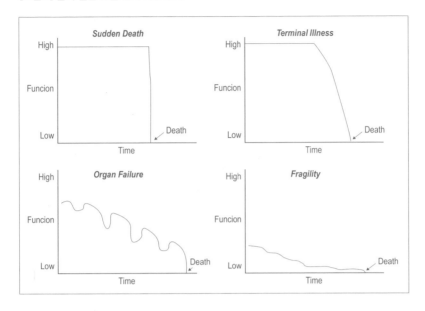

전혀 없는 것이 아니라서 부분적으로 연명의료 행위를 병행할 수 있다. 예를 들면 노쇠로 대부분 와상 상태였던 환자가 폐렴, 패혈증이 병발하여 치료에도 불구하고 임종 위험성이 높은 경우, 평소 환자가 연명의료를 거부 절차를 밟았다면 연명의료를 지속하지 않을 수 있다. 그러나 우리나라 연명의료결정법은 임종기에 관한 내용만을 담고 있어서 만약 신체와 정신의 기능 회복 가능성이 없다는 의학적 견해가 확실한 경우가 아니라면 항생제와 승압제를 병용하는 때도 발생한다. 이때 언제까지 사용할 것인지에 관해서는 해결의 한 방법으로 후반부 대안에서 '한시적으로 한계상황 설정'이라는 제시를 참고하면 된다. 신경퇴행성 질환은 [그림 5]에서 Organ failure 혹은 Fragility의 양상 또는

82. Lunney JR, Lynn J, Hogan C., "Profiles of older Medicare decedents", *J Am Geriatr Soc*, 50(6):1108-1112, 2002.

복합 양상을 보인다. 신경퇴행성 질환인 중증 치매, 중증 파킨슨병 등의 경우 와상 상태가 지속하고 폐렴 등이 반복되면서 인지 기능 저하, 주위 사람과 교감 저하 등으로 환자가 자기 의사를 밝히기 힘든 단점이 있다.

요약하면 암은 환자, 보호자가 여명이 짧은 것은 알지만 생각보다 더 빨리 임종을 맞을 수도 있고, 자신의 생에 대한 정리는 물론 연명의료 여부 결정도 본인이 못 할 수 있다. 비암성 질환은 여명이 길 수도 짧을 수도 있어서 임종기에 대한 적용이 필요한 시기가 있다가도 철회가 될 수도 있고, 이런 상황이 반복될 수 있다는 것이 특징이다. 이로 인해 필요와 시기에 따라 주치의는 해당 질환의 전문의가 맡을 수도 있고, 완화의료 전문의가 맡을 수도 있다. 적절한 조언을 해줄 수 있는 주치의가 필요하다. 비암성 질환의 경우 여명에 대한 가변성이 특징이어서 국내 말기 질환 임상 판단지침[83]도 대한의학회를 중심으로 발표된 내용을 보면 아주 구체적이지 않고 임상적으로 의료진들의 적용 및 판단에 도움이 되도록 제시하는 수준으로 보인다.

2. 자기 결정권과 허용 범위

1) 자기 결정권과 알 권리

말기 환자들이 자기 질환의 치료 가능성, 치료 경과, 예후에 대해 자세히 알게 되면 어떤 장점이 있을까? 말기 암 환자, 말기 비암성 환자

---

83. 이상민, 김수정, 최윤성 외 20명, 「말기와 임종 과정에 대한 정의 및 의학적 판단지침」, 『J Korean Med Assoc』, 61(8):509-521, 2018

모두 병의 진행 경과가 다르지만, 임종이 임박해서 대부분 임종 전 정리를 하기 어려운 신체적, 정신적, 심리·사회적, 영적인 상태에 처한다. 현시점에서 완벽하지는 않지만, 병에 대해 자세히 알고 예후도 가능한 한 정확하게 알게 된다면 유한한 생명을 잘 살고 임종도 좀 더 편안한 마음으로 받아들일 수 있지 않을까?

말기 암 상태 진단 후 일반적으로 환자들의 90% 이상, 보호자의 70% 이상은 예후를 알려주기를 원한다. 알려주는 정보 제공자로 환자의 70% 이상과 보호자의 50% 미만이 의사가 알려주길 원하여 환자와 가족 간에 견해 차이가 있다. 더구나 환자는 의사로부터 직접 설명을 듣기 원하는 편이지만, 보호자는 보호자가 먼저 듣고 다음에 환자가 듣거나 전달해 주는 방식을 선호하는 경향이 있다. 최근 들어 이런 논문들을 근거로 암 진단을 내리는 병원과 관련 학회 등은 의료진들에게 상담 기법에 대한 적극적인 훈련을 제공하며, 의료진들은 가능한 한 직접 병의 상태를 전달하려고 노력하는 경향을 보인다.[84,85]

완치 가능성이 있는 수술 후 항암치료 중인 환자를 대상으로 '의학적으로 회복이 어려운 경우 인공호흡기 등과 같은 인위적인 생명 연장을 중단할 것인지' 질문하였을 때, 89.9%의 환자와 62%의 보호자는 중단하겠다고 선택하였으며, 연명의료에 관한 결정을 환자의 94.4%는 본인이 직접 선택하겠다고 표현하지만, 보호자의 48.8%는 보호자가 결정해야 한다고 표현하여 환자 본인이 결정해야 한다고 표현한 보호자의 36.7%보다 많았다. 연명의료 중단을 결정한 환자의 89.9% 중

84. Yun YH, Lee CG, Kim SY, et al, "The attitudes of cancer patients and their families toward the disclosure of terminal illness", *J Clin Oncol 22(2)307-314*, 2004
85. 권복규, 고윤석, 윤영호 외 6명, 「우리나라 일부 병원에서 환자, 보호자, 의료진의 연명치료 중지 관련 의사결정에 관한 태도 연구」, 『한국의료윤리학회』 13(1):1-16, 2010

63%는 불필요하게 고통을 연장하지 않겠다는 뜻을 표현했고, 23.5%는 가족들에게 경제적, 심리적 부담을 주고 싶지 않다고 말했다. 연명의료 중단보다 연명하겠다는 보호자의 38% 중에 59.3%는 가족으로 느끼게 될 죄책감을 가장 큰 사유로 삼았고, 25.9%는 환자 본인도 원하지 않을 것으로 생각한다고 답했다. 임종이 임박한 때도 연명의료에 대한 환자와 보호자 간에 견해차가 나타나는 이유로 이 시기에 환자는 병 치료에 전념해야 하는데 환자가 충격받을까 봐, 보호자에게 짐을 지울까 봐 속으로 서로 걱정하면서 솔직하게 가족 간에 대화가 이루어지지 않는다고 한다.[86] 가족 간에 대화가 원활하게 될 수 있도록 도움도 제공되어야 한다.

위 내용을 정리해 보면 생명은 소중하니 무조건 살려야 한다는 관점보다 완치할 수 없는 질병의 경우 연명의료를 선택할지 중단할지 환자 자신이 결정하는 것이 더 중요하다는 견해가 우세하다. 이런 경향은 법적으로 2010년을 전후로 인공호흡기 제거와 관련된 무의미한 연명치료 제거 등에 관한 판결[87,88,89,90]을 통해 보편화하기 시작하였다.

생명에 대한 자기 결정권의 인정은 의료적 전문성의 권위와 책임이 포함된 온정주의(paternalism)의 적용에 대한 제한을 의미하기도 한다. 완치할 수 없는 임종기 환자라는 제한적 범위에서 생명에 대한 자기 결정권 인정은 환자가 가장 원하는 방식으로 의료 행위 적용을 허용한다. 이를 통해 자신의 삶을 회상하고 정리하며 남은 삶을 충만하게 살

86. 권복규, 고윤석, 윤영호 외 6명, 「우리나라 일부 병원에서 환자, 보호자, 의료진의 연명치료 중지 관련 의사결정에 관한 태도 연구」, 『한국의료윤리학회』 13(1):1-16, 2010
87. 국가법령정보센터, 대법원 2015다9769, 판결 (2016.1.28, 선고)
88. 국가법령정보센터, 대법원 2009다17417 (무의미한 연명치료 장치 제거 등 2009. 5. 21. 전원합의체 판결)
89. 국가법령정보센터, 서울고등법원 2008나116869 (2009. 2. 10)
90. 국가법령정보센터, 서울서부지방법원 2008가합6977

도록 돕는다. 이는 자살이나 안락사와는 다르게 병 자체로 죽음을 받아들이는 것이다. 따라서 이 시기에는 의료 지식의 제공, 감염 예방, 수술, 투약 등의 처치보다는 '공동 의사결정(shared decision making)'을 통한 개별화된 의료 서비스 제공이 필요하다.

2) 환자 처지에서의 판단(substituted judgment)과 환자에게 최선의 이익 (best interest)

연명의료결정법에 서술되어 있듯이 '환자 처지에서의(환자 중심의) 판단'과 '환자에게 최선의 이익'을 이 시기 환자들을 위한 판단의 기준으로 삼는다.[91] 특히 환자가 자신의 의사를 표현할 수 있는 의사결정 능력(decision-making capacity)이 저하되거나 없다고 판단될 때 위 2가지 기준을 참고한다. 환자의 자기 결정권을 대신하더라도 보호자(대리인)나 의료진 처지에서 '환자라면 어떠한 판단을 하였을까', 그리고 환자의 뜻을 잘 모르는 경우라면 '환자에게 최선의 이익이 되는 방법은 무엇일까'라는 질문을 기준으로 환자의 자기 결정권을 최대한 살릴 수 있게 존중하여야 한다.

3) 적용 범위

우리나라에서 연명의료결정법은 임종기에 국한해서만 적용된다. 하

---

91. American College of Chest Physicians/Society of Critical Care Medicine Consensus Panel, "Ethical and moral guidelines for the initiation, continuation, and withdrawal of intensive care", *Chest*, 97(4):949-958, 1990

지만 자신에게 적용되는 의료 행위에 관한 결정을 임종 전에 자신이 결정할 수 있는 경우는 많지 않기 때문에 미리 법에 언급된 사전연명 의료의향서 혹은 연명의료 계획서를 만들어 두는 것이 필요하다. 건강할 때는 사전연명의료의향서를, 병으로 말기 상태라면 의료기관에서 연명의료 계획서를 작성하여 '환자 처지에서의 판단'과 '환자에게 최선의 이익'이라는 판단 기준이 잘 실현되어, 자기 결정권을 최대한 누리기 바란다.

3. 대안 찾기

자기 결정권과 무의미한 연명의료를 하지 않기 위해 사전연명의료 의향서나 연명의료 계획서를 작성하여 자신의 평소 소신을 밝힐 수 있다. 특히 말기 질환일 때 호스피스 완화의료 기관이나 연명의료 등록 의료기관에서 연명의료 계획서를 환자와 의료진이 작성할 수 있다. 단순히 서식 작성이 아니라 환자의 삶을 잘 영위하기 위한 신체적, 정신적, 심리·사회적, 영적 접근이 동시에 이루어진다. 이를 통해 진실을 서로 터놓지 못하는 가족 간의 대화를 시작하게 되어 보람 있고 충만한 삶을 살 수 있다.

이를 위해 의료진들은 '나쁜 소식 전하기'와 같은 대화 방법을 훈련하고 '공동 의사결정(shared decision making)'을 적극적으로 받아들여야 한다.

무슨 이유로든 연명의료를 계속하기 희망하는 경우, '한시적으로 한계상황 설정'하는 것이 필요하다. 예를 들면 환자가 결정할 수 없는 의학적 상태에서 환자의 상태에 대해 최대한 잘 설명했음에도 불구하고 지속해서 수혈이나 영양제를 원한다면 그 이유를 파악해 볼 필요가 있다. 그리고 원하는 이유가 환자가 잠깐이라도 회복되어 대화를 더 해보는 것이라면 수혈이나 영양제를 일정 기간 한시적으로 투여하기로 한다. 투여 후에도 대화가 어려운 상황이 계속되면 치료를 중단하는 것으로 하고, 원하는 정도로 회복이 된다면 수혈이나 영양제를 다음 한계상황까지 잠정적으로 계속하는 것이다. 해결책은 될 수 없으나 단계별 정리에 도움이 된다.

참고문헌

- 국가법령정보센터, http://www.law.go.kr 서울고등법원 2008나116869 (2009. 2. 10)
- 국가법령정보센터, http://www.law.go.kr 서울서부지방법원 2008가합6977
- 국가법령정보센터, http://www.law.go.kr 대법원 2009다17417 (무의미한 연명치료장치제거 등 2009. 5. 21. 전원합의체 판결)
- 국가법령정보센터, http://www.law.go.kr 대법원 2015다9769, 판결 (2016.1.28., 선고)
- 권복규, 고윤석, 윤영호 외 6명, 「우리나라 일부 병원에서 환자, 보호자, 의료진의 연명치료 중지 관련 의사결정에 관한 태도 연구」, 『한국의료윤리학회』 13(1):1-16, 2010
- 이상민, 김수정, 최윤성 외 20명, 「말기와 임종 과정에 대한 정의 및 의학적 판단지침」, 『J Korean Med Assoc』 61(8):509-521, 2018
- American College of Chest Physicians/Society of Critical Care Medicine Consensus Panel, "Ethical and moral guidelines for the initiation, continuation, and withdrawal of intensive care", Chest, 97(4):949-958, 1990
- Lunney JR, Lynn J, Hogan C, "Profiles of older Medicare decedents", J Am Geriatr Soc, 50(6):1108-1112, 2002
- Yun YH, Lee CG, Kim SY, et al, "The attitudes of cancer patients and their families toward the disclosure of terminal illness" J Clin Oncol 22(2)307-314, 2004

3장

의사가 알아야 할
우리 사회
건강권 쟁점

코로나
팬데믹과 인권

_백재중

<table>
<tr><td>◆ 주요 내용</td><td>• 코로나 유행이 계속되면서 팬데믹과 관련한 인권침해 문제가 사회적으로 부각 되었다. K-방역으로 유명한 우리나라 방역 시스템이 인권침해 소지가 없었는지 살펴보고, 팬데믹 과정에서 사회적 소수자와 약자들이 감내해야 했던 고통에 대해 알아본다. 불평등 관련 쟁점들도 되짚어 본다.</td></tr>
<tr><td>◆ 목표</td><td>코로나 팬데믹으로 인한 인권 위기 상황을 이해하고 사회적 약자와 소수자가 겪는 인권침해에 대해 이해한다. 방역과 인권이 서로 배타적이지 않으며 적절하게 균형을 유지할 수 있음을 이해한다.</td></tr>
</table>

◆ 글쓴이

백재중 신천연합병원에서 내과 의사로 일하고 있다. 차별과 혐오가 없는 건강한 세상을 꿈꾸며, 인권의학연구소 이사로도 활동하고 있다. 저서로 『지원주택과 의료』『공공의료 새롭게』『팬데믹 인권』『여기 우리가 있다』『자유가 치료다』『의료 협동조합을 그리다』『삼성과 의료민영화』등이 있다.
email: jjbaik99@hanmail.net

사례 1

코로나 환자로 확진된 A씨는 며칠 동안의 자기 동선에 대해 역학 조사관에게 전부 진술해야 했다. 공개하고 싶지 않은 동선도 있었지만, 역학 조사관은 이미 자신의 카드 사용 내용, 핸드폰 사용 내용을 파악하고 있어서 거짓말을 할 수 없었다. 만났던 사람들에 대해 얘기할 수밖에 없었다. 그리고 이렇게 조사된 자신의 동선이 인터넷을 통해 공개되는 걸 감내해야 했다. 성별, 나이 등 방역에 꼭 필요하지 않은 항목들도 공개되어 공포를 느껴야 했다.

사례 2

이주민 B씨는 국내에 들어와 일한 지 3년째이다. 3D 업종에 종사하면서 세금도 꼬박꼬박 내고 있었다. 초기에 마스크 부족으로 공적 마스크 제도가 도입되었을 때도 대상에서 제외되었다. 전 국민 재난지원금 대상에서도 빠졌다. 어느 날은 직장에서 코로나 검사를 의무적으로 받도록 했다.

이주 노동자만 대상이었다. 명백한 차별이었다.

사례 3

직장에 다니는 C씨는 코로나 팬데믹으로 회사를 그만두어야 했다. 아이들 키우느라 일을 그만두었다가 다시 어렵게 들어간 직장인데 코로나 팬데믹 와중에 다시 중단하게 되었다. 초등학교 다니는 아이가 둘이나 있는데 학교 수업이 중단되면서 아이를 돌볼 사람이 없어 엄마인 자신이 이를 떠맡아야 했기 때문이다. 아이들 혼자 할 수 없어 온라인 수업도 챙겨 줘야 했다.

1. 코로나 팬데믹과 인권 문제

코로나 팬데믹은 사회 전반의 위기로 다가왔다. 인권의 위기도 마찬가지이다. 인권의 위기는 취약한 사회의 단면이 팬데믹 과정에서 가감 없이 드러났다는 점에서, 방역의 이름으로 인권의 침해가 정당화되었다는 점에서, 혐오와 차별이 득세하였다는 점에서 심각함이 더한다. 사회 불평등과 격차가 심화하였다는 것도 팬데믹이 남긴 후유증의 하나이다.

팬데믹이 진행될수록 인권 위기에 대한 우려도 고조되었다. 팬데믹 자체가 인권의 위기를 유발하지만, 팬데믹 대응 방식도 마찬가지로 인권의 위기를 가중시킨다는 경고들이 이어졌다. 유엔 사무총장은 "코로나 감염증이 빠른 속도로 인권 위기로 바뀌면서 인류의 위기를 초래한다"고 했고, 유엔 인권최고대표는 "공중보건 비상사태에 대응하기 위해 긴급조치가 필요하긴 하지만 비상 상황이란 게 인권을 무시해도 되는 백지수표는 아니다"라고 강조한 바 있다.

인권 위기에 대해서는 다양한 관점에서 제기되었다. 무엇보다 코로나 팬데믹 자체가 생명과 보건의 위기를 초래하므로 가장 기본적인 생명권에 대한 위협이다. 스페인 독감 팬데믹은 수천만 명의 생명을 앗아간 참사였다. 코로나 팬데믹은 당시의 악몽을 떠올리기에 충분했다. 새로운 전염병으로 인해 많은 환자가 발생하고 사망하는 것 자체가 최대의 인권 위기였다. 그래서 환자 발생을 억제하고 사망으로 이어지는 걸 막는 게 최대의 인권이라는 명제도 타당하다.

공중보건이라는 테제를 위해, 환자 발생과 사망을 막기 위해 전력으로 방역에 매진하게 된다. 이 과정에 딜레마가 발생한다. 방역 자체가 사람들의 행동을 제약하고 확진자의 동선을 추적 공개하면서 개인의 권리를 강력하게 제한한다. 일차로 방역과 인권의 충돌이 일어나는 지점이다. 최대의 방역으로 환자 발생을 줄여야 하는 과제와 인권 보호를 위해 필요한 최소의 방역만 요구하는 인권의 요구는 쉽게 타협점을 찾기는 쉽지 않았다.

공중보건과 자유권의 문제가 대립한다. 특히 신체의 자유, 신체에 대한 자기 결정권이 곳곳에서 충돌했다. 마스크를 쓰지 않을 권리, 백신을 맞지 않을 권리는 공중보건에 부정적 영향을 미치지만, 팬데믹 기간 내내 뜨거운 이슈 중의 하나였다. 때로는 정치적 견해와 결합하면서 정치화하기도 한다. 그러나 이런 논쟁 자체는 자연스러운 현상으로 보인다. 개인의 자유를 제약해야 하는 방역의 입장에서 인권의 문제를 진지하게 받아들이고 이를 반영하는 인권 친화적 방역 지침 확립은 효율적인 방역을 위해서 절대적으로 필요하다.

확진자와 접촉자는 당연히 기피의 대상이 되었다. 낙인찍히고 혐오의 대상이 되었다. 집단 감염 또는 전염병 전파 길목에 노출된 특정 민족, 인종, 집단, 소수자들도 마찬가지로 혐오와 차별의 대상이 되었다. 대응력이 떨어질 수밖에 없는 사회 약자들은 팬데믹 태풍 속에서 쉽게 위험에 노출되어 희생되기도 하였다.

팬데믹은 자유의 문제와 더불어 평등의 이슈도 제기한다. 코로나 팬데믹 자체가 불평등의 등고선을 따라 퍼져 나가는 경향을 보였다. 취약한 조건의 사람들이 코로나에도 취약하였고, 코로나로 인해 더 취약해지는 악순환이 진행되었다. 불평등은 여러 분야에서 동시다발적으로 심화하였다. 팬데믹 기간 젠더, 계급, 노동, 지역, 국가 간 격차가 커지면서 불평등은 코로나 팬데믹의 다른 이름이 되었다.

코로나 팬데믹에 수반된 사회경제적 여파는 짧은 시간에 급격하게 진행되어 우리 사회 총체적 위기를 초래한다. 재택근무가 증가하나 재택근무가 불가능한 업종의 위험 부담은 커졌고, 폭증하는 배달 노동의 업무는 살인적인 노동강도를 요구하게 된다. 기존 돌봄 체계의 붕괴는 돌봄 노동의 위기로 치달았다. 돌봄 위기는 돌봄 서비스가 필요한 고령자, 장애인, 아동의 위기로 이어지고 돌봄 노동을 주로 떠안게 된 여성의 위기로 전가되었다.

코로나 팬데믹은 총체적인 인권 위기를 초래했다. 그동안 우리 사회가 담아내고 있던 인권 프레임이 휘청거렸고, 취약했던 인권 사각지대가 동시에 폭로되었다. 과연 이게 위기이면서 동시에 기회가 될 수 있을까?

2. 마스크를 둘러싼 논쟁

코로나 팬데믹에서 가장 중요한 물건을 꼽으라면 주저 없이 마스크를 꼽을 듯하다. 마스크는 팬데믹의 상징이 되었고 그만큼 숱한 화제와 논쟁을 낳기도 했다.

마스크 논쟁은 크게 두 가지 쟁점을 담고 있다. 첫째는 마스크 착용이 개인의 자유를 침해하는가의 논쟁이다. 마스크를 거부하는 사람들은 마스크 강제 착용이 심각한 인권침해라고 판단했다. 신체의 자유를 구속하는 자유권 침해이므로 착용 여부는 개인의 선택에 맡겨야 한다고 주장한다. 한편 마스크를 착용하지 않으면 본인뿐만 아니라 다른 사람에게 피해를 줄 수 있어 마스크를 착용하는 것은 의무라는 주장이 맞선다. 나라마다 지역마다 논쟁의 정도나 분위기는 달랐다.

두 번째는 마스크의 실제 효과에 관한 논쟁이다. 바이러스가 마스크 안에 갇히기 때문에 오히려 해로울 수 있다는 주장도 등장한다. 마스크가 감염 방지 효과가 없어 강제 착용을 반대한다는 주장은 서로 얽혀 있다.

마스크 논쟁은 주로 유럽과 미국 중심으로 진행된다. 아시아권 국가들에서 마스크 논쟁은 크지 않았고 오히려 마스크 공급이 부족한 상황에 대한 논란이 크게 일어난다. 동아시아 전문가들은 전염병 방지를 위해 마스크를 착용하는 것이 사회적 책임을 다하는 것임을 계속 강조한다. 서구인의 시각에서 볼 때 마스크 착용에 대해 별 반발이 없는 아시아인들은 그저 순종적인 사람들로 보였던 모양이다. 동아시아처럼 건강한 사람이 의학적 이유 없이 마스크를 착용하는 것은 합리적이지 못한 부끄러운 행동이라고 치부했다. 마스크는 이미 질병에 걸린 환자나 착용하는 것이라는 선입관이 있었다. 논쟁의 저변에 깔린 논리는 마스크가 코로나 예방에 효과도 없는데 착용을 강요하는 건 개인의 자유에 어긋난다는 것이다. 그리고 미국에서는 마스크 착용이 취향과 무관하게 공공적으로 바람직하지 않은 것으로 간주하기도 하였다.

3. 사회적 거리 두기와 이동권의 제약

백신과 치료제 개발 전에는 사회적 거리 두기가 마스크 쓰기와 더불어 가장 확실한 방역 대책으로 제시되었다. 비약물적 방역이라고도 한다. 자발적 거리 두기부터 가장 강력한 락다운(lock down) 까진 다양한 수준의 거리 두기가 실행되는데 이로 인한 영향으로 기존 사회의 기본 틀이 아래서부터 흔들리는 경험을 하게 된다.

중국에서 우한에 대한 락다운 정책이 시행되자 유럽 국가들은 이런 비인간적이고 원시적인 정책은 중국 같은 권위주의적인 국가에서만 가능한 일이라고 비난한다. 권위주의 국가에서나 가능한 정책으로 체제 비난과 맞물리고 아시아인 혐오와 차별 분위기를 조성하는데도 한몫한다. 그러나 이런 비난은 오래가지 못한다. 결국 선진국들도 지역 봉쇄를 시행할 수밖에 없었다.

봉쇄된 지역의 사람들은 이중의 고통에 직면한다. 봉쇄로 인한 이동권 제약은 자유권에 대한 심각한 도전이기도 했다. 봉쇄된 지역의 주민은 기피와 혐오의 대상이 되었고 봉쇄가 풀린 후에도 계속되었다.

지역 봉쇄뿐만 아니라 국경 폐쇄도 논란이 일었다. 먼저 중국에서 코로나 유행이 발생하자 많은 국가가 중국 국경 폐쇄를 선언한다. 중국에서 들어오거나 중국을 경유하는 사람들의 입국을 막는 것이다. 사실 이런 국경 봉쇄도 무의미하다는 것이 뒤에 밝혀진다. 봉쇄해도 코로나 전파를 막지 못했다.

거리 두기는 사회 전반에 지속해서 영향을 미친다. 방역 대책 중에서 가장 강력하고 가장 영향이 컸다. 개인의 일상에 미친 영향도 컸으나 사회경제적 파급력도 지대했다. 거리 두기로 사회가 멈추면 체제가 무너질 수도 있는 상황이다.

공공도서관, 돌봄 기관, 보육 기관, 학교 등이 사회적 거리 두기의 여파로 일정 기간 문을 닫거나 단축 운영되었다. 명확한 대책 없이 진행되는 업무 중단은 대부분 개인 또는 가정의 책임으로 돌아가게 된다. 이런 기관들이 했던 역할은 모두 가족이 담당할 수밖에 없는 상황이 발생했다. 필수 업무, 필수 활동이 아닌 경제활동은 주춤할 수밖에 없다. 그러나 생계를 위해 거리 두기 실천이 어려운 직종이나 자영업자들도 타격이 불가피했다.

4. 동선 추적과 공개 그리고 코호트 격리의 문제

K-방역이라는 신조어가 등장하고 3T를 그 핵심으로 내세우게 된다. 검사하고(Test) 추적하고(Trace) 치료한다(Treat)는 것이다. 핵심은

검사하고 추적하는 데 있었다. 신속하게 검사해서 환자를 찾아내고 접촉자를 세밀하게 추적해서 격리 조치함으로써 확산을 막는다는 내용을 담고 있다. 접촉자의 동선을 추적하는 방식은 무차별적이다. 동원할 수 있는 모든 정보를 다 동원한다. 법률로 보장하고 있어 당사자 동의 받을 필요도 없다. 확진자의 카드 내용, 휴대전화 통화 내용, CCTV 등 모든 정보가 수집된다. 이렇게 모은 정보를 토대로 접촉한 사람이나 동선이 겹치는 사람을 추적해 낸다. 개인정보가 너무 쉽게 무차별적으로 활용된다는 것이 비판의 주요 지점이다. 동선 추적 과정에서 확인된 밀접 접촉자는 자가격리 대상이 되었다. 핸드폰에 위치 추적 앱을 설치하여 자신의 위치를 관리자에게 발신해야 했다. 자가격리 자가 늘어나다 보니 일탈자가 나오는데 이를 막기 위해 전자팔찌 도입 방안이 제기되기도 하였다. 극소수 일탈자들 때문에 전체 격리 자를 범죄자로 간주하는 셈이다.

동선 추적보다 더 무서운 것이 동선 공개이다. 팬데믹 초기에는 확진자의 동선이 시간순으로 무차별적으로 공개되었다. 개인의 사생활이 동선 공개라는 명목으로 샅샅이 드러나게 되어 심각한 인권침해 논란을 불러일으켰다. 사실 성별, 나이, 국적 등을 공개하는 건 방역에 직접 도움이 되지 않는다. 추가 접촉자를 확인할 필요가 없으면 방문 장소 공개도 불필요하다.

시설에서 코로나 환자가 발생하는 경우 '코호트 격리'라는 이름으로 시설 전체 또는 일정 구역을 봉쇄하는 조처를 했다. 대개는 기존 시설에서 감염자가 발생하면 이를 적용했다. 이로 인해 많은 희생자가 발생하기도 하였다.

5. 코로나 치료 현장의 인권 문제

　코로나 확진되면 경증의 경우 생활치료센터로 이송되고 기저질환이 있거나 중증의 경우 전담병원으로 이송되었다. 치료 기간 가족 면회는 차단되고 외출은 불가능했다. 사실상 수용에 가깝다. 24시간 CCTV로 감시당하기도 했다. 질병에 대한 막연한 두려움과 수용에 가까운 입원 생활은 정신적으로 견디기 쉽지 않다.

　코로나 환자가 급증하면서 의료의 수용 능력을 넘어서면 한정된 자원을 어떻게 배분할 것인가 하는 문제가 제기된다. 환자 발생이 많아져 의료의 수용 능력을 넘어가면 의료 접근성에 제약이 걸리게 된다. 사용할 수 있는 인공호흡기는 제한되어 있는데 그 이상으로 환자가 발생하면 누구에게 먼저 인공호흡기를 적용할 것인가라는 윤리적 문제까지 등장한다.

　코로나 진단으로 치료받다가 사망하면 정해진 절차에 따라 처리된다. 전파 예방이 최우선이므로 통상 우리가 생각하는 임종의 과정은 생략된다. 임종이 임박할 경우 가족들에게 연락해서 면회를 시키고 마지막 순간을 같이 할 기회를 제공하나 코로나 경우는 다르다. 가족 전파가 많이 발생하기 때문에 환자 치료 기간이나 사망 시점에 다른 가족도 환자로 격리 치료를 받거나 자가격리 상태에 있는 경우가 많다. 임종을 지키는 것은 고사하고 장례식 참석이 어려운 경우도 많았다. 면회하게 되더라도 개인 보호구를 착용한 상태에서 직계가족 1~2명에 한해 면회가 가능했다.

　코로나 진단받으면 환자와 접촉 가능성이 있는 주변 사람들이 먼저 조사 대상이 된다. 가족이거나 친구이거나 직장 동료들이다. 이들도 코로나 검사를 받아야 하고 일부는 자가격리 대상으로 지정된다. 회사의 업무는 마비되고 그 책임이 전부 본인에게 돌아온다. 이런 상황에서 병가나 공가 처리도 눈치 보인다.

감염자가 발생한 가족 전체가 직장이나 학교, 지역사회에서 따돌림 당하기도 한다. 지역에서 집단 감염을 일으켰다고 지탄받는 가게는 폐업을 피하기 어려워 보였다. 의료진도 예외는 아니었다. 현장의 의료진들은 '코로나 의료진'로 불리며 낙인과 차별의 대상이 되었다. 엄마가 코로나 진료를 맡는 의료원에 다닌다는 이유로 아이를 학교에 보내지 말아 달라는 얘기도 들었고 아파트에서도 엘리베이터를 사용하지 말고 계단을 이용해 달라는 얘기를 듣기도 한다.[1]

6. 코로나 백신과 인권 문제

코로나 팬데믹에서 벗어나기 위해 백신은 필수이다. 코로나 백신이 개발되면서 백신을 통한 집단면역 형성으로 팬데믹에서 탈출할 수 있다는 기대가 퍼지기 시작했다. 그러나 공급이 제한되니 백신 확보를 위해 각 나라는 피나는 노력을 기울인다. 백신 확보를 위한 '백신 전쟁'이 벌어진다. 고소득 국가들은 자국민이 모두 맞을 정도의 수량을 확보하지만, 저소득 국가들은 백신 확보에 어려움을 겪는다. 비용도 문제이지만 선진국에서 개발된 백신은 생산량 제한이 있고 특허 문제로 복제도 불가능하였다.

1. 전국보건의료산업노동조합, 『코로나와 싸운 1년, 우리들의 땀과 눈물』, 2021

국내에서 백신 관련 논란은 주로 백신 확보가 늦었다는 점과 백신 부작용에 대한 것이었다. 언론들이 코로나 백신 부작용에 대해 집중적으로 보도하면서 백신 수용도가 하락하게 된다. 백신 부작용이 의심되거나 심지어 연관성이 낮아 보여도 아무런 검증 없이 보도함으로써 '백신 불안증'을 확대 재생산한다. 백신에 대한 막연한 공포심을 갖게 되고 이는 백신 거부로 이어졌다.

전염력이 강한 델타 변이 바이러스에 의한 유행이 확산하자 선진국에서는 코로나 백신 접종을 강제하는 경우가 늘어났다. 특정 장소 입장에 백신 접종을 의무화하기도 하고 이를 강제하는 회사도 늘어났다. 백신 의무화에 대한 저항도 이어진다. 유행 확산에 따라 부스터 샷(추가 접종) 필요성이 언급되면서 아직 접종이 미진한 나라들과의 형평성 논란도 제기된다.

7. 비코로나 환자의 의료 공백

보건의료 자원이 코로나 진단과 치료로 몰리면서 비코로나 질환이나 사고 등에 대한 의료 서비스 공백 문제가 제기되었다. 공공병원은 장시간 코로나 진료에 전념하느라 비코로나 진료를 중단하거나 대폭 축소한다. 이들 병원을 이용하던 환자들에게 당장 불이익이 발생했다. 공공병원의 경우 민간병원에서 꺼리는 취약 계층 진료나 수익성이 떨어지는 진료를 담당하는 경우가 많은데 공백이 불가피했다. 지방의 경우 지방의료원이 지역에서 중요한 역할을 담당하기도 하는데 코로나 전담병원으로 기능하는 바람에 이 지역 주민들의 불편은 가중된다. 특히 공공병원 의존도가 높은 환자일수록 피해가 컸다.

코로나 팬데믹 기간 발열이 있거나 호흡기 증상이 있는 환자는 상당한 불편을 감수해야 했다. 발열 환자는 학교나 직장에서 눈치를 봐야 했고 진료도 쉽지 않았다. 코로나 환자일 가능성에 대비한다는 이유로 의료기관 기피 대상이 되었다. 별도의 안심 진료소나 호흡기 진료소가 설치된 병원을 찾아야 한다. 코로나 검사를 받고는 결과가 나올 때까지 자가 격리하면서 초조한 마음으로 결과를 기다려야 한다. 그동안 검사가 지연되면서 치료가 늦어지기도 한다.

코로나 팬데믹 기간 이전과 비교하여 초과 사망이 있었는지도 관심의 대상이다. 코로나 환자가 폭증한 나라의 경우 코로나 중환자 치료에 의료자원이 집중되면서 다른 질병에 의한 중환자 치료에 공백이 생기고 이로 인해 사망자가 증가하게 된다.

8. 사회적 약자, 소수자가 겪는 코로나 팬데믹

1) 고통과 죽음을 강요당하는 노인들

코로나 팬데믹으로 가장 고통받고 희생당한 집단은 노인들이다. 가장 많은 사망자가 발생하기도 하였다. 코로나에 감염되지 않으려면 사람과의 접촉을 줄여야 한다. 고립은 노인들에게 고통을 수반한다. 혼자 사는 노인들이 증가하는 현실에서 거리 두기는 막다른 골목으로 내몰리는 것이기도 했다.

무엇보다 시설에 수용된 노인들의 고통이 컸다. 코로나 유행이 본격화할 무렵인 2020년 1월 29일부터 요양원 면회 금지 조처가 내려졌다. 처음에는 단기간이려니 했으나 기약 없이 연장되었다. 요양원에 갇혀 있는 시설 노인들은 가족들 보지도 못한 상태로 장기간 갇혀 지내게 된다. 시설 노인들의 고립감은 심해지면서 상태가 나빠지는 경우가 비일비재했다.

감염 환자 수가 많아 요양원을 거의 방치한 나라도 있었다. 직원이 철수한 요양시설에서 노인이 사망한 채로 발견되기도 하였다. 요양원의 노인 사망이 폭발적으로 증가하고 연쇄 감염으로 집단 감염과 집단 사망으로 이어지는 경우도 비일비재했다. 팬데믹의 시기 요양시설은 말 그대로 죽음의 공간이 되었다. 유럽이나 미국도 예외는 아니었다.

환자 수가 통제될 때는 병상 부족이 문제가 되지 않았으나 대유행기에는 병상 부족이 심각한 현안으로 대두되었다. 중환자실 병상과 인공호흡기 등 중증 코로나 환자 치료에 필요한 자원이 한정된 상황에서 환자 수가 이를 초과할 때 누구를 치료하고 누구를 포기할지 결정해야 하는 상황에서 노인들은 불리할 수밖에 없었다.

2) 여성의 위기와 젠더 불평등의 심화

코로나 팬데믹은 여성에게도 총체적인 위기였다. 여성은 고용 시장에서 고전하고 돌봄에 우선으로 동원되고, 성폭력과 가정 폭력에 노출되며, 재생산 과정에서도 위험이 증가했다.

팬데믹 기간 여성은 남성보다 더 많이 일자리를 잃고 경력이 단절되는 등 경제적 어려움에 놓이게 된다. 실제 초등학교 이하 자녀를 둔 여성의 경우 고용 조정의 대상이 되곤 했다. 산모, 육아 휴직자들도 우선 대상이 되었다. 권고사직이나 해고도 이들을 대상으로 한 경우가 빈번했다. 여성 고용 비중이 높은 서비스업 등이 코로나로 인해 타격을 받기도 한다. 고용안정성과 높은 임금을 보장받는 정규직이나 전문직 여성은 코로나 위기를 그나마 버틸 수 있으나 정규직 노동자의 지위를 획득하지 못한 여성의 위기는 심각해졌다. 20-30대 여성들은 자신의 생존과 생활을 지속하기 어려운 위기 상황에 놓인다.[2]

코로나 팬데믹은 재생산 위기로도 이어진다. 임신 중지 서비스의 적절한 제공이 어려워지면서 어쩔 수 없이 임신을 유지하는 경우가 늘었다. 그러나 산전 관리가 부실한 상황이 계속되면서 임신과 출산 과정의 위험이 증가한다. 코로나 팬데믹 기간 출산율은 이전보다 감소한다. 팬데믹으로 인해 결혼을 미루는 경우가 늘었고, 고용 불안정 등으로 임신을 피하는 경우도 증가한 것으로 보인다.

산모의 경우 임신, 출산의 과정도 순탄하지 않았다. 보건소 등에서 진행하던 교육 프로그램이 중단되거나 비대면 강의로 변경되었다. 산전 진찰을 위해 병원을 방문하는 것도 꺼려지는 상황이었다. 코로나가 임신과 출산에 미치는 영향이 불확실한 상황에서 감염 우려 때문에 산모들은 전전긍긍할 수밖에 없었다.

코로나 팬데믹으로 여성들은 폭력에 노출되는 빈도가 증가하였다. 전반적으로 집에서 지내는 시간이 늘면서 가정 내 폭력 사례도 증가한다. 유엔인구기금(UNPF)의 통계에서 팬데믹 초기 6개월 동안 여성과 여아를 상대로 한 폭행 사건이 세계적으로 3,100만 건에 달한다고 한다. 우리나라 통계에서도 코로나 유행 이후 살인, 강도, 절도, 폭력 등

---

2. 김현미, 「코로나 시대의 '젠더 위기'와 생태 중의 사회적 재생산의 미래」, 『젠더와 문화』 제13권 2호, pp. 47-77, 2020

강력범죄는 줄어든 반면 아동과 여성을 대상으로 한 가정 폭력은 증가하였다.[3]

3) 아동, 청소년과 교육의 위기

코로나 유행으로 어린이집, 유치원, 학교들의 정상 운영이 어려워지면서 아이들이 집에서 지내야 하는 시간이 늘어난다. 당장 밥 먹는 문제부터 온라인 교육 준비까지 돌봄 부담이 급증하게 된다. 맞벌이 부부에게는 곤혹스러운 상황이었다. 코로나 유행 상황에 따라 등교와 온라인 수업이 번갈아 진행되면서 돌봄 공백으로 혼자 지내는 학생 수도 늘어났다. 방과 후 수업도 중단과 운영을 반복하고[4] 돌봄 격차가 발생하면서 학습 격차로 이어지기도 하였다.

코로나 팬데믹은 아동의 발달에도 영향을 미쳤다. 이는 등교의 문제를 넘어선다. 다른 사람을 접촉할 기회가 줄고, 접촉 시에도 항상 마스크를 사용하다 보니 언어 노출이나 발달 기회가 감소하는 것으로 보인다. 신체 운동이 감소하여 신체 발달에도 영향을 미친다. 야외 활동이 줄고 실내 생활이 늘면서 스트레스, 짜증, 공격적인 행동도 증가하는 것으로 보고되었다.

팬데믹으로 교육 현장에 변화의 바람이 거셌다. 휴교에 따라 비대면 온라인 교육이 도입되면서 교사도 학생도 새로운 환경에 적응해야 했다. 생소한 온라인 교육은 많은 시행착오를 겪어야 했다. 온라인 수업

---

3. 김초영, 「코로나 장기화...강력 범죄 줄고 가정 폭력 늘어」, 『아시아경제』, 2021.4.11
4. 방과 후 교사는 대표적인 비정규직으로 수업이 없으면 급여를 받을 수 없다. 대표적인 코로나 피해자이기도 하다. 방과 후 강사의 대부분이 여성이었다.

은 학생 혼자 감당하기 어려운 경우도 많다. 저학년일수록 더하다. 장비의 문제도 있고 옆에서 이를 도와줄 부모나 다른 조력자의 역할도 영향을 미친다. 재택 수업은 교육의 위기이며 동시에 돌봄의 위기가 되었다. 갑작스럽게 도입된 온라인 교육 자체도 부실하기 짝이 없다.

가난한 나라에서는 가정 경제가 어려워지면서 어린이가 직접 돈벌이 노동에 참여하는 일이 늘었다. 미국조차 저소득 가정의 경우 부모가 일자리를 잃으면 아이들의 생계 일부를 담당하는 경우가 늘어났다. 이 기간이 길어지면서 학교로 복귀하는 과정이 더뎌지기도 했다.

'코로나 고아'는 부모가 코로나에 감염되어 사망하면서 남겨진 아이들을 지칭한다. 코로나 가족 감염이 흔해서 이로 인해 부모가 모두 사망하는 경우가 종종 있다. 환자가 대규모로 발생한 나라에서는 사회문제로 대두되었다.

4) 장애인이 겪는 팬데믹

코로나 팬데믹은 장애인에게도 고통의 시간이었다. 청도대남병원을 필두로 정신병원, 장애인 시설들에서 집단 감염이 발생하고 코호트 격리를 당한다. 코호트 격리로 오히려 희생자가 늘자 코호트 격리에 대한 반감이 늘어가면서 장애인 단체의 저항도 거세졌다. 코호트 격리는 장애인들에게 심각한 트라우마를 남겼다.

전염병 같은 재난에 장애인들은 대응이 쉽지 않다. 그렇다고 장애인을 위한 체계적인 매뉴얼이 존재하지도 않았다. 전염병에 대한 정보 습득, 코로나 검사와 치료, 백신 접종, 사회경제적 어려움 등 그야말로 장애인에게 팬데믹은 총체적인 재난 자체였다.

코로나가 확산하자 장애인복지관, 주간 보호시설, 주간 활동 서비스 기관 등 장애인 관련 시설도 일시에 문을 닫았다. 이들 기관에 대한 의존이 높은 장애인들은 생활이 마비되는 초유의 상황을 겪어야 했다.

장애인이 자가격리에 들어가거나 확진 받는 경우 문제는 복잡해진다. 비장애인의 경우와 달리 혼자 격리 생활 또는 입원 생활을 유지할 수 없는 장애인이라면 누군가의 지원이 필요하지만 그게 쉽지 않다. 혼자 입원이 가능하지 않은 장애인의 경우 입원 생활을 지원하기 위해 자원활동가들이 방호복을 입고 입원실에서 같이 지내면서 도와야 하는 일도 있었다. 이처럼 중증 장애인의 경우 확진 받고 입원할 경우 지원이 가능한 인력 배치가 어려워 방치되거나 치료가 늦어지기도 했다.

5) 인종차별과 이주민이 겪는 팬데믹

팬데믹은 전 세계적으로 인종차별 문제를 악화시키는 요인으로 작용했다. 중국에서 시작된 전염병으로 인해 동양인에 대한 혐오와 차별이 극성을 부렸다.

이주 노동자들도 코로나로 영향을 많이 받는다. 무엇보다 고용 불안정으로 일자리를 잃게 되는 경우가 늘었으며 각국의 국경 봉쇄로 이동 자체가 쉽지 않아 어려움을 겪기도 한다. 과밀한 환경에서 거주하며 장기간 노동에 시달리고 보건의료 접근성도 제한되어 감염에 취약해질 수밖에 없다.

무엇보다 방역 정책에서 이주민 차별 정책이 두드러졌다. 팬데믹 초기 마스크 부족으로 혼란한 와중에 공적 마스크 제도가 도입되는데 이주민은 배포 대상에서 제외되었다. 전 국민을 대상으로 재난지원금을 지원할 때도 이들은 대상에서 제외되었다. 몇몇 지자체가 외국인 노동자들에게 코로나 검사를 의무화하는 행정명령을 내린다. 외국인 전체 대상도 아니고 이주 노동자만 대상으로 한 것일 뿐만 아니라 같은 직장에서 일해도 한국인은 제외되었다.

코로나 백신 접종의 경우도 예외는 아니다. 접종 대상에 포함되기는 하였으나 의사소통이 원활하지 않은 이주민들에게 충분한 정보가 제공되지 않아 백신 접종 예약 자체를 놓친 경우가 많았다.

6) 성소수자 혐오가 드러나다

팬데믹 시기 성소수자 혐오 문제가 드러나기도 한다. 2020년 5월 초 이태원 클럽에서 집단 감염이 발생하면서다. 집단 감염의 첫 환자로 지목된 사람이 이태원의 유명 게이 클럽을 다녀갔다는 소식이 전해지면서 성소수자에 대한 비난이 일었다. 이태원 관련 확진자들을 동성애자로 간주하는 아웃팅이 일어난다. 성소수자 혐오 분위기가 극에 달하게 된다. 신천지 신도를 향하던 비난의 표적이 이들에게 옮겨지는 분위기였다.[5] 일부 언론들은 자극적인 기사로 성소수자 혐오를 부추기는 데 일조한다. 이들에 대한 낙인과 혐오도 정당하지 않을뿐더러 이러한 분위기는 이들을 숨게 만들어 방역 자체도 방해를 받게 된다. 이태원 집단 감염 관련하여 코로나 검사를 받는다는 사실이 알려지면 그 자체로 낙인찍힐 가능성이 우려되어 검사를 주저하게 되는 상황이었다.

---

5. 이런 상황에서 23개 관련 단체가 모여 '코로나19 성소수자 긴급대책본부'가 구성되었다. 대책본부는 성소수자 혐오 기사를 쏟아내던 언론사들과 언론중재위원회 앞을 순회하며 '혐오 순회 방역 릴레이 기자회견'을 개최하기도 한다.

7) 방역 사각지대, 노숙인

코로나 팬데믹은 노숙인 등 주거 취약 계층에게도 재난의 연속이었다. 주거 조건뿐만 아니라 삶의 조건이 더 나빠졌다. 코로나가 아닌 다른 원인으로 사망하는 노숙인이 증가한다. 노숙인이 지내던 시설 공간도 출입에 제한이 가해지면서 삶의 공간이 점차 축소된다. 무료 급식소 운영도 중단되었다. 노숙인들은 코로나보다 끼니를 더 걱정해야 하는 상황에 놓였다. 그나마 운영되는 공공 무료 급식소는 급식 대상자를 선별하면서 비판을 받는다. 서울시에서 운영하는 급식소에서 RFID(무선인식) 방식의 '노숙인 밥증'을 발행하기 시작한다. 일종의 노숙인 증명서인 셈이다.

노숙인의 건강을 챙기던 무료 진료소도 중단된다. 그리고 노숙인들이 이용하던 공공병원들이 대부분 '감염병 전담병원'으로 전환되면서 노숙인 진료가 중단되었다. 입원해 있던 노숙인 환자들마저 대책 없이 퇴원하게 된다.

전 국민 긴급 재난지원금도 노숙인의 경우 제대로 받을 수 없었다. 거주 불명 등록, 주민등록지와 노숙 지역의 불일치, 가구 분리 문제, 지불 수단(카드) 문제 등 거리 노숙인에게는 여러 장벽이 작용했다.

8) 교정시설 수감자의 코로나 감염

우리나라 교정시설과 수용시설은 정원보다 많이 수용된 과밀 상태이다. 밀접 환경이어서 코로나 감염에 취약할 수밖에 없다. 의료 인력도 부족하고 기저질환이 있는 환자의 경우 자체 관리뿐만 아니라 외부 의료시설 이용도 여의치 않은 게 현실이다. 결국 서울 동부구치소 수용자 사이에서 코로나 감염이 퍼지면서 감염자가 1,200명을 넘어가게 된다.

수용자들의 피해를 막기 위해서는 과감한 조치도 필요하다. 교도소의 수용자에 대해 비구금 제재를 하거나 일부 수용자들을 과감하게 석방 조치할 필요도 있다. 미결구금 대상자, 경범죄, 정치범, 형 만기에 가까운 수용자들은 우선 대상이 될 것이다. 석방이 어려운 경우는 반드시 적절한 보건의료 서비스를 제공하도록 권하고 있다.[6] 의학적인 측면에서 보면 과밀 인구집단인 수감자들은 백신 우선 접종 대상이 되는 게 맞다. 우리나라 경우 교정 및 보호시설의 백신 접종은 관심에서 멀어져 후 순위로 밀렸다.

9. 코로나는 불평등을 확대한다

경제적 약자는 감염병에 취약해서 더 잘 걸리고 더 많이 사망한다. 전염병 유행, 확산, 대응 과정에서 훨씬 불리하다. 가난할수록 코로나에 걸릴 위험은 커진다. 고소득자는 일반적으로 한 사람이 차지하는 근무공간 자체가 넓고 쾌적하기 때문에 물리적 거리 두기를 잘 유지할 수 있고, 코로나에 감염될 위험도가 낮아질 수밖에 없다.[7] 미국에서 백인보다 흑인에서 코로나 감염률이 높은 게 빈곤과도 관련이 있다.

코로나 팬데믹으로 소득 불평등이 심화한 것으로 나타난다. 코로나로 인해 모든 계층의 소득이 감소하는데 이 중에서 가장 빈곤한 계층

---

6. 유엔, 『코로나바이러스 감염증-19 그리고 인권』, 2020년 4월
7. 이혜인, 「"민간 역학 조사관" 김종헌 교수 "백신·치료제 나와도 '종식' 불가능…코로나·독감 동시 유행 대비해야」, 『경향신문』, 2020.6.29

의 소득 감소가 가장 크다. 그 결과 소득 격차는 더 심해진다. 가난할수록 소득이 더 감소한 것이 팬데믹 기간의 소득 변화이다. 특히 자영업 가구, 유자녀, 여성 가구의 소득 감소가 크게 나타났다.[8] 고용 상태가 불안한 임시 일용직, 육아 부담이 큰 '유자녀 여성 가구'의 가구주 실직과 소득 감소가 뚜렷하였다. 장기간에 걸친 거리 두기로 자영업자들의 매출이 줄어 이들이 휴업 또는 폐업 가능성이 커지고 결국 소득 불평등이 심해지게 된다.

팬데믹은 국내와 마찬가지로 국가 사이의 불평등을 조장할 가능성도 있다. 가난한 나라의 코로나 방역과 치료는 한계를 가질 수밖에 없다. 체계적인 방역 활동도 곤란을 겪는다. 진단 키트도 부족하여 진단 자체가 어렵다. 진단하더라도 제대로 된 치료를 시행하기 어렵다. 치료 제도 절대 부족하고 산소 공급도 어렵다. 인공호흡기나 에크모 같은 장비는 절대적으로 부족하다. 제대로 훈련된 인력도 많지 않다. 코로나에 감염되면 사망할 위험이 선진국보다 훨씬 더 높아진다.

방역과 의료 인프라가 충실한 국가와 그렇지 못한 국가 사이의 불평등, 백신을 확보한 국가와 그렇지 못한 국가 사이의 불평등을 우리는 목격하고 있다. 국제협력은 이런 불평등을 극복하고 공동선을 추구하는 과정이다.

실제 팬데믹 대응 과정은 국제협력보다는 각자도생의 과정이었다. 초기에 전 세계적으로 마스크 대란이 발생하면서 마스크 가로채기 쟁탈전도 벌어진다. 마스크 불평등이 발생한다. 가난한 나라는 진단 키트 확보가 쉽지 않았고 그만큼 진단이 늦어지면서 방역에 차질이 발생했

---

8. 연지안, 「코로나 충격에 더 가난해진 빈곤 가구... 소득 17%나 줄었다[더 벌어진 소득 격차]」, 『파이낸셜 뉴스』, 2021.5.10

다. 방역물품, 치료기기도 마찬가지이다.

백신 생산과 분배 과정은 국제협력의 실패를 잘 보여준다. 방역과 환자 치료는 국내 시스템이나 자원에 의존하겠지만 백신 공급은 국제협력의 척도로 기능한다. 선진국들의 백신 독점은 팬데믹 과정에서 국제협력보다 자국 이기주의가 우선했음을 보여주었다.

해야 할 일과 하지 말아야 할 일

코로나 팬데믹에서 의료인의 역할은 막중하다. 의료인들은 방역이나 의료 현장에서 일하는 경우가 많은데 혹시 있을지도 모를 현장의 인권침해 요소에 대해 세세하게 관찰하고 보완하려고 노력할 필요가 있다.

사회적 약자나 소수자들의 어려움을 이해하고 이들을 차별하지 않도록 해야 한다. 팬데믹이 초래하고 있는 사회경제적 변화에 대해서도 폭넓게 이해할 필요가 있다. 불평등의 문제도 관심을 가질 필요가 있다.

질문

1. 코로나 팬데믹 방역 과정에서 발생하는 인권침해 사례들을 나열해 보세요. 각 경우에 대해 어떻게 하면 인권침해를 최소화할 수 있는지에 대해 구체적 방안을 제시해 보세요.

2. 사회적 소수자와 약자들이 팬데믹 속에서 겪는 고통과 어려움의 사례를 열거해 보세요.

3. 코로나 팬데믹 대응에서 국제협력이 필요한 경우를 제시해 보세요. 국제협력 성공 사례와 실패 사례들에 대해서도 정리해 보세요.

참고문헌

• 기모란 외, 『멀티플 팬데믹』 이매진, 2020
• 김석현 외, 『코로나19, 동향과 전망』 지식공작소, 2020
• 김수련 외, 『포스트 코로나 사회』 글항아리, 2020
• 김은실 외, 『코로나 시대의 페미니즘』 휴머니스트, 2020
• 미류 외, 『마스크가 답하지 못한 질문들』 창비, 2021
• 백영경 외, 『마스크가 말해주는 것들』 돌베개, 2020
• 서창록, 『나는 감염되었다』 문학동네, 2021
• 슬라보예 지젝, 『팬데믹 패닉』 강우성 옮김, 북하우스, 2020
• 안드레스 솔라노, 『열병의 나날들』 시공사, 2020
• 안치용, 『코로나 인문학』 김영사, 2021
• 이재갑, 강양구, 『우리는 바이러스와 살아간다』 생각의힘, 2020
• 이재호, 『당신이 아프면 우리도 아픕니다』 이데아, 2021
• 최재천 외, 『코로나 사피엔스』 인플루엔셜, 2020
• 황정아 외, 『코로나 팬데믹과 한국의 길』 창비, 2021

성소수자
인권과 건강권

_추혜인

주요 내용	• 성소수자의 정체성은 건강과 밀접한 관계가 있음에도, 의료 현장에서 중요한 건강 정보로 잘 다뤄지지 않거나 정체성에 맞춘 상담이 이뤄지지 않는 경우가 많다. 또한 성소수자 정체성으로 인해 의료 접근권이 제한되거나 의료기관에서조차 차별적인 대우를 받는 일들도 있다. 성소수자의 건강을 위협하는 여러 상황을 이해하고 성소수자 친화적인 의료 환경을 만들기 위해 어떤 노력을 할 수 있는지 알아본다.

목표	1. 성소수자 관련해 여러 기본적인 용어들을 이해한다. 2. 성소수자 건강 위해 요인을 이해한다. 3. 성소수자 친화적 의료 환경 구축의 필요성을 이해한다.

글쓴이	추혜인 가정의학과 전문의로 서울 은평구에서 지역 주민, 페미니스트들과 함께 누구도 차별받지 않는 평등한 진료를 실천하기 위해 살림의료복지사회적협동조합을 창립하였고, 그 경험을 담아 『왕진 가방 속의 페미니즘』을 썼다. 현재 살림의원과 살림재택의료센터에서 일하고 있다. email: muyoung98@daum.net

우리가 의료기관에서 일하며 일상적으로 많이 쓰는 말들이 있다.

"결혼하셨어요?"

"아버님, 이제 검사실에 들어가세요."

아무런 어색함 없어 보이는 말들이지만, 바이너리·시스젠더·이성애자를 가정하고 있는 말이다. 누군가에게는 무척 자연스럽지만 다른 누군가에게는 많이 불편한 말이라는 사실에서 글을 시작해 보자.

영국의 국영의료시스템(NHS)에서는 2017년부터 진료를 받으러 오는 모든 환자에게 성적 지향·성별 정체성과 같은 섹슈얼리티(sexuality)를 반드시 질문하도록 권고하였다. 성소수자로 여겨지는 특정 사람만이 아니라 내원하는 모든 환자에게 기본적인 건강 정보로서 확인하라는 것으로, 이는 어떤 환자라도 바이너리·시스젠더·이성애자라고 당연한 듯이 가정하지 말라는 뜻이다.

성소수자를 위한 특별한 진료를 표방하지 않았더라도, 우리의 의료기관에는 성소수자들이 이미 방문하고 있을 것이다. 우리나라 성소수자 수는 100만 명에서 300만 명 사이로[9] 적은 수가 아니다. 커밍아웃하

---

9. 100만 명에서 500만 명 사이로 보는 연구도 있다.

기 힘든 한국의 특성 상 과소하게 추정될 가능성이 높다는 점을 감안한다면 더욱 그렇다. 성소수자 환자를 만난 적이 없다고 믿고 있는 의료인이 있다면 그 앞에서는 누구도 커밍아웃하지 않은 것일 뿐이라고 생각하면 된다.

북미 의사면허 시험(USMLE)를 준비했던 한 동료로부터, 자신을 호모섹슈얼(homosexual)이라고 소개하는 모의 환자의 케이스에 대해 들은 적이 있다. 모의 환자가 그 얘기를 밝힐 때 시험을 치르는 의대생이나 의사가 당황해서 말을 머뭇거리거나 싫은 내색을 하면 큰 감점을 받게 된다. 진료실에서 커밍아웃한 환자를 자연스럽게 응대하고 공감적인 상담을 수행하여 환자가 내심 우려하고 있던 HIV 감염에 관한 얘기까지 끌어내야 충분한 점수를 받을 수 있다고 한다. 의사면허 시험에 나온다는 것은 그저 마음가짐을 잘 먹는다고 되는 문제가 아니라, 적절한 교육과 훈련이 필요한 부분이라는 의미이다.

많은 성소수자는 정체성이 자신의 건강과 밀접한 관련이 있다고 여기고 있으며, 정체성을 충분히 이해받은 상태에서 그에 맞춰진 의학적 상담을 필요로 한다. 이에 따라 자신의 중요한 건강 정보인 성적 지향과 성별 정체성을 진료실에서 의료인들에게 공개해야 한다고 생각하는 성소수자도 점점 늘어나고 있다.

그러니 이제 의료인들이 준비해야 할 차례다. 지금까지 배우거나 훈련할 기회가 부족했던 것은 너무 안타까운 현실이지만, 모른다고 넘어갈 수 있는 일이 아니다. 의료 현장은 성소수자가 불편감을 느끼는 곳이자 꼭 필요로 하는 곳이기도 하다. 성소수자와 소통을 할 수 있도록 언어를 익히고, 건강 위해 요인을 파악하고, 성소수자가 안전하다고 느낄만한 의료 환경을 함께 조성해 나가는 것이 필요하지 않을까.

살림의원에 방문한 트랜스여성의 사례

"저는 트랜스여성 레즈비언이고요, 같이 온 사람은 제 여자친구예요. 여기 정말 머네요. 지하철 2번 갈아타고 오는 데 1시간 반 넘게 걸리는데, 그래도 어떡해요, 아쉬우니 찾아와야지. 다른 병원에 가면 주민등록증 보면서 본인이 맞냐고 계속 물어보고 의심하기도 하고. 그러니까 머리가 아파도, 감기에 걸려도, 배탈이 나도 믿을 수 있는 병원을 찾아서 멀리까지 갈 수밖에 없더라고요. 그러다 보니 웬만큼 아플 때는 차라리 그냥 병원에 가지 말까 싶기도 하고.

저는 새로운 병원에 가서 처음 진료 접수를 할 때 힘들어요. 주민등록번호와 이름을 써야 하는데, 주민등록번호를 쓸 때마다 '남들은 나를 남자로 보겠구나'하는 생각이 들면서 너무 힘들어요. 지금 이름은 부모님이 제가 태어났을 때 남자라고 생각하고 지어주신 이름이라 저랑 너무 안 어울리고 곧 바꿀 거예요. 이름도 말하기 싫은데, 아직 개명은 못 했어요.

호르몬 치료를 계속 이어서 받으려고 하는데, 이전에 방문했던 어떤 병원에서는 제가 이미 성인이고 군대도 다녀왔는데도 부모님 동의서 받아오라고 하는 곳도 있었고요, 또 어떤 병원에서는 의사 선생님이 반말로 '너네 트랜스젠더들 치료해주는 곳도 없으니 내가 고맙지 않냐'고 얘기하신 적도 있었어요. 호르몬 치료는 여기서도 건강보험 적용은 안 되죠? 앞으로도 비용이 만만치 않을 것 같네요. 수술에 드는 몇천만 원은 언제 다 모을까 싶기도 하고요.

제가 취직하려고 이력서 넣으면 서류는 잘 통과되어도 면접에서는 꼭 떨어지거든요. 요즘은 면접 볼 때만이라도 남자 같아 보이게 옷을 입고 가볼까 싶기도 해요."

1. 한국 성소수자 인권과 건강권 현황

[그림 6] 한국 성소수자 인권 지수 2019[10]

[그림 6]에서도 알 수 있듯이, 한국은 성소수자에 대한 사회적 배제가 심하고 성소수자를 위한 법·제도·정책이 턱없이 부족한 사회이다. 2012년 경제협력개발기구에서 시행한 '동성애자 관용 수준 조사'에서 한국은 회원국 32개국 중 유일한 이슬람 문화권인 튀르키예를 제외하고 제일 낮은 점수를 받은 바 있다.

사실 한국에서는 성소수자 규모가 어느 정도인지도 제대로 조사된 적이 없다. '인구 주택 총조사'에는 결혼 여부, 자녀 유무는 물론 1인 가구 사유, 심지어 반려동물까지도 조사 항목에 포함되어 있으나, 함께 거주하는 동성 커플에 대한 조사는 포함되어 있지 않다. 인구 규모를 조사한 적도 없으므로, 정책의 대상으로서 가시화된 적도 없다.

아직도 성소수자 관련 기사에 달리는 인터넷 댓글 중 상위를 차지하는 것은 대체로 혐오 표현이거나 아니면 비가시화를 종용하는 표현들[11]

10. SOGI법정책연구회, 『한국 LGBTI 인권 현황』, 2019
11. '그냥 조용히 살면 되지 왜 드러내고 그러느냐'는 내용들

이다. 성소수자로서 정체성을 깨닫는 순간부터, 부정적인 사회 인식과 반대에 맞서 자신의 존재를 드러내고 긍정하기 위한 투쟁을 하게 되는 것이다.

이런 상황은 성소수자의 건강과 안전에도 영향을 미치는바, 2014년 SOGI법정책연구회와 친구사이[12]에서 진행한 「한국 LGBTI 사회적 욕구 조사」에 참여한 응답자 3,159명 중 41.5%는 직접적인 차별이나 폭력을 당한 경험이 있다고 한다. 자신의 동성애/양성애 정체성을 아무에게도 밝히지 않은 사람 중에서는 16.2%만이 차별과 폭력의 경험이 있지만, 대중에게 정체성을 공개한 동성애자/양성애자 중에서는 73.7%가 차별과 폭력의 경험이 있었다. 커밍아웃한 사람들이 그렇지 않은 사람들보다 차별과 폭력의 경험이 많다는 점으로 미루어 보아, 성소수자인 것 자체가 차별과 폭력의 이유가 되고 있다는 안타까운 사실을 추론할 수 있다. 이렇게 차별과 폭력을 직접 경험하고도 신고하지 않는 이들이 대부분인데, 그 이유는 '나의 정체성을 알리고 싶지 않아서'(67.4%), '신고해도 아무 변화가 일어나지 않을 것'(61.9%)이라고 생각하기 때문이다.

자살과 자해 시도도 위험한 수준이다. 전체 응답자의 28.4%가 자살을, 35.0%가 자해를 시도한 적이 있다. 특히 LGBTI라는 점 때문에 차별이나 폭력을 경험한 사람들의 자살 시도(40.9%)와 자해 시도(48.1%) 비율이 차별이나 폭력 경험이 없다고 응답한 사람들의 경우인 20.7%, 26.9%에 비해 상당히 높다는 점을 볼 때, 차별과 폭력으로 인한 소수자 스트레스가 성소수자의 정신 건강에 많은 위협이 되고 있다는 사실

---

12. 성소수자의 인권을 보장하고 성소수자에 대한 차별 없는 세상을 건설하는 것을 목표로, 1994년 2월에 결성된, 한국에서 가장 오래된 성소수자 인권 운동 단체이다.

을 알 수 있다.

또한 앞 사례에서도 알 수 있다시피, 성소수자는 의료기관 이용에도 많은 불편을 겪고 있다. 2014년 발표된 공익인권법재단 공감에서 진행한 국가인권위원회 용역 연구 「성적 지향·성별 정체성에 따른 차별 실태조사」에 따르면, 의료기관 이용 시 한국의 많은 성소수자가 불편을 겪고 있는 것으로 나타났다. 조사에 참여한 동성애자/양성애자 858명 중 0.5%가 정체성 때문에 부당한 대우를 받을까 봐 의료기관을 전혀 이용하지 않았다고 답변하였고(최근 5년 동안), 의료기관 이용자 중 14.2%가 의료기관에서 차별을 경험하였다고 한다. 차별의 내용은 의료인의 부적절한 질문, 모욕적인 말이나 비난, 부당한 검사나 치료 요구, 입원실 제한, 진료나 치료 거부 등이었다. '적절한 상담 및 치료를 받기 위해 의료인과 직원에게 정체성을 알릴 필요가 있었지만 알리지 않은 적이 있는가'라는 질문에 27.7%가 '알릴 필요가 있었지만 말하지 않았다'라고 답했다고 한다.

트랜스젠더의 경우에는 이 비율이 조금씩 더 높다. 응답자 90명 중 3.3%가 '정체성 때문에 부당한 대우를 받을까 봐 의료기관을 이용하지 않았다'라고 답변하였고, 의료기관 이용자의 35.9%가 차별을 경험하였다고 한다. 역시 차별의 내용은 부적절한 질문, 모욕적인 말이나 비난, 진료나 치료 거부, 부당한 검사나 치료 요구, 입원실 제한 등이었다. 트랜스젠더는 외모로 인한 가시성 때문에 더 큰 불편과 차별에 노출되고 있다. 성전환(성별 확정)과 관련된 의료 경험의 경우 더 많은 차별을 경험했다고 하는데, 의료적 조치에서 건강보험을 적용받지 못한 경우가 50.7%로 가장 높았고, 의료인의 지식 부족, 상담·진단·의료조치 거부, 수술 시 부모의 동의를 요구받았다고 답한 이들도 있었다. '적절한 상담 및 치료를 받기 위해 의료인이나 직원에게 정체성을 알릴 필요가 있었지만 알리지 않은 적이 있는가'라는 질문에 32.1%가 '알릴 필요가 있었지만 말하지 않았다'라고 답했다.

상황이 이렇다 보니 성소수자는 성소수자대로 충분한 의료 접근권을 보장받지 못하고, 의료인은 의료인대로 불충분한 정보로 진료를 하게 되는 경우가 생기고, 이는 결국 건강권의 침해로 이어지게 되기도 한다.

2. 용어에 대한 설명

성소수자 관련 용어를 처음 접한 이들은 복잡하기 그지없다고 느낀다. 사실 당사자, 관련 학자, 인권 활동가가 아닌 다음에야 모든 용어를 다 이해할 수는 없는데, 특히 전 세계적으로 계속하여 생겨나고 있다는 점에서 더 그렇다. 새로운 용어가 생겨나는 이유는 성소수자 당사자가 현재 만들어져 있는 용어로는 자신의 정체성을 명확하게 규정하기 힘들다고 느낄 때 자신의 정체성을 정의할 용어를 새롭게 고안해내기 때문이다. 이 과정은 복잡하지만 중요한데, 이를테면 '나는 누구인가, 어떤 사람인가, 누구를/무엇을 좋아하는가, 나의 건강을 증진하기 위해서는 어떤 것들이 필요한가' 등의 기본적인 자기 정의이기 때문이다. 성소수자에 대한 부정적인 사회적 인식과 취약한 지지로 인하여 자신의 정체성을 받아들이고 긍정하기 힘들었던 성소수자 당사자의 역사에서, 자신의 정체성을 정확하게 정의하는 것이 얼마나 중요한 일인지는 설명하기조차 새삼스럽다.

그러나 용어는 적절한 의사소통을 위한 것이므로, 무조건 새로운 용어가 제일 좋다고 할 수는 없다. 성소수자 내·외부와 편견과 오해 없이 소통할 수 있는 용어들이 필요하다. 모든 용어를 알고 있기란 쉽지 않으나, 기본적인 용어들은 이해하고 있는 것이 원활한 진료를 위해 도움이 될 것이다.

1) LGBTAIQ+

흔히 성소수자를 지칭할 때 사용하는 용어. 레즈비언, 게이, 바이섹슈얼, 트랜스젠더, 에이섹슈얼, 인터섹스, 퀴어·퀘스처닝, 그밖에 스트레이트(straight)가 아니거나 시스젠더(sisgender)가 아닌 다른 정체성들을 지칭. 이런 용어들에 포괄되지 않는 다양한 정체성을 의미하기 위해 LGBTAIQ+처럼 '+'를 붙여서 사용하기도 함

- Gay 게이. 남성 동성애자. 다른 남성에게 끌리는 남성. 자신과 같거나 비슷한 젠더에 주로 끌리는 사람들을 포괄적으로 지칭하기도 함
- Lesbian 레즈비언. 여성 동성애자. 다른 여성에게 끌리는 여성
- Bisexual 여성과 남성 모두에게 끌리는 사람
- Transgender=Trans 트랜스젠더. 태어났을 때 지정된 섹스 또는 젠더가 본인의 성별 정체성과 일치하는 않는 사람. 트랜스섹슈얼(transsexual)은 점차 쓰지 않고 있음
- Asexual/Aromantic 에이섹슈얼. 무성애자. 성적·로맨틱 끌림을 거의 느끼지 않거나 전혀 경험하지 않는 사람
- Intersex 인터섹스. 간성. 남성 또는 여성에 대한 사회의 전형적인 정의에 그대로 부합하지는 않는 신체를 지닌 사람. 양성구유라는 말은 점차 쓰지 않고 있음

- Queer 퀴어. 사회적 규범 바깥에 있는 정체성을 설명하기 위한 포괄적 용어 (umbrella term). '괴상하다'라는 영어 단어 형용사에서 나왔으며 예전에는 비방하는 말로 사용되었던 역사가 있으나, LGBTAIQ+ 사람들이 이 용어를 새롭게 정의하면서 자부심 넘치는 용어로 사용되기도 함. 한국에서는 이와 비슷한 말로 '이반'이 있는데, '일반'인들과 다르다는 의미로 '이반'이라고 자신을 명명하기 시작했음
- Questioning 퀘스처닝. 자신의 성적 지향이나 성별 정체성에 대해 확신하지 못하거나 질문을 던지는 것, 혹은 현재에도 찾아가는 중

2) Sexual Orientation

성적 지향. 자신이 어떤 성별의 사람에게 끌리는지를 나타냄. 성적 지향을 sexual orientation, 정서적·감성적 지향을 romantic orientation으로 나눠서 설명하기도 함

- Heterosexual/Heteroromantic/Straight 이성애자. 이분법적 젠더 구도 안에서 다른 젠더에게 끌리는 사람
- Homosexual/Homoromantic 동성애자. 자신과 같거나 비슷한 젠더에게 끌리는 사람
- Bisexual/Trisexual/Polysexual=Multisexual/Pansexual=Omnisexual 두 가지/세 가지/그 이상 다수의/모든 젠더에게 끌림을 느끼는 사람

3) Gender Identity

성별 정체성. 젠더 정체성. 자신의 젠더에 대한 자각이나 자아의식을 말함. 한 사람이 자신의 젠더를 어떻게 이해하는지를 표현하기 위해 사용하는 정체성의 표지. 성별 정체성의 종류는 매우 다양하며 이분법

적인(binary) 여성·남성 정체성 이외에도 다양한 정체성, 여러 가지 정체성, 고정되어 있지 않고 변화하는 정체성 등으로 자신을 정의하는 이들이 있음

- **Cisgender=Sisgender=Cis** 시스젠더. 태어났을 때 지정된 섹스 또는 젠더가 본인의 성별 정체성과 일치하는 사람
- **Transgender=Trans** 트랜스젠더
- **Transwoman** 트랜스여성. 성전환 여성. MTF(male to female). 태어났을 때 남성(male)으로 지정되었고, 현재는 여성(woman)인 사람
- **Transman** 트랜스남성. 성전환 남성. FTM(female to male). 태어났을 때는 여성(female)으로 지정되었고, 현재는 남성(man)인 사람
- **DFAB/AFAB(designated female at birth/assigned female at birth)** 태어날 때 여성으로 지정됨. 지정 성별 여성
- **DMAB/AMAB(designated male at birth/assigned male at birth)** 태어날 때 남성으로 지정됨. 지정 성별 남성
- **Woman** 자신을 여성으로 정체화한 여성
- **Man** 자신을 남성으로 정체화한 남성
- **Transition** 트랜지션. 자신의 젠더를 긍정하거나 성별 불쾌감(gender dysphoria)을 완화하기 위해 자신을 받아들이는 과정 혹은 변화를 추구하는 과정
- **Gender Nonconforming** 젠더 비순응. 자신의 성별 정체성이나 성 역할, 성별 표현이 해당 문화가 성에 따라 정상이라고 정한 규범과 차이가 나는 것
- **Gender Dysphoria** 성별 불쾌감. 성별 위화감. 태어날 때 지정된 성별 및 부여된 성 역할, 일차·이차성징이 자신의 정체성과 일치하지 않음으로써 발생하는 불편함이나 고통

• Gender Euphoria　성별 충족감. 자신의 젠더가 긍정되면서 느끼는 엄청난 행복감과 편안함

4) Non-Binary Gender

논바이너리 젠더. 젠더가 여성과 남성 이분법적으로 나뉘지 않으며, 이분법적인 젠더로는 자신의 정체성을 표현할 수 없다고 느끼는 사람이나 그 정체성을 지칭하는 포괄적 용어(umbrella term). Gender Queer(젠더 퀴어)와도 비슷한 의미로 쓰임

• Bigender/Trigender/Polygender=Multigender/Pangender=Omnigender　두 가지/세 가지/그 이상 다수의/모든 젠더를 경험하거나 가지는 사람
• Gender Neutral　중립적인 젠더를 뜻하는 포괄적 용어
• Agender/Genderless　젠더 부재. 젠더가 없음. 자신의 젠더를 거부함
• Gender Indifferent　젠더 무관심. 자신의 젠더나 젠더 표현에 관심이 없음
• Neutrois　뉴트와. 뉴트로이스. 자신의 신체에 성별을 드러내는 기표가 없거나 없기를 바람
• Androgyne　여성이면서 동시에 남성. 자신의 신체에 여성과 남성 성별을 드러내는 기표가 모두 있거나 있기를 바람

5) 기타 여러 가지 용어들

• Coming Out　커밍아웃. 자신의 성적 지향·성별 정체성을 스스로 정한 범위 내의 사람들에게 자발적으로 공개하는 것
• Outing　아웃팅. 스스로 공개하지 않은 범위의 사람들에게 성적 지향·성별 정체

성이 타의에 의해 알려지는 것

- Closet 클로짓. 자신의 성적 지향·성별 정체성을 외부에 공개하지 않는 것
- MSM(Men who have sex with men) 남성과 성교하는 남성. 게이는 성적 지향을 표현하는 말일 뿐 실제 남성과 성교를 하는지 아닌지가 중요한 것이 아니므로, 성 매개 질환의 관리에 있어서는 성적 실천의 양상이 더 중요하게 파악되어야 한다는 의미로 MSM 용어를 사용하고 있음. 즉 MSM은 이성애자, 동성애자, 양성애자 중 누구라도 남성과 성교하는 경우 지칭할 수 있음
- WSW(Women who have sex with women) 여성과 성교하는 여성
- Ally 앨라이. 지지자. 연대자. 자신을 스스로 성소수자라고 정체화하지는 않지만 성소수자 공동체를 적극적으로 지지하고 연대하는 사람

6) 사용해서는 안 되는 용어들

- Homo/호모 호모섹슈얼이라는 단어는 의학적인 용어이기 때문에 그것 자체가 인권 침해적인 것은 아니지만, 호모로 줄여서 쓰는 것은 조롱과 편견의 역사적 맥락이 있음
- 동성연애자 동성애자와는 전혀 다른 표현임. 성소수자를 정체성이 아닌 연애라고 하는 '행위'를 하는 사람으로 축소하고 왜곡하는 문제가 있음

이 모든 용어가 이해되지 않을 수도 있으나, 성적 지향과 성별 정체성이 서로 다른 개념이며 교차 가능하다는 점, 생물학적인 성(sex)이 초역사적·본질적인 구분이 아닌 역사적·사회적 지식의 산물로서의 '발명된 구분 체계'라는 점, 성별 정체성에는 여성과 남성 혹은 제3의 젠더, 그 사이 어딘가의(spectrum) 젠더, 고정되지 않고(-fluid) 강도가

변화하는(-flux) 젠더, 사회적으로 수행하는(performing) 젠더 등 수많은 젠더가 있다는 점 정도는 기억하면 좋겠다.

3. 성소수자 친화적인 의료기관 만들기

1) 개인정보 보호와 비밀 유지

환자가 공개하는 민감한 개인정보나 가족 관계에 대해 가치판단을 하지 않고 받아들이는 것처럼, 성소수자의 진료에도 성적 지향·성별 정체성에 대해 가치 판단하지 않고, 환자의 중요한 건강 정보로써 받아들이는 것이 필요하다.

아웃팅은 악의적인 경우도 있고 실수에 의한 경우도 있는데, 대체로 의료기관에서의 아웃팅은 의도치 않은 실수로 인해 벌어지는 경우가 많다. 진료실 안에서 환자가 성소수자임을 의사에게 얘기한다면 그것은 커밍아웃이고, 이 정보를 의사가 무심코 다른 환자나 직원에게 얘기한다면 그것은 아웃팅이기 때문이다. 환자는 의료기관에서 정체성을 밝힐 때 커밍아웃으로 더 좋은 진료가 가능하고, 성소수자임은 비밀로서 보장될 것이라는 기대를 당연히 가지고 있다.

환자가 사용하는 성소수자 관련 용어를 이해하고 있으면 알고 있다고 표현하고, 잘 이해하지 못하는 용어를 사용할 경우 뜻을 다시 물어본다. 간혹 같은 용어라도 맥락에 따라 다른 의미로 쓰일 수 있으므로, 정확한 의사소통을 위해 어떤 의미로 사용한 것인지를 질문할 수도 있다.

2) 소수자성을 이해하되 취약성을 강조하지 않기

성소수자가 HIV/AIDS와 같은 특정한 감염성 질환의 취약군이라고 강조하지 않으며, 범죄가 아닌 이상 가치판단을 하지 않는다. 물론 안전한 성관계(safe sex)에 대한 교육은 언제나 중요하다.

성소수자가 많이 찾는 의료기관이라고 해서 HIV/AIDS 전파 가능성을 우려하여 특별한 조처를 할 필요는 없고, 표준적인 감염 관리 지침을 잘 준수하는 정도면 충분하다. 표준적인 감염 관리 지침은 환자가 자신의 병력(HIV, HBV, HCV 감염 여부를 포함하여)을 숨기고 진료를 받더라도, 감염이 예방되도록 만들어져 있는 것이기 때문이다.

또한 성적 지향·성별 정체성이 그 자체로 정신질환이 아님을 분명히 해야 한다. 1990년 세계보건기구는 국제질병분류(ICD, International Classification of Diseases)를 개정하며 '동성애'를 정신장애 부문에서 삭제하고 '성적 지향만으로는 장애로 간주하지 않는다'라고 명시했다. 2018년에는 '성 주체성 장애/성전환증'을 삭제하고 성 건강 관련 상태의 하위 항목으로 '성별 불일치'를 신설하는 내용을 이미 발표하였다. 그런데도 성소수자를 바이너리·시스젠더·이성애자로 '전환'할 수 있다면서 전환치료를 주장하는 특정 종교를 기반으로 한 일부 의료인들이 있는데, 이는 의학적 근거가 없는 주장이다. 전환치료는 실상 치료가 아닌 '고문'에 가깝다.

성적 지향·성별 정체성이 정신장애 범주에 해당하지는 않으나, 정신건강의학과 상담이 필요한 성소수자가 많이 있다. 소수자 스트레스로 인하여 우울, 불안의 유병률이 일반 인구에 비하여 높고, 자살과 자해 시도의 비율 또한 높다. 트랜스젠더의 경우 호르몬 치료와 수술을 전후로 감정 기복이 심해질 수 있다. 즉 필요한 이들에게 필요한 상담이 연결되도록 하는 것이 중요하다. 세계보건기구에서 성적 지향·성별 정체성을 정신장애 범주에서 제외한 이유는 오히려 스티그마(stigma)를 줄여 필요한 보건의료를 잘 이용할 수 있게 하기 위함이니까.

3) 문진 : 포괄적인 정보 수집으로 당사자에 대한 이해의 확장

기본적으로는 다른 환자를 진료할 때와 크게 다르지 않으며, 주된 호소에 관한 질문들을 중심으로 과거력, 사회력, 가족력 등을 질문한다. 환자는 자신의 성적 지향·성별 정체성과 관련한 문제로 진료를 받으려 할 수도 있고, 그와 관련되지 않은 문제로 진료를 받으려 할 수도 있다.

예를 들어 한 레즈비언 환자가 '불안감과 우울감'을 호소할 때, 그 불안과 우울은 본인이 레즈비언이라는 사실을 받아들이기 힘들어서 느끼는 것일 수도 있고, 환자 본인은 레즈비언으로 잘 지내고 있으나 이 문제로 가족들 사이에서 갈등을 겪어서 느끼는 것일 수도 있으며, 레즈비언이어서 사회적 차별과 폭력을 당한 결과로 느끼는 것일 수도 있다. 또는 레즈비언 정체성과는 무관하게 나타나는 증상일 수도 있다.

성적 지향·성별 정체성에 관한 얘기를 나누는 것이 진료에 꼭 필요할 경우, 어떤 성별의 사람과 성관계를 갖는지(여성, 남성, 양성 등), 어떤 방식의 성관계를 갖는지(질, 음경, 항문, 구강, 손가락, 기구 등), 성적 지향·성별 정체성과 관련한 다른 문제는 없는지(혐오 범죄, 가정 폭력, 사회적 차별 등)를 물어볼 수 있다.

가족에 관한 질문은 가족력에 관한 질문 이외에도 가족 관계는 어떠한지, 가족들은 환자의 성별 정체성에 대해 얼마나 알고 있는지, 이와 관련한 갈등은 없는지, 현재 누구와 함께 생활하는지(가족, 동성 파트너 등)을 물어볼 수 있다. 가족 내 폭력과 현재 거주하는 가정 내에서의 폭력도 물어봐야 하는 때도 있다.

성소수자의 건강 행태에 관한 연구들은 술, 담배, 비만, 운동 부족, 물질 중독 등의 건강 위해 요인들이 일반 인구보다 성소수자들에게서 더 높게 나타난다고 보고하고 있으므로, 사회력을 질문할 때 꼭 포함되어야 한다. 이외에도 경제적인 상태에 관한 질문도 필요할 수 있다. 특히 성소수자의 경우 청년기에 가족과 절연하여 경제적 지원을 받지 못하는 경우가 많으며, 트랜스젠더의 경우에는 이행 과정에 있는 외모로 인하여 마땅한 일자리를 찾기 힘든 경우도 많기 때문이다.

과거력에 관한 이야기를 나눌 때 트랜스젠더 환자라면, 호르몬 치료를 언제부터 받기 시작했는지, 어떤 성전환/성 확정 수술을 받아왔는지, 현재 어떤 치료를 받고 있는지를 파악하는 것이 필요하고, 앞으로 어떤 치료를 받을 계획인지 파악하는 것도 필요하다.

4) 치료 : 가이드라인을 기반으로, 개인별 맞춤 치료

성소수자 진료에서는 국제적인 가이드라인을 따라 진료하는 것이 필요하다. 아직 국내 가이드라인이 정립되어 있지 않은 현실에서 외국의 가이드라인을 국내 현실에 맞게 개편하고 활용하는 건 충분히 필요하지만, 분명한 의학적 근거로 진료해야 한다. 성소수자는 찾아갈 수 있는 의료기관이 한정되어 있어 여러 의료기관을 잘 비교하여 선택하기 힘들기 때문이다. 또한 호르몬 치료 중인 트랜스젠더 중 일부는 암

시장이나 해외 직구를 통해 호르몬 약제를 사들여 자가 치료를 시도하거나 가이드라인을 잘 모르는 의료인에게 자신이 원하는 주기대로 주사제를 놓아달라고 요구하는 예도 있는데, 분명한 의학적 근거로 진료해야 부작용과 합병증을 예방하여 위험한 상황을 피할 수 있으며, 충분한 정보를 제공받을 환자의 권리도 침해하지 않을 수 있다.

그러나 성소수자라고 하여 항상 동일하게 진료하는 것은 아니다. 예를 들어 많은 트랜스젠더나 간성들은 정체화한 이후 전환(이행=transition, 성별 확정=affirmation)의 과정에 들어가는데, 이때 희망하는 의료적 조치의 정도는 개인마다 차이가 있다. 호르몬 치료의 목표도 서로 다를 수 있고, 외과적 수술도 다르게 선택할 수 있다. 건강보험이 적용되지 않아 비용 때문에 어쩔 수 없이 차선책을 선택하는 사람도 있고, 자신의 신체나 성별에 불편함을 느끼지만 그대로 살아가고자 하는 사람도 있으므로, 생애주기와 성적 실천(sexual practice)의 양상에 따라 권장되는 검진[13]과 예방접종에 차이가 있을 수 있다.

성소수자는 당연히 자녀를 원하지 않을 것이라 여겨, 재생산 관련 기본적인 정보를 받지 못하는 때도 있는데, 환자별로 생식·임신·출산에 대한 욕구는 다를 수 있으므로 재생산에 관련한 정보를 제공하고 계획도 개별적으로 세우는 것이 중요하다.

성소수자의 정체성이 다양하고, 의료적 조치 또한 정체성을 찾아가는 여정이라고 할 때, 더더욱 개인별 맞춤 건강 관리(personalized care)가 필요하게 되는 것이다.

---

13. 트랜스젠더 건강검진의 한 가지 원칙은 '현재 가지고 있는 기관에 대해서는 그 해당 나이에 맞춘 검진이 필요하다'라는 것이다.

5) 소아청소년에 대한 존중 및 가족 상담

소아청소년 성소수자는 성소수자 중에서도 가장 차별과 폭력, 혐오에 노출되기 쉬운 집단이다. 또한 정체성이 형성되어 가는 도중에 있어서, 성적 지향·성별 정체성과 관련한 상담을 가장 많이 필요로 하는 시기이기도 하다. 자신을 성소수자로 정의하는 소아청소년을 상담할 때는 아무리 어린 환자라 하여도, 환자의 자아 정체성을 긍정하고 존중하는 자세를 가져야 하며, 비밀을 유지해야 한다.

그러나 청소년 트랜스젠더의 경우와 같이 호르몬 치료, 수술 등의 의학적 조치가 필요한 경우에는 합병증, 부작용에 충분히 대처할 수 있는 경제적, 사회적 역할을 다할 책임 있는 보호자가 필요할 수 있으므로, 가족 상담이 반드시 함께 진행되어야 한다.

6) 의료기관 전체에 친화적인 환경 조성 : 대기실과 화장실 등

의료기관의 분위기는 의사 한 사람으로 인해서만 결정되지 않으므로, 관련된 모든 직원이 성소수자에 대한 인권 의식과 문화적 역량을 갖추고 있어야 한다. 직원들은 환자의 주민등록번호와 표현되는 성별이 같지 않을 수 있음을 이해하고 있어야 하고, 대기실에서 환자를 호명할 때부터 외모가 이행되는 과정에 있는 환자들이 불편하지 않도록 미리 '불리고 싶은 이름'을 물어볼 수 있어야 한다.

트랜스젠더 환자의 진료 연속성을 유지하기 위해, 주민등록번호 정정 후에도 차트 번호는 유지하고 주민등록번호와 이름을 바꾸어 의무기록을 유지할 수 있는 시스템이 필요하다. 대기실에는 무지개 깃발,

무지개 포스터, 평등한 진료의 원칙 등을 게시하고, 진료실에도 성소수자의 건강과 관련 책자를 잘 보이게 꽂아두어 환자들에게 안심해도 좋다는 표현을 하는 것도 도움이 된다.

화장실 역시 외모에 구애받지 않고 이용할 수 있도록 하는 것이 필요한데, 성별 무관한 1인 화장실, 젠더 중립 화장실, 모두를 위한 화장실, 남녀 공용 화장실, 가족 화장실 등 다양한 화장실들이 국내 의료기관에서 시도되고 있다.

7) 믿을 수 있는 네트워크 갖추기

성소수자 진료를 위해서는 의뢰 자원을 잘 확보하는 것이 필요하다. 성소수자에 대한 포괄적 건강 관리를 위해 일차의료 의사, 정신건강의학과 전문의, 생식 내분비 전문의, 수술적 치료를 담당하는 외과의 등의 협력도 필요하고, 호르몬 약제를 조제할 수 있는 약국의 협력도 중요하다. 또한 심리상담 센터, 폭력·차별을 신고할 수 있는 기관, 당사자 단체, 인권단체, 법적 자문을 위한 인권 변호사 그룹, (청소년) 성소수자 쉼터 등 다양한 네트워크가 도움이 될 수 있다.

‖ 마치며 ‖

사실 정답이 있는 게 아니다. 어떻게 하면 진료실에서 환자들이 충분히 안전하고 편안하다고 느끼게 할까, 위화감이 없게 할까에 대한 꾸준한 고민이 필요하다.

그러나 개별 의료인과 의료기관들이 열심히 노력해도 제도의 불평등은 성소수자의 인권과 건강권을 위협한다. 성소수자이기 때문에 자녀 입양이 거부되고, 트랜스젠더라는 이유로 인공생식에서의 정자은행 이용이 거부되는 일들이 있다. 입원 치료를 받을 때 법적인 지정 성별에 따라 입원실이 배정되거나 1인실 사용을 요구받기도 한다. 법적인 가족이 아니라는 이유로 40년을 함께 살아 온 사랑하는 파트너의 수술 동의서에 사인할 수가 없고, 건강보험 부양자-피부양자 관계가 될 수가 없다. 꾸준히 간병해 왔음에도 연명의료에 대한 의견을 대신 밝혀줄 수도 없다. 파트너의 장례식장에서 가족들에게 혐오 발언을 듣고 쫓겨난 이도 있고, 평생을 남자로 살아왔는데 치마 수의가 입혀지고 여성으로 장례가 치러진 이도 있다.

법·제도·정책의 문제는 의료인들이 개별적으로 어떻게 할 수 있는 문제가 아니라고 생각할 수도 있겠지만, 성소수자의 경험에서는 의료기관을 찾고 이용하고 간병하고 사망하고 장례를 치르는 과정은 사실 충분히 연속적이다. 그러니 앞으로 해야 할 일들이 많다.

성적 지향·성별 정체성에 의한 차별을 금지하는 입법(차별금지법)에 의학적 근거를 마련해야 하고, 성전환/성별 확정 수술 및 호르몬 치료에 건강보험을 적용하고 민간의료보험이 환자를 차별하지 않도록 요구해야 한다. 성소수자의 정신 건강을 지지하고 괴롭힘, 폭력으로부터 보호하는 역할도, 전환치료와 같은 부당하고 비의학적인 치료에 대항하여 싸우는 일도 의료인들의 몫이다.

무엇보다 더 많은 연구가 필요하다. 국가 보건의료 정책의 대상으로서 성소수자를 정확하게 인식하도록 해야 하기 때문이다. 스웨덴에서는 보건복지부가 트랜지션 관련 가이드라인을 발간하고, 영국에서도

NHS 차원에서 일차의료 의사를 위한 트랜스젠더 진료안내서를 발간하고 있을 정도이다. 국가 정책의 대상으로서 성소수자를 '가시화'하는 일에 성소수자 건강에 관심 있는 많은 의료인의 참여가 필요하다.

해야 할 일

① 일단 시작하자. 성소수자 인권에 관심이 많은 의료인일수록 오히려 상처 주거나 오해가 생길까 봐 두려워서 관계를 시작하지 못하는 경우가 있는데, 그러지 말자. 험난한 한국의 현실에서 생존해 온 LGBTAIQ+들의 생명력을 믿고 관계를 시작하자.

② 기본적인 용어를 이해하자.

③ 잘 모르면 물어보자. 환자(성소수자 당사자)로부터 배우자.

④ 성별 정체성에 대해 가능하면 모든 환자에게 물어보자.

⑤ 의료기관에서의 커밍아웃을 지지하자.

하지 말아야 할 일

① 성소수자는 이러저러할 것이라고 가정하지 말자. 성소수자도 다 다르다.

② 혐오·차별 표현은 절대 쓰지 말자.

③ 종교적인 입장에서의 접근은 피하자.

④ 바이너리·시스젠더·이성애자를 가정한 표현을 하지 말자.

질문

1. 논바이너리젠더(Non-binary gender)의 개념을 설명하라.

2. 우리가 흔히 사용하는 말 중 바이너리·시스젠더·이성애자를 가정한 표현의 예를 들어보자.

3. 20대부터 에스트로겐 치료를 받아 온 만 54세의 트랜스여성에 대한 건강검진 계획을 세워보자.

4. 진료실이나 대기실에 게시할 성소수자 친화적인 표지를 구상해보자.

참고문헌

· 공익인권법재단공감, 『성적 지향·성별 정체성에 대한 차별 실태조사』, 국가인권위원회 연구용역 보고서, 2014
· 김승섭 외, 『한국 성인 트랜스젠더 건강 연구』, 고려대 레인보우 커넥션 프로젝트, 2017
· 김유미, 『의료의 질과 젠더 및 소수자 감수성』, 2013
· 세계트랜스젠더보건의료전문가협회(WPATH), 『트랜스 섹슈얼·트랜스젠더·성별 비순응자를 위한 건강관리 실무 표준』, 2012
· 이혜민, 박주영, 『한국 성소수자의 사회적 건강 연구 : 체계적 문헌 고찰』, 2015
· 장창현, 「성소수자 정신과 진료에 있어 성별 정체성 진단 기준 개정의 의미」, 2018
· 친구사이, SOGI법정책연구회, 『한국 LGBTI 커뮤니티 사회적 욕구 조사』, 2014
· 『트랜스젠더 정보·인권 가이드북 트랜스로드맵』, 2013
· 홍성수 외, 『트랜스젠더 혐오차별 실태조사』, 국가인권위원회 연구용역 보고서, 2020
· SOGI법정책연구회, 『한국 LGBTI 인권 현황 2019』, 2020
· Gay & Lesbian Medical Association (http://glma.org, GLMA)
· Healthy People 2030 (https://health.gov, U.S. Department of Health and Human Services)

노동자
건강권 쟁점

_공유정옥

• 노동재해(산업재해)를 인식하고 드러내는 데 의료인이 기여할 수 있는 지점은 무엇이며 노동재해를 입은 환자를 진료하는 의료인에게 요구되는 역할은 무엇인지 사례를 통해 고찰해본다.

◆ 주요 내용

의료인과 노동자 건강권의 관계를 이해하고 의료 현장에서 적용한다.

◆ 목표

공유정옥 직업환경의학 전문의. 대학원에서는 환경보건학을 공부했다. 한국노동안전보건 연구소의 상임 활동가로 일하면서 다양한 업종의 건강 문제를 조사하거나 노동 환경을 개선하기 위한 사업들을 경험하면서 건강권을 실현하기 위해 노동자 현장 통제권이 얼마나 중요한지를 배웠다. 현재 경기동부근로자건강센터에서 소규모 사업장 노동자들의 건강을 돌보는 일을 하고 있으며, 삼성 반도체 백혈병 사건을 계기로 만들어진 '반도체 노동자의 건강과 인권 지킴이 반올림'에도 참여하고 있다.
email: anotherkong@gmail.com

◆ 글쓴이

들어가며

한국 사회 노동자 건강권의 진전에 보건의료인들이 이바지한 부분은 상당하다. 직업병의 발견과 진단, 재해 노동자의 치료와 재활, 관련 법과 제도의 설계와 실행 등 여러 방면을 진전시키는 데 참여해 왔다.

동시에 보건의료인이 노동자 건강권을 억누르거나 방해한 사례도 적지 않다. 지식이 부족하여 적절한 진단과 치료를 제공하는 데 실패하기도 하고, 노동재해 환자에 대한 편견이나 산재보험 제도에 대한 이해 부족 때문에 재해 노동자들이 제때 치료와 보상을 받을 권리를 적극적으로 가로막기도 했다.

개인의 역량이나 시각 차이보다는 의료인을 양성하는 교육과정을 우선 돌아볼 필요가 있다. 노동 환경은 질병과 부상의 원인이 되기도 하고 치료와 재활의 터전이 되기도 하지만, 의료인 교육과정에서 이런 측면을 체계적으로 다루는 경우는 흔치 않다. 산업재해보상보험 등 노동재해와 관련된 제도에서 보건의료인들에게 요구되는 역할이 적지 않으나, 정규 교육과정에서 이를 배우고 익힐 기회도 드물다.

이 글은 의료인이나 예비 의료인 가운데 노동보건 분야를 전공하지 않은 사람들이라도 의료 현장에서 만날 법한 몇 가지 사례를 소개하는 데 초점을 두었다.

사례 1

50대 여성 A씨가 피부과 의원을 방문했다. 몇 달 전부터 얼굴과 목덜미 피부가 쓰라리고, 벌겋게 달아올랐다가 하얗게 벗겨진다고 했다. 피부뿐 아니라 눈도 쓰라리고 아플 때가 잦다고 했다. 임상 양상은 전형적인 자외선 화상을 시사했다.

그런데 A씨는 이 문제가 직장 때문에 생긴 것 같다고 주장했다. 학교 급식 조리실에서 여러 업무를 순환하며 담당하는데, 식기 세척을 담당하는 날 오후가 되면 꼭 증상이 시작한다는 것이었다. 방학 때는 괜찮아졌다가 개학해서 근무를 시작하면 증상이 재발하며, 동료들도 비슷한 증상을 겪는다고 했다. A씨는 혹시 식기 세척용 세제 때문에 생긴 증상이 아닌지 물었다.

의사는 세제 때문에 생기는 문제는 아니라고 답했다. 급식실처럼 실내에서 일할 때 생기는 문제가 아니니 불필요한 걱정은 하지 말고 외출 시 햇빛 노출을 차단하도록 주의하고 과도한 야외 활동을 자제하라고 조언했다. 이후 A씨는 다시 내원하지 않았다.

A씨는 그 후로 몇 군데 피부과와 안과를 더 찾아갔다. 어떤 의사는 뜨거운 세제 증기가 눈이나 피부에 닿지 않도록 조심하라고 했다. 그러나 마스크는 물론 고글, 선글라스, 스카프 등을 동원하여 얼굴과 눈을 보호해도 아무 차이가 없었다. A씨의 직장 동료 일곱 명도 모두 비슷한 일을 경험했다. 아무런 도움을 받을 수 없으니 이들은 이제는 병원을 찾지 않았다.

이들은 급식실 환경에 어딘가 잘못되어 있으리라 생각했다. 학교 측의 도움으로 식기 세척용 세제를 비롯하여 자극적이거나 유해해 보이는 여러 제품을 바꾸어 보았다. 그러나 아무런 효과가 없었다. 학기 중에는 얼굴이 술 취한 사람처럼 붉게 부어오르고 허옇게 각질이 벗겨졌으며 두 눈에서 눈물, 충혈, 통증이 그치지 않으니 출퇴근 말고는 집 밖에 나가거나 다른 사람을 만나는 일을 피하게 되었다.

A씨와 동료들의 문제는 그로부터 6년 뒤, 교육청을 통해 소개받은 근로자건강센터[14]의 산업 보건 전문가들을 만나면서 곧 해결되었다. 이들의 증상은 의학적으로 매우 전형적인 자외선 손상이었고, 조리도구와 식기를 살균하기 위해 자외선 소독기를 여러 대 사용하는 학교나 병원, 대형 식당 등의 조리실에서는 언제든지 발생 가능한 문제였다. 이런 자외선 소독기는 설비의 문이 닫혀 있을 때만 작동하고 문이 열리면 램프가 꺼지게 되어 있는데, 이 장치가 고장이 나거나 설비 벽체의 유리가 깨져 있으면 노동자들이 자외선에 노출되어 얼굴, 손, 눈 등의 노출 부위에 화상을 입을 수 있다. 특히 살균 소독용으로 사용하는 자외선C는 세포 내 DNA를 훼손하므로 자외선A나 B가 원인인 일광 화상과 비교해 훨씬 짧은 노출로도 매우 강력한 손상을 초래한다.

산업 보건 전문가들은 자외선 노출원을 찾아내기 위해 A씨의 근무지를 방문하였다. 여러 대의 자외선 소독기, 천정의 조명등을 비롯해 램프가 사용되는 모든 기기를 확인한 결과, 노동자들의 화상 원인이 된 램프 하나를 찾아냈다. 음식 재료를 씻고 다듬는 전처리 작업대 옆에 전기 살충기가 설치되어 있었는데, 곤충 유인용 자외선A 램프가 아니라 소독기용 자외선C 램프가 잘못 끼워져 있었다.

---

14. 근로자건강센터는 50인 미만 사업장의 보건관리를 지원하기 위하여 고용노동부 안전보건공단이 전국 23개 지역에 설치한 기관이다. 산업 보건에 관련한 상담, 교육, 컨설팅 등을 무료로 제공한다. 개별 센터의 운영은 각 지역의 민간기관에 위탁하고 있다.

기묘하게도 '식기 세척을 담당하는 날 오후부터 아프기 시작한다'라던 노동자들의 경험도 현장 점검을 통해 설명되었다. 이 급식실의 업무 배치표에 따르면 오전에 음식 재료 전처리 작업을 담당하는 사람이 그날 오후 식기 세척을 담당하게 되어 있었다. 자외선은 노출 후 수 시간이 지나서 증상이 발현된다. 따라서 오전 동안 전처리 작업대 앞에서 자외선C에 노출되었다가 오후에 식기 세척을 시작할 무렵 증상이 시작되었다는 것은 자외선 손상의 임상 양상과 정확히 부합하는 것이었다.

전기 살충기에 잘못 설치되어 있던 자외선C 램프를 제거하자 여덟 명의 조리원 노동자들의 증상은 차차 호전되어갔다. A씨와 동료들은 문제를 해결했음에 매우 기뻐하면서도 "이렇게 간단하게 해결될 수 있는 문제로 6년씩이나 고생했다는 것이 속상하다"라며 눈물을 흘렸다. 공연히 직장 탓하지 말고 바깥나들이를 줄이라 꾸짖던 의사를 야속해 하고, 그동안 만났던 의사 중 단 한 명이라도 자외선 때문에 생긴 문제라는 말을 해주었더라면 훨씬 일찍부터 자외선 발생원을 찾아보았을 것이라며 아쉬워했다.

1. 사례 1에 대한 고찰

1) 노동재해의 비가시화

노동재해라 하면 흔히 사고로 인한 손상을 떠올린다. 비사고성 질병 중에서는 보통 고농도 유해물질 급성 중독 정도를 떠올린다. 만성 노출에 의한 건강 문제들이 매우 많을 것으로 추정되지만, 원인과 결과 사이의 특이성이 높거나(예, 진폐증) 원인을 쉽게 짐작할 수 있는 문제들(예, 과로사, 근골격계 질환, 소음성 난청) 외에는 공식 산업재해 통계로 잡히는 경우가 드물다. 인과성을 쉽게 추정할 수 있는 급성 노출 문제 중에도 노동자 본인이나 의료인들이 노동재해 가능성을 생각하지 못하는 경우가 흔하다. 사례 1처럼 중증도가 낮거나 노동 환경 외의 원인으로도 발생 가능한 문제들이 특히 그렇다. 따라서 이런 문제들은 산업재해로 보고되거나 산재보험 보상 신청이 이루어지지 않고 결국 산업재해 통계에도 거의 포함되지 않는다.

가시화되지 않은 문제는 방치된다. 그 문제가 주로 어떤 집단에서 얼마나 자주 발생하는지, 어떤 결과를 초래하는지, 어떻게 무엇을 통하여 예방할 수 있는지의 탐색 과정이 시작될 수 없다. 세계 어디서나 노동재해의 비가시성은 공중보건의 큰 숙제 가운데 하나다.

2) 노동재해 비가시화의 원인

노동재해가 비가시화되는 원인은 크게 나누어 관련 제도의 포괄성 부족과 제도 운용의 면밀성 부족으로 설명되곤 한다. 포괄성 문제란 제도가 어떤 노동자 집단이나 어떤 유형의 재해를 배제한 채 설계된 경우를 말하며 면밀성 문제란 제도가 본래의 취지와 목적에 맞게 운영되지 못하는 경우를 말한다.

한국에서 노동재해를 파악하는데 관련된 제도로는 산업재해보상보험법과 산업안전보건법[15]이 있다. 두 법 모두 노동재해를 비가시화시키

15. 사업주는 산업재해로 사망자가 발생하거나 3일 이상의 휴업이 필요한 부상을 입거나 질병에 걸린 사람이 발생한 경우에는 해당 산업재해가 발생한 날부터 1개월 이내에 산업재해 조사표를 작성하여 관할 지

는 포괄성과 면밀성 문제를 안고 있다.

산업재해보상보험법은 정부의 공식 산업재해 통계의 기반이 된다. 이 법에 따라 업무상 재해로 인정되어야 공식 산업재해 통계로 잡히기 때문이다. 그런데 이 법은 공무원, 재해, 선원, 사립학교 교직원, 가구 내 고용 활동 종사자, 상시 근로자 5명 미만의 농업·임업·어업·수렵업 노동자 등에는 적용되지 않는다.(시행령 제2조) 따라서 이들의 재해는 산업재해 통계에 포함되지 못한다. 또한 산재보험 요양급여와 휴업급여는 각각 4일 이상 요양이 필요한 경우와 4일 이상 취업하지 못하는 경우에만 지급하므로 3일 이내의 치료나 휴업에 해당하는 저강도 재해도 제도적으로 배제된다. 산업재해보상보험법 적용 대상 사업장에서 4일 이상 요양이 필요한 재해가 발생한다고 하여 반드시 산재 통계에 잡히는 것도 아니다. 사업주가 고의로 재해를 은폐하거나, 산재보험 보상 청구 절차가 까다로워 노동자가 산재 신청을 하지 못하거나, 산재보험 보상 판정의 문턱이 너무 높아서 산재로 인정받기가 극도로 어렵거나, 애초에 업무로 인해 발생한 문제임을 알아차리지 못하는 경우 등, 제도 운용의 면밀성이 낮아 비가시화되는 경우가 비일비재하다.

산업안전보건법에서는 사업주가 자기 사업장에서 발생한 산업재해를 정부에 보고할 의무를 규정하고 있다. 따라서 산재보험 보상 청구를 하지 않았더라도 재해 발생 사실을 정부가 파악할 수 있는 자료원이 될 수 있다. 또한 이 법은 '모든 사업'에 적용(법 제3조)되기 때문에 산업재해보상보험법과 비교해 포괄성이 높다. 그러나 재해 발생 보고의 의무는 '산업재해로 사망자가 발생하거나 3일 이상의 휴업이 필요한 부

방고용노동관서의 장에게 제출해야 한다. (산업안전보건법 제57조, 시행규칙 제73조)

상을 입거나 질병에 걸린 사람이 발생한 경우'에 한한다.(제57조와 시행 규칙 제73조) 바꾸어 말하면, 사흘 이상 일을 못 할 정도가 아닌 재해는 보고되지 않는다. 만일 사업주가 산업재해 발생을 보고하지 않거나 거 짓으로 보고하면 과태료를 부과하고(법 제175조) 산재 발생 사실을 은폐 하면 1년 이하의 징역 또는 1천만 원 이하의 벌금에 처하도록(법 제170 조) 되어 있으나, 실제로 문제를 찾아내 벌칙을 집행하는 사례는 매우 드물어 제도가 취지대로 면밀하게 운영된다고 평가하기 어렵다.

3) 노동재해의 (비)가시화와 의료인

보건의료인들은 환자의 건강 문제가 노동재해임을 규명하는 첫 문 지기가 되곤 한다. 1988년, 진단명을 알 수 없어 대학병원을 전전하던 15세 소년 문송면 군에게 '혹시 공장에서 일하지 않는지' 물어봄으로써 온도계 공장에서 일하다가 수은에 중독된 것임을 규명하는 계기를 제 공한 사람은 어느 초보 의사였다고 알려져 있다. 굳이 직업환경의학을 전공하거나 산업 보건을 공부하지 않았더라도, 환자의 질병이 업무 때 문에 발생하였거나 악화하였을 가능성이 의심될 때 관련 분야의 동료 에게 문의하여 업무와의 관련성을 발견하는 데 크게 이바지할 수 있다.

2016년, 어느 대학병원 내과에서는 대사성 산증으로 입원한 젊은 환 자가 직장에서 유해물질에 노출된 것은 아닌지 의문을 품고 직업환경 의학과에 협진을 요청했고, 그 결과 해당 환자가 휴대폰 부품 공장에서 일하다가 메탄올에 중독되었으며 실명 등 심각한 건강 피해를 당한 노 동자 다수의 존재를 확인하는 계기가 되었다.

한편 사례 1에서 보듯 의료인이 노동재해를 인식하지 못하여 환자의 건강 문제를 제대로 진단하거나 치료하지 못하는 경우도 적지 않다. 설령 당면한 증상을 완화할 수 있을지는 몰라도 원인을 고려하지 않는 한 재발을 막지 못한다. 이런 일들이 반복되면서 노동재해의 비가시성은 공고해지고, 우리 사회의 역량으로 충분히 예방할 수 있는 문제들조차 방치된다.

노동 환경은 질병과 부상의 원인이 될 수 있음을 염두에 두고, 건강 문제가 발생하기 전에 어떤 일을 했는지 환자에게 물어보도록 하자. 치료 경과가 예상과 다르다면 혹시 노동 환경 중에 악화나 방해 요인이 없을지 생각해 보자. 잘 모르는 문제는 직업환경의학과에 도움을 구하여 확인해 보자.

사례 2

어느 대학병원 신경과에서 모 희귀 질환으로 치료받고 있던 20대 여성이 담당 의사에게 진단서를 요청했다. 산재보험 보상 청구를 하고 싶다는 이유였다. 의사는 이 질병은 직업병이 아니라며 진단서 발급을 거부했다. 환자는 다음 외래 진료에서 노무사와 함께 찾아와 다시 진단서를 요청했고 의사는 또다시 거부했다.

이 의사는 그 질병에 대하여 국내에서 손꼽히는 전문가였다. 자신의 지식에 비추어 볼 때 이 병은 아직 명확한 원인이 규명되지 않아 직업병이라는 과학적 근거가 없다고 말했다. 그러나 환자와 노무사는 정기 외래 진료가 있을 때마다 의사 앞에서 머리를 조아리며 눈물을 흘리며 진단서를 부탁했다. 몇 달 동안 이런 일이 반복되었고 결국 의사는 진단서를 발급해주었다.

하지만 산업재해 여부를 판정하는 근로복지공단에서는 이 환자의 질병을 산업재해로 인정하지 않았다. 환자는 판정에 불복하여 근로복지공단을 상대로 행정소송을 제기했다. 환자도 이 질병의 원인이 아직 명확히 밝혀지지 않았다고 들었지만, 같은 회사에서 이 병에 걸린 다른 여성 노동자들이 여럿 있다는 사실을 알게 되자 혹시 노동 환경이 원인으로 작용한 것은 아닐까 의심이 들었다. 산재 신청을 해서 알려야 원인을 찾으려는 노력이 시작될 것으로 생각했다. 무엇보다도 소액이나마 산재보험 급여가 절실히 필요했다. 시력과 신체 여러 기능이 저하되어 이제는 직장도 다니지 못하고, 생활보호 대상자가 되어 정부 보조를 받지만 겨우 생계만 꾸릴 정도로 궁핍해졌기 때문이었다. 그래서 근로복지공단의 산재 불승인을 순순히 받아들일 수 없어 소송을 제기했다.

소송은 몇 년이 걸렸다. 명백한 의학적 근거가 없더라도 업무로 인해 발생하였거나 발병이 촉진되었을 개연성이 인정되므로 산업재해로 보아야 한다는 판결이었다. 이제 치료에 대한 주치의의 확인서가 필요했다. 정해진 서식을 병원 원무과에서 받아다가 주치의의 서명을 받아 근로복지공단에 제출해야 했다. 그런데 의사는 이 서류에 서명하기를 거부했다. 의학에 대해 아무것도 모르는 판사가 그렇게 판결했다고 해서 의사인 내가 이런 서류에 서명해야 하느냐, 환자에게 크게 화를 냈다. 이 병은 직업병이 아니라고 생각하며 절대로 이런 서류에 서명하지 않겠다고도 했다.

환자는 매우 난처해했다. 몇 년 전에 진단명과 진단 코드가 적힌 진단서 한 장을 받는 데에도 여러 달이 걸렸던 기억이 떠올랐다. 당시 진단서 발급 거부는 의료법 위반 아니냐고 따지지도 못했다. 이 질병을 치료하는 국내 소수의 의료기관과 의료진들 사이에서 몹쓸 환자로 낙인이라도 찍

힐까 걱정되었기 때문이었다. 이번에도 인간적인 모멸감을 무릅쓰고 읍소해서 서류를 받아야 할지를 심각하게 고민했다. 의사가 언제까지 계속 거부할는지 알 수 없었고, 무엇보다 자신에게 적대감과 경멸을 격하게 드러내던 이 의사를 믿고 치료를 받을 자신이 없었다. 결국 환자는 병원을 옮기기로 했다. 불편한 몸으로 통원하기에는 너무 먼 곳이었지만, 그것만이 이 환자가 선택할 수 있는 유일한 해법이었다.

2. 사례 2에 대한 고찰

1) 산재보험 제도와 인과관계

산업재해보상보험법에서 업무상 재해를 인정하는 기준은 '상당인과관계'(제37조) 여부이다. 그런데 상당인과관계가 무엇인가에 대한 정의는 성문화되어있지 않다. 산업재해보상보험법 시행령 제34조에서 업무상 질병의 인정 기준으로 '근로자가 업무 수행 과정에서 유해·위험요인을 취급하거나 유해·위험요인에 노출된 경력이 있을 것', '유해·위험요인을 취급하거나 유해·위험요인에 노출되는 업무 시간, 그 업무에 종사한 기간 및 업무 환경 등에 비추어 볼 때 근로자의 질병을 유발할 수 있다고 인정될 것', '근로자가 유해·위험요인에 노출되거나 유해·위험요인을 취급한 것이 원인이 되어 그 질병이 발생하였다고 의학적으로 인정될 것'이라는 세 가지 요건을 제시하고는 있으나, 과연 어느 정도의 근거가 제시되어야 각각을 '인정'할 수 있는지에 대해서는 언급이 없다.

그래서 산재 여부를 판정하는 근로복지공단 업무상질병판정위원회 위원들 간에 이러한 기준에 대한 인식이 일치하지 않거나, 질병 종류에 따라 업무 관련성을 결정하는 요건들을 달리 적용하거나, 판단 과정에서 고용노동부 고시를 부적절하게 적용하는 등 산재 판정의 면밀성이 낮고 노동재해의 비가시화를 초래하는 일이 많았다.

오래전부터 존재했으나 단편적으로 다루어졌던 이 문제를 한국 사회에서 전격적으로 직면하게 된 계기는 2007년 이후 반도체와 디스플레이 등 소위 첨단 전자 산업 노동자들의 암과 희귀 질환에 대한 산재 보상 청구에 있다. '상당인과관계'가 있다고 하려면 노출 기간은 얼마나 길어야 하는가, 노출 농도는 얼마나 높아야 하는가, 수십, 수백 종류의 물질들에 동시에 노출된 노동자에 대하여 단일 물질 노출을 전제로 설정된 노출 기준이나 지식을 잣대로 사용할 수 있는가, 사업주가 어떤 정보도 제공하지 않는 상황에서 노출 물질이 무엇인지도 들어본 적 없는 노동자나 유족들은 어디까지 입증해야 보상을 받을 수 있는가, 과거 작업 환경에 대한 자료도 없고 일반적으로 유추할 만큼 해당 업종에 대한 지식도 없을 때 우리는 과연 무엇을 가지고 해당 노동자의 과거 노출을 재구성할 수 있는가, 노출 이후 발병까지 어느 정도의 잠복기를 인정할 수 있는가, 발생률이 낮은 질환이 해당 집단에서 다소 높은 발생 위험을 보였으나 통계적 유의성이 나타나지 않는다면 이를 어떻게 판단할 것인가, 이런 복잡한 고민을 모두 해결할 때까지 몇 년 혹은 몇 십 년이 걸린다면 이 노동자들에게 산재 보상을 하는 것이 옳은가 하지 않는 것이 옳은가 등등, 첨단 전자 산업 직업병 판정을 둘러싼 질문들이 반복적으로 제기되고 검토되었다.

처음 몇 년 동안은 이러한 질문들에 대하여 재해 조사, 역학 조사, 산재 판정 등을 수행하는 공적 기관이나 전문가들 대부분이 산재를 인정하지 않는 방향으로 판단을 내려왔다. 사망한 노동자가 과거 작업 환경에서 어떤 유해 요인에 노출되었는지 유족들이 증거를 제출하지 못하면 아예 유해 요인에 노출되지 않은 것으로 간주하였다. 업무의 특성상 여러 유해물질에 노출되었을 가능성은 있으나 각 물질에 대한 노출 수준이 상당히 높다는 증거를 확인하지 못하면 노출이 충분하지 않은 것으로 간주하였다. 고농도의 노출이 확인되더라도 해당 노동자의 노출 기간이 알려진 평균보다 짧거나 발병까지의 잠복기가 길면, 직업과의 연관성은 없는 것으로 간주하였다. 해당 업종에서 이루어진 역학 조사를 통하여 그 질병의 위험도 상승이 확인되더라도 통계적 유의성을 얻을 만큼 충분한 확실성을 갖지 못하면, 이 또한 업무 관련성을 부인하는 근거로 이용되었다.

이런 일이 이어지면서 어떤 노동자들은 경제적 부담과 절망감 끝에 산재 보상을 포기했다. 하지만 다시 몇 년이 걸리는 행정소송을 통해서라도 산재 보상 자격을 확인받고자 했던 이들도 있었다. 이들의 노력을 통하여 기존의 접근 방식은 산업재해보상보험법의 법리에 맞지 않는다는 법원의 판결이 하나, 둘씩 나오기 시작했다. 아울러 '산재 보상 판정을 위해 반드시 의학적·과학적으로 명백하게 입증되어야 하는 것은 아니며, 일반인이 아니라 당해 노동자의 건강과 신체 조건을 기준으로 판단해야 한다'라는 원칙이 반복적으로 확인되었다. 더 나아가 '과거 작업 환경에 대한 노출 정보를 확보하기 어려운 경우에는 노출력과 노출 강도에 대한 입증의 수준을 낮추어 주어야' 하며 만일 노출을 구체적으로 특정하기 어려운 이유가 '사업주의 협조 거부 또는 관련 행정

청의 조사 거부나 지연 등'에 있다면, '이는 노동자에게 유리한 간접 사실로 고려할 수 있다'라는 대법원의 판결[16]도 이어졌다.

이런 판결들은 병에 걸린 노동자와 가족, 이들을 지원한 시민사회단체와 법률 전문가, 안전보건 전문가 등 수많은 사람이 노력한 성과였다. 각 소송 당사자인 노동자와 가족을 위해서만이 아니라, 그동안 산재 판정의 문턱이 부당하게 높아서 아픈 노동자가 치료받고 생활을 유지할 권리를 박탈당해온 한국 사회의 해묵은 문제를 개선하기 위한 고민과 투쟁의 결실이었다.

앞으로 남은 과제는 이런 판결을 법과 제도 속에 안정적으로 반영시키는 것이다. 그래야 재해를 당한 노동자들이 몇 년에 걸쳐 고생스럽게 소송을 하지 않고도 산재 인정을 받을 수 있고, 산재보험을 운영하는 근로복지공단과 사회 전체적으로도 개별 사건의 산재 판정을 다투는 데 많은 시간과 인력을 들이는 대신 재해 노동자의 보호와 예방에 더 공을 들일 수 있을 것이기 때문이다.

2) 산재보험 제도와 의료인

노동자가 질병에 대해 산재보험 보상을 받는 과정에서 의료인은 상당히 중요한 역할을 한다. 첫째, 의료인이 그 질병과 업무의 관련성을 처음으로 발견하거나 고려하는 예도 있다. 둘째, 산재 보상을 청구하려면 정확한 진단명과 진단 코드를 기입하여 의료인이 발급한 진단서가 필수적이다. 셋째, 산재로 인정된 질병이나 부상에 대해 치료비 등의

---

16. 대법원 2017. 8. 29. 선고 2015두3867

요양급여를 받으려면 해당 의료기관과 의료인의 확인 서류가 필요하며, 더 이상의 치료가 불필요하거나 불가능하다는 주치의의 소견이 있는 경우에는 요양급여가 중단된다. 넷째, 의료인은 재해를 입은 노동자가 다시 일을 할 수 있는지, 혹은 사업주가 이 노동자에게 어떤 노동조건을 제공해야 하는지 등에 대한 업무 적합성 소견을 통하여 해당 노동자의 직장 복귀와 재활 등에 영향을 미칠 수 있다. 다섯째, 의료인은 산업재해 여부를 판정하는 기구에 판정위원으로 위촉되거나 자문을 의뢰받아 자신의 견해를 제시하기도 한다. 여섯째, 산업재해 판정을 놓고 재해 노동자와 근로복지공단 사이의 행정소송이 진행될 때 법원이 의료인에게 전문가로서의 소견을 요구하기도 한다. 판정이나 소송 과정에 참가하는 의료인은 소수일지 모르나, 산재 보상 청구를 위한 진단서 발급 등 개별 노동자의 산재 신청과 보험 급여에 관한 일련의 상황들은 의료기관의 종류나 전문영역을 막론하고 모든 의료인이 마주칠 수 있는 일들이다.

사례 2에서 노동자를 진단, 치료한 의사는 산재 신청을 위한 진단서의 발급, 나중에 법원으로부터 산재를 인정받은 노동자가 요양급여를 받는 데 필요한 치료 확인서의 발급을 거부하였다. 이 의료인은 이 질병이 산업재해라는 근거가 부족하다고 판단하였기 때문에 해당 서류들의 발급을 거부한다고 했다. 전문가로서 각자가 탐색한 정보와 자료를 바탕으로 업무 관련성에 대하여 다른 의견을 가질 수 있다. 그러나 이 사례는 전문적인 의견의 차이가 아니라 산재보험 제도에 대한 기본적인 이해가 부족하여 발생한 상황이다.

우선 산재보험 제도에서 업무 관련성의 판정은 의학이나 자연과학에서 논하는 인과성 논리를 따르는 것이 아니라 산업재해보상보험법의 법리를 따른다는 점을 기억할 필요가 있다. 산재로 인정한다는 것은 그 노동자에게 어떤 특혜를 주는 것이 아니라 모든 노동자에게 보장된 사회보험의 권리를 인정한다는 뜻이다. 반대로 산재로 인정하지 않는다는 것은 해당 질병이나 부상이 사회보장제도의 혜택을 줄 수 없을 만큼 명백하게 업무와 무관하다고 판단한다. 한 사회 안에서도 인과관계를 판단하는 기준은 여러 법의 취지에 따라 다르다. 가령 형사법에서는 피의자가 범죄를 저질렀다는 명명백백한 물적 증거가 있을 때만 피의 사실을 인정함으로써, 다소 부족한 증거 때문에 억울하게 유죄로 판정받는 피의자가 없도록 하는 것이 상식이다. 어떤 재해에 대하여 사업주의 과실을 형사 처벌할 것인지를 따질 때도 상당히 높은 수준의 증거를 요구한다. 그러나 그 재해를 당한 노동자에게 산재보험 보상을 제공할 것인지를 판정할 때 요구되는 증거 수준은 이보다 훨씬 낮추어진다. 그렇지 않으면 사회 구성원의 기본적인 안녕을 도모하고자 하는 사회보장제도의 본래 취지를 달성할 수 없기 때문이다. 따라서 산재 판정은 의학과 과학에서 달성된 지식뿐 아니라 그 사회가 가지고 있는 산업재해보상보험법과 제도 안에 담긴 취지, 그리고 이를 실현하기 위하여 지속해서 조정해 가는 기준 등을 종합적으로 고려하여 이루어지는 법적, 사회적 판단이다. 이러한 사회제도와 법리에 대한 이해가 부족하면 어떤 질병에 대하여 최고의 권위를 갖는 전문가라고 해도 산재 판정에 대하여 자칫 자연과학이나 형사법에서 요구하는 증거 수준을 잣대로 삼는 오류를 범할 수 있다.

사례 2에서 확인되는 두 번째 문제는, 이 의사가 자기에게 던져진 질문을 제대로 이해하지 못했다는 점이다. 산재 신청을 위하여 주치의가 발급한 진단서를 제출해야 하는 일차적인 이유는 정확한 상병명이 필요하기 때문이다. 때로는 어떤 주치의들은 해당 질병의 업무 관련성이 있음을 강조하여 기록하기도 하지만 이것이 반드시 요구되는 것은 아니다. 업무 관련성에 대한 판정은 근로복지공단이 하는 일이기 때문이다. 암이나 다요인 질환 및 발병률이 낮은 희귀 질환 등 까다로운 사례의 경우, 근로복지공단은 해당 질병의 위험요인 및 원인에 관한 연구를 총체적으로 고찰하고 해당 노동자의 노동 환경상 유해 요인들을 꼼꼼하게 파악한 뒤 질병과의 연관성을 판단하는 전문적인 절차를 밟기도 한다.

사례 2의 주치의는 진단서 발급을 거부함으로써 이 모든 절차의 시작을 몇 개월간 지연시킨 셈이다. 심지어 법원의 판결로 해당 노동자의 산재 보상 자격이 확정되어 근로복지공단이 보험 급여 절차를 개시하였는데도 이 주치의는 보험 급여 지급에 필요한 치료 확인 서류의 발급을 거부하였다. 최소한의 생계조차 위협받고 있던 자신의 환자가 사회보장제도의 혜택을 받지 못하도록 방해하는 행위를 한 것이다. 명백히 피해를 끼치는 행위였음에도 해당 노동자는 자신의 주치의에게 법적인 책임은커녕 항의 한마디도 하지 못하고, 오히려 먼 곳의 다른 병원으로 조용히 떠났다. 자신의 질병을 치료해줄 의료기관과 의료인이 극소수에 불과하니 아무리 억울해도 그들의 기분을 상하게 하여 더 큰 피해를 당할 것이 두려웠기 때문이다.

어떤 국가들에서는 자신이 진료한 환자의 건강 문제가 업무로 인한 것이 의심될 때 의료인이 직접 산재 발생을 정부에 보고할 수 있는 제도를 두고 있다. 환자가 미처 업무 관련성을 생각하지 못하거나 이른 시일 안에 산재 신청을 하기 어려운 상황에 부닥쳤을 때, 의료인의 간략한 보고를 통하여 환자와 사회보장제도를 신속하게 연결해 주고자 하는 취지에서 마련된 제도이다. 또한 굳이 산재 보상을 청구할 필요가 없을 만큼 경미하여 비가시화되어 있는 다빈도 노동재해들을 가시화하는 데에도 의료인의 보고 제도는 긍정적인 역할을 할 수 있다. 한국은 아직 이런 의료인의 산재 발생 보고 체계가 도입되지 않은 상태이며 의료기관이나 의료인마다 산업재해에 대한 인식이나 산재보험 제도에 대한 이해 수준도 매우 판이하여, 어떤 의료인을 만나느냐에 따라 재해 노동자의 치료와 보상이 한층 신속하고 편해지기도 하고 지극히 고통스러워지기도 한다.

모든 사회 구성원이 그러하듯, 노동자에게는 질병과 부상에 따르는 경제적 고통으로부터 보호받을 권리가 있다. 이 권리를 실현할 수 있도록 제도를 완성해가려는 노력, 관련 의료인의 역할을 준비시키기 위하여 교육과정을 보완해 가려는 노력, 그리고 이런 것들이 갖추어지기 이전에라도 현실과 제도의 맥락 속에서 자신에게 요구되는 역할을 온전히 이해하고 수행하려는 의료인 자신의 노력 등이 우리 모두에게 요구된다.

질문

1. 의료 현장에서 만나는 환자들의 건강 문제가 노동재해인지를 파악해보려면 어떤 것들을 질문하거나 확인해 보아야 할까?

2. 업무 때문에 발생한 질병이 아니더라도 노동 환경 때문에 질병의 경과나 치료 과정에 심각한 지장을 초래하는 경우는 어떤 것이 있을까? 이런 상황이 의심될 때 의료인은 무엇을 해야 할까?

참고문헌

• 김경하, 『업무상 질병 판정 위한 업무체계 효율화 방안』 근로복지공단 근로복지정책연구센터 보고서, 2014
• 오재일, 『역학 조사 보고서와 업무상질병판정위원회 판정 내용에 근거한 직업성 암 인정 요건 비교』 서울대학교 보건대학원 환경보건학과 석사 학위 논문, 2013
• 인권의학연구소 엮음, 『의료, 인권을 만나다』 건강미디어협동조합, 2017
• 한국노동안전보건연구소 기획, 『굴뚝 속으로 들어간 의사들』 나름북스, 2017
• 한정애 의원실, 한국노동안전보건연구소 노동시간센터, 「근로복지공단 뇌심혈관 질환 심의 과정의 쟁점과 개선 과제」 토론회, 2016

빈곤층 건강권 쟁점

_정형준

◆ 주요 내용	• 건강과 소득의 관계를 이해하고, 건강 결정요인 중 중요한 여러 가지 요소들이 결합하여 있으며, 기본 사회 서비스의 문제라는 사실을 확인한다. 또한 빈곤층 건강 문제는 의료 제도와 복지 제도와 연결되어 있다는 사실을 확인한다.

◆ 목표	1. 빈곤과 빈곤층 2. 빈곤과 건강의 문제 3. 빈곤층 건강권 문제 4. 노력과 대안

◆ 글쓴이	정형준 재활의학과 전문의이며, 인도주의실천의사협의회 회원으로 활동 중이다. 건강보험심사평가원의 가입자 대표 전문위원으로 활동하고 있으며, 건강권실현을 위한 보건의료단체연합 정책위원장, 좋은공공병원만들기운동본부(준)에서 집행위원장을 맡고 있다. 지난 10년간 의료 영리화 저지 및 공공의료 강화 운동에 적극적으로 참여하고 있다. email: akai0721@hanmail.net

사례

> '송파 세 모녀 사건'은 2014년 2월 서울특별시 송파구 석촌동의 단독주택 반지하에 세 들어 살던 세 모녀 일가족이 자살로 생을 마감한 사건으로 집세와 공과금을 내지 못해 죄송하다는 유서가 공개되면서 큰 공분을 일으켰다. 이 사건은 높은 병원비 때문에 빈곤층으로 추락한 가족이 사회보장제도도 보호해주지 못했다는 점을 드러냈다.

우선 주 부양자였던 아버지는 사건 12년 전 방광암으로 세상을 떠났고, 가족의 생계를 책임지던 어머니도 사건 한 달 전부터 몸을 다쳐 일을 그만뒀다. 거기다 큰딸은 당뇨와 고혈압 등을 앓고 있었으나 의료비 부담으로 치료를 받지 못했다. 작은딸은 신용카드로 생활비와 병원비를 부담하면서 신용불량자가 되었다.

즉 가족 중 누군가 아프면서 보편적 건강보장이 이를 해결하지 못해 빈곤층으로 추락했고, 빈곤층이 된 이후에도 공공부조나 최소한의 소득 보장, 주거 보장이 되지 못했다. 특히 소득이 없었음에도 건강보험료가 월 5만 원 정도 부과된 것도 큰 반향을 일으켰다.

애초에 주요 선진국 수준의 건강보장 수준이 유지되고, 주요 국가 수준의 사회복지 체계가 작동했다면 발생하지 않았을 비극이다.

1. 빈곤과 빈곤층

빈곤이란 주관적인 개념이나 일반적으로는 가난한 상태를 뜻한다. 한국어 '가난'은 몹시 힘들고 어렵다는 뜻의 한자어 '간난(艱難)'에서 종성 'ㄴ'이 동음 축약되어 나온 단어다. 표준 국어사전에 따르면 가난은 '살림살이가 넉넉하지 못함. 또는 그런 상태'를 말한다. 빈곤과 가난은 이처럼 동의어이지만, 빈곤은 한자어의 특성상 좀 더 절대적인 가치를 드러내는 경우가 많다. 생물학적 재생산이 불가능한 수준으로 의식주조차 제공되지 않는 경우처럼 절대적 빈곤이 그렇다. 하지만 대체로는 살림살이의 넉넉함이란 측면에서는 상대적인 문제로 다루는 게 맞다. 주관적이고 상대적으로 빈곤을 바라본다는 뜻은 달리 말해 휴대폰, 냉장고가 일반화된 세계와 저개발 농업사회에서의 빈곤이 다르다는 뜻이다. 따라서 본고에서도 빈곤을 정의하는 방식은 상대적인 데 집중한다.

빈곤층은 빈곤 상태에 있는 계층으로 경제협력개발기구에서는 빈곤층을 '균등화 중위소득의 50% 이하에 해당하는 가구'로 규정한다. 하지만 최저한도의 생활을 유지하는데 필요한 수입 수준에 대한 정의는 사회별로 다르다. 그리고 최소한의 빈곤선 개념을 화폐 기준으로 바꾼 라운트리(Rowntree, B. S.)가 주창한 최초 모델은 '육체적 활동을 하는

데 필요한 최소한의 필수품을 사는데 필요한 소득수준'이다. 하지만 이런 기준도 결국 한 사회의 육체적 활동에 필요한 비용이 달라서 사회적이고 상대적일 수밖에 없다. 따라서 본고에서는 절대적 빈곤, 절대적 빈곤층, 최저빈곤선 문제가 아니라 경제 사회적 관계 속에서 낮은 소득으로 생활하게 되는 보편적 빈곤 문제를 다룬다.

빈곤 경계를 유럽통계청(EURO STAT)은 중위소득의 60%로 설정하고 있고, 프랑스 통계청(INSEE)은 50%, 경제협력개발기구 통계에서도 중위소득의 50%를 사용한다. 대체로 50% 수준을 사용한다고 보고, 가계금융복지조사를 살펴보면 한국은 2019년 가구 빈곤율이 실소득 기준으로는 19.8%, 시장소득 기준으로는 26.5%에 육박한다.[17] 또 다른 통계인 2021년 경제협력개발기구 통계에 따르면 G20 국가를 볼 때 한국은 미국 다음으로 빈곤율이 높고(한국 16.7%), 특히 65세 이상 빈곤율은 독보적 1위(한국 43.4%)다. 한국이 노인 빈곤율이 매우 높은 이유는 노동소득을 제외하면 노후소득이 주로 자산소득 및 가족 부양에 의존하기 때문인데, 이는 사회적으로 낮은 소득을 보충해 줄 재분배 체계 전반이 허약하다는 반증이기도 하다.

2. 빈곤과 건강의 관계

빈곤은 건강의 심각한 유해 요인이다. 예를 들어 최저빈곤선 개념을 재소환해 보면, 육체적 활동을 할 수 있는 최소한의 조건이라는 측면에

---

17. 한국보건사회연구원, 『2020년 빈곤통계 연보』

서 직접적으로 생물학적 위해를 가하는 빈곤이 있다. 상대적 빈곤도 마찬가지인데, 먹고 입고 주거할 수 있는 수준이라 할지라도 적절한 먹거리, 위생 유지, 제대로 된 주거 환경의 측면에서는 최소한의 기본권을 유지할 소득이 필요하다. 이런 최소한의 생활이 상대적으로 유지되지 못하는 상태를 '빈곤'으로 정의한 만큼 빈곤은 '건강할 권리'의 가장 큰 적 중의 하나다. 따라서 건강권을 주장하는 사람들은 기본적으로 빈곤을 어떻게 해결할 것인지, 빈곤을 만드는 사회구조에 대해서 고민하고 대안을 제시해야 한다.

하지만 빈곤을 해결할 동안에도 빈곤층의 건강 문제가 역시 남는다. 특히 빈곤층은 사회적으로 노동능력이 없는 약자들이 많다. 장애인, 어린이, 노인 등이 빈곤층의 상당수를 차지한다. 여기다 빈곤해서 건강하지 않게 되었는데, 이후에는 건강하지 않아서 노동할 수 없어 빈곤해지는 악순환도 반복될 수 있다는 점에서 건강 문제와 빈곤 문제는 선순환으로 가도록 체계가 갖춰지지 않는다면 악순환으로 빠질 수밖에 없다.

그래서 빈곤층에 대한 건강 대책은 건강하지 않은 상태와 빈곤이라는 악순환의 고리를 끊는다는 의미가 크다. 이에 개입하는 유의한 방법의 하나가 현대 국가에서는 소득 보장 제도이고, 하나는 바로 보편적 건강 지원 대책이다. 물론 여기서도 강조해야 할 점은 건강을 위해서도 빈곤 대책 자체(소득 보장 등)가 중요하다는 점이다. 건강 수준을 향상하는 방법으로 건강 대책에만 초점을 맞추는 것으로는 건강 수준을 향상시키기 어렵다는 것은 부인할 수 없는 사실이다. 따라서 빈곤층의 건강 수준을 향상시키기 위해서도 여러 분야를 망라한 통합적인 접근이 필요하다.

그러나 한정된 범위 안에서 건강 대책도 건강 문제로 인한 새로운 빈곤의 발생을 막고 빈곤의 악화를 방지하는 데에 이바지할 수 있으므로 관심을 가져야 한다. 근대국가들에서 사회보험제도의 도입으로 가장 중요하게 생각한 것이 질병으로 인해 빈곤층으로 추락하는 것을 막고 비용 걱정 없이 치료받게 하는 것이었다. 의료비 때문에 빈곤층으로 추락하는 것을 막는 것이 사회보험의 핵심 목적 중 하나다. 특히 지급 능력이 없는 빈곤층이 의료비 때문에 의료 서비스를 받지 못하는 걸 막기 위해 도입된 것은 공공부조이다.

한국에서도 건강보험 제도로 진료비의 상당 부분을 공적보험이 보장하고 있고 치료에 대해서도 가격을 결정해 운영하고 있다. 그리고 의료보호 제도로 빈곤층에 대한 공공부조를 유지하고 있다. 그러나 한국의 의료보호 제도는 전체 인구의 3% 수준 남짓이다. 이는 앞서 보여준 빈곤층(경제협력개발기구 기준 16.7%) 기준은 물론 경제 부처의 국책연구기관인 KDI 기준인 빈곤층 14%에도 훨씬 못 미치고 있다. 또한 이런 낮은 수준의 공공부조 대상도 2010년 이후 매년 줄어 2016년에는 전체 인구의 2.7% 수준으로 추락하기도 했다. 이런 낮은 공공부조 비중은 소득 기준만이 아니라 부양의무자 기준 때문이었는데, 2021년까지 교육, 주거, 소득 공공부조에서는 상당 부분 부양의무제가 폐지되었으나, 아직도 의료 공공부조에서는 남아있는 현실[18]은 즉각 시정이 필요한 문제다.

---

18. 「사설 - 의료급여 부양의무제 존치, 무색해진 '포용복지」 『한겨레신문』 2020.8.10

3. 빈곤층 건강권 문제

1) 건강 결정요인에 따른 문제

건강에 미치는 영향은 너무나도 광범하여 사실 사회, 환경, 역사 등 수많은 요인이 복합적으로 결합하는 것으로 알려져 있다. 특히 병리학적 요인뿐만 아니라 건강 행태 및 물리적·사회적 환경의 영향을 함께 고려해야 한다는 지적은 전 국민 건강보장을 통해 예방, 치료 등을 강화한 서구 선진국의 경험에서도 도출되고 있다. 그래서 건강 불평등을 다루는 최근 논문과 저서들에서는 다양한 요인들이 건강에 영향을 끼친다는 점을 강조하는데, 예를 들어 생물학적·행동적·사회적 요인과 건강의 상호작용[19]과 개인적·환경적·제도적 요인과 건강의 상호작용[20]의 중요성을 건강 영역 이외에서도 지적하고 있다.

특히 흡연, 과도한 음주, 운동 부족 등의 건강 위험 행위(lifestyle behavioral risk)는 만성 질병 유병률, 그로 인한 사망에 큰 영향을 미치는 것으로 알려져 있다. 그리고 이런 생활 습관은 대부분 군집 현상으로 나타난다. 대단히 개인적인 생활 습관의 문제로 보이지만, 실제로는 비슷한 군집에서 벌어진다는 특징이 있다. 대표적으로 청소년, 노동자, 노인 등 나이별 군집 현상이 있으며, 직업군, 거주지역별 군집 현상이 있다. 이런 건강 유해 행위 및 예방 행위의 정도는 각종 연구 결과에 따르면 나이, 스트레스, 소득과 밀접한 연관성이 있다고 한다.

19. Institute of Medicine, Health and behavior: The interplay of biological, behavioral, and societal influences, Washington, D. C.: National Academy Press, 2001
20. U. S. DHHS (Department of Health and Human Services), Healthy People 2010: Understanding and Improving Health, Washington, D. C.: U. S. Government Printing Office. 2000

이 중 나이는 생물학적 요소이며, 스트레스는 개인의 '대처 자원'
과 직업군, 휴식 시간, 노동강도와도 연관성이 높다. 반면 소득은 사회
적 요인 중에 가장 단순한 지표로 개인 생활 습관과 직접적 관련을 맺
는다. 다만 '낮은 소득'과 건강 위험 행위의 비례 관계는 선후 관계로는
명확하지 않은 측면이 크다. 즉 건강 위험 행위와 같은 생활 습관의 파
탄이 개인의 소득을 자연스럽게 줄이는 것인지, 소득이 줄어들면서 건
강 위험 행위에 빠지게 되는지의 문제를 말한다.

하지만 여러 생활 습관 관련 연구 결과를 보면 대략의 선후 관계가
드러난다. 흡연의 경우를 보면 교육 수준이 낮고, 소득이 낮을수록 높
은 흡연율이 나타난다. 특히 최초 흡연 시기가 흡연의 지속과 연관이
있는데, 이는 앞서 말한 군집 현상의 측면에서 볼 때, 흡연이 낮은 소득
을 중심으로 세습되는 측면을 보여준다. 결국 흡연에 더 잘 노출되는

21. Dahlgren & Whitehead, 1991

환경이 흡연율을 높인다는 점에서 낮은 소득과 흡연의 관계는 단순한 악순환의 관계라기보다는 낮은 소득이 불러오는 환경적 변화의 요인이 크다고 볼 수 있다.

이는 소득이 생활 습관에 대한 우선적인 결정요인 중 하나임을 드러낸다. 또한 흡연 외에도 수면 시간, 음주 습관, 운동 부족, 고열량 가공식품 섭취, 과도한 체중 증가 등의 생활 습관상의 위험 요소들도 소득이 낮을수록 노출도가 올라간다는 점에서 개인의 생활 습관의 선행지표로서 소득은 중요한 가치를 가진다.

또한 소득수준은 개인의 고용 상태와 사회경제적 지위 등을 표현하는 요소로 중요 사회적 계층 지표이며, 교육 수준, 직업 수준, 거주지역 수준을 결정하는 지표다. 따라서 현대 사회에서의 건강 결정요인 상황에서 개인 결정요인의 핵심 요소는 사실상 '소득'이라 할 수 있다. 상식적으로도 시장 자본주의하에서는 경제적 조건이 여타 건강 결정 구조에 가장 큰 요인이라는 점에서 빈곤과 건강 결정요인 상의 관계는 밀접하다고 다시 말할 수 있다. 이는 단순한 기대수명의 증가를 통해서도 쉽게 확인할 수 있다. 지난 150여 년간 가장 큰 건강상 진전은 대부분 경제 수준의 향상과 이를 통한 영양 상태 및 생활 수준 개선 때문으로 이를 통해 1840년대 50세 미만이었던 평균 기대수명이 2000년대 들어서는 거의 두 배로 증가한 것이다.

2) 기본 서비스 공급

코로나 팬데믹이라는 전대미문의 사건을 통해 사회와 건강 문제는 새로운 국면에 접어들었다. 이에 대해서 본고에서는 논외로 하겠으나,

이를 통해 바꿔야 하는 복지 체계에 대해서는 빈곤층의 건강 문제와 밀접한 관련이 있어 소개하지 않을 수 없다. 바로 보편적 기본 서비스(Universal basic service)[22] 논의다. 논의의 핵심은 기존 복지 체계 아래의 의료 서비스와 교육 등은 질을 높이고, 돌봄, 주거, 교통, 디지털 정보 접근과 같은 새로운 영역의 서비스까지 기본 제공을 확대해야 한다는 개념이다.

인간의 기본적인 필요는 사회적으로 변화해 왔다. 특히 산업혁명 이후의 생산력 증대 시기는 생산량을 늘리고 이를 기반으로 개인의 삶도 향상되었고, 이를 지속할 수 있다는 발전모델에 기반한다. 하지만 현재 지구의 자원은 유한하고, 환경 파괴로 인한 기후변화 그중에서도 인류 소멸에 직면한 탄소 저감의 시대적 과제 앞에서 이제 발전모델의 지속은 어렵다. 특히 1980년대 이후의 신자유주의 시장화 민영화 문제는 시민의 건강과 비판적 자율성을 심각하게 훼손하고 각자도생의 능력주의(meritocracy)를 부추겼다. 그 결과 빈부격차는 더 커지고, 사회적 안정성은 낮아지고 실제로 건강지표도 하락했다.[23]

이런 문제를 볼 때 보편적인 지속 가능한 서비스를 공공이 공급하고, 이를 기반으로 개개인의 비판적 자율성을 회복하는 것은 빈곤 문제 해결을 넘어 건강을 회복하는 일이다. 또한 과거의 빈곤 문제 해결을 위한 복지 모델이 주로 현금 중심의 소득 보장과 의료보장 외에는 주로 최소한의 주거, 교육 공급에 국한되었다는 점에서 아예 기본 서비스란 개념의 틀에서 돌봄, 주거, 이동, 디지털 정보 접근을 제공한다는 것

22. The case for universal basic service (『기본소득을 넘어 보편적 기본 서비스로』, 안나 쿠트, 앤드루 퍼시 지음, 클라우드나인, 2021)
23. The Spirit Level: Why Equality Is Better for Everyone(『평등이 답이다』, 리처드 윌킨슨, 출판 이후, 2012)

은 앞서 살펴본 건강 결정 모델의 상당 부분을 해결할 수 있다.

이를 위해서 우선 크게 보았을 때, 주거 문제는 더 많은 공공주택을 도입해 안정적 주거가 없으면 건강할 수 없다는 문제를 해결해야 한다. 공공주택은 빈곤층에게 주거를 보장하는 가장 좋은 방법의 하나다. 한국의 공공주택 비율은 8%로 네덜란드 40%, 영국 22%, 스웨덴과 독일 20%[24] 등보다 크게 낮다. 양질의 장기 공공 임대주택을 늘려 공공주택 비율을 주요 선진국 수준으로 높이고, 임대료는 무상으로 해 기본적 주거권을 보장하는 것은 빈곤층 건강보장의 기본이 된다.

또한 공공 대중교통 확대는 건강증진 효과가 있다. 공기의 질을 높이고, 신체 활동 수준을 높이고, 교통사고 부상 위험을 낮추고, 사회적 고립을 완화해 정신 건강을 향상시킨다. 특히 기후 위기 시대 자동차를 줄이고 친환경 대중교통으로 전환하는 것은 대기오염 물질뿐 아니라 온실가스를 줄이기 위한 필수적 과제이다. 빈곤층이 주로 이용할 수밖에 없는 대중교통의 질적 양적 확대는 건강에 심대한 변화를 가져올 것이다.

끝으로 디지털 정보 접근도 중요한 건강 결정요인이 되고 있다. 전통적 결정요인인 고용, 주거, 사회복지, 건강증진에 접근하기 위한 정보가 갈수록 더, 그리고 때로 온라인에서만 다루어지고 있기 때문이다. 따라서 정보 취약자(저소득층, 장애인, 고령층, 이주민 등)를 위한 정보 접근권을 확대해야 한다. 코로나 대유행은 일상의 정보 소외를 더 극명하게 드러내고 있다. 코로나 관련 정보는 정부와 지자체가 스마트폰이나 인터넷으로 유통하고 있는데, 고령층, 농어민, 장애인, 저소득층 등 취약

---

24. 천연숙 외 3명, 해외 공공 지원주택 변화 추이와 시사점 『국토정책 Brief』 No.565, 2016

계층은 디지털 정보화 수준이 일반 시민 대비 약 70%에 불과해 재난 문자, 재난지원금, 백신 접종 같은 필수 정보도 제대로 얻지 못하고 있다. 빈곤층에 대한 디지털 기기 보급, 정보 이용능력 교육이 필요하다. 이를 통해서 제대로 된 건강권도 확보될 수 있다.

이처럼 새로운 기본 서비스를 제공하는 것은 단순히 새로운 복지 체계를 구축하는 문제뿐 아니라 빈곤층에게는 제대로 된 건강권을 보장하는 길일 수 있다. 코로나 팬데믹 시대의 대전환 과제는 기존의 복지 과제를 뛰어넘는 빈곤층에 대한 건강권 대책이어야 하며, 기후 위기를 대비할 수 있는 가치와 정책이어야 한다.

3) 보건의료 서비스 접근권

앞서 간단히 살펴본 건강보험, 건강권 문제에서 중요한 과제는 제도적 뒷받침과 가치문제 외에도 구체적으로 작동되는 의료 서비스 공급 체계다. 빈곤층의 의료 서비스는 그 성격상 수익성이 거의 없으므로 민간 공급이 발생하지 않는다. 그래서 공공병원, 공공클리닉(공공의원)의 몫일 수밖에 없다. 거꾸로 코로나 팬데믹 시기에도 주요 공공병원이 코로나 진료에 전념하면서 저소득 취약 계층 진료는 궁지에 몰렸다는 점은 중요한 시사점이다.

보건의료 서비스 접근권 측면에서 빈곤층에게 공공의료 공급, 공공의료 전달 체계가 절대적이다. 거기다 의료 서비스와 연계되어 지역사회에서 가동되는 돌봄 서비스, 이동 서비스 등도 필요하다. 빈곤층 대부분이 자신을 물질적으로 돌봐줄 주변이 없는 경우가 많기 때문이다. 과거 산업화 이전 빈곤층들끼리 돌봐주던 체계도 도시화와 핵가족화로 이젠 거의 작동되지 않는다. 올바른 보건의료 서비스 제공을 위한 접근권에는 돌봄 서비스가 공공적으로 충분히 공급된다는 전제가 필요하다. 아파도 병원에 데리고 갈 사람이 없다면 어떤 치료 서비스 제공이 가능하겠는가?

보편적인 보건의료 체계와 서비스 공급 문제에 덧붙여 빈곤층에게 양질의 돌봄 서비스는 절대적이다. 이 돌봄 서비스가 사실상 건강의 문제이고 기본적 관계 복원과 사회화의 문제이기도 하다. 이를 위해서 공공 사회서비스로 지역사회 데이케어 센터(주간보호센터), 공공요양원, 공공재가 서비스가 필요하다. 수익 중심일 수밖에 없는 민간 돌봄 서비스가 빈곤층에 제대로 충분한 서비스를 제공하기는 힘들 것이다.

끝으로 병원에 입원해도 간병할 사람이 없어 빈곤층은 충분한 치료 서비스도 받기 어렵다. 간병 지옥이라는 병원 내 사적 간병 체계를 해결하는 것은 소득이 낮아 간병 인력을 고용할 수 없는 빈곤층에게는 사활적인 문제다. 간병 문제 해결은 빈곤층에서의 보건의료 서비스 접근의 기본 전제다. 돌봄 서비스가 입원 시 간병에서 지역사회 내 재가 돌봄까지 촘촘하게 연결되어 있어야 건강 상태를 회복, 유지할 수 있다.

4. 빈곤층 건강권 해결을 위한 노력과 대안

1) 재난적 의료비 문제 해결

한국에서 아픈 사람이 재난적 의료비 때문에 빈곤층으로 추락하는 상황은 매우 우려스럽다. 한국의 재난적 의료비 수준은 경제협력개발기구 국가 중 최고다. 우선 평균 보장성의 혜택이 주로 빈곤층이 아니라 부자들에게 집중되는 현상이 관찰된다. 이는 건강보험 재정과 이용 형태 그리고 높은 본인 부담금 문제에서 비롯한다. 우선 한국의 건강보험은 수입 대부분을 소득에 정률로 부과하는 보험료로 채운다. 대부분 선진국이 기업소득, 자산소득에도 부과하기 위해 국가 일반회계 비중을 높인 데 비해 한국은 건강보험에 대한 국고 비중도 법정 기준까지 어겨가면서 지키지 않는다. 이 때문에 건강보험 재정의 수익자 부담 구조가 강화되어 실제로 재분배 효과는 떨어졌다.

또한 급여 진료와 비급여 진료가 섞여서 운영되어 대체로 비급여 진료까지 부담 가능한 계층의 의료 이용이 더 많다. 즉 저소득층의 의료 이용은 건강보험이 적용 안 되는 분야에서 제한되고 있다. 그리고 진료비 상한제 등이 총의료비 대상이 아니고, 비급여를 포함하지 않아 '건강보험 상한제'도 유명무실한 것이 큰 영향이다.

하지만 이상의 문제들을 논외로 하더라도, 현금 급여가 없어서 소득에 대한 건강보험의 보호 능력이 전혀 없는 것이야말로 재난적 의료비를 만드는 과정이 된다. 가계의 주 소득자가 중병에 걸리면, 직장 가입자의 경우 한두 달 정도의 유급병가를 통해 소득의 상당수가 보전되지만,[25] 그 이후는 소득이 전혀 없는 상태가 된다. 또한 자영업자의 경우는 아픈 순간부터 재산 정리에 들어가지 않으면 안 된다. 경제협력개발기구 통계를 보면 한국은 건강보험 보장 영역이 더 좁은 멕시코보다도 의료비로 인한 빈곤층 추락 가능성이 크다.

질병으로 인한 소득 감소에 대한 보장은 사실 경제협력개발기구 국

25. 한국보건사회연구원, 『한국형 상병수당 도입을 위한 시범사업 운영 방안 연구』, 2021

가 중 미국, 한국, 스위스, 이스라엘 정도를 제외하면 모두 실시하고 있다. 이를 다른 나라들에서는 질병 수당(Sickness Benefit), 상병수당(Invalidity Allowance) 등으로 부른다. 따라서 빈곤층으로 떨어지는 과정을 막기 위해서 한국에서도 상병수당의 도입이 조속히 이루어질 필요가 있다. 정부는 2020년 코로나로 아프면 쉴 수 있는 사회를 이야기하면서 상병수당 도입을 논의한다고 했으나, 2022년이 되어서야 시범사업이 일부 지역에서 시행 중이다.

2) 의료 긴축 정책 해소

앞서 보았듯이 한국에서는 고작 3% 수준의 낮은 의료급여(공공부조) 비율과 재난적 의료비의 존재로 질병으로 인해 빈곤층으로 추락할 가능성이 커진다. 노동능력이 있고, 소득이 있을 때는 국민건강보험(거기다 민간의료보험까지 도입되어 비급여까지 보장 비율이 높음)과 높은 의료 접근성으로 건강 문제에 대한 혜택을 누리지만, 막상 질병에 걸려 노동능력이 상실되는 순간 사회적 악순환의 고리를 끊기는 쉽지 않은 것이다. 한번 이렇게 빈곤층이 되면 발생한 장애와 치료비로 다시는 중산층으로 돌아갈 수 없다. 사회보험인 건강보험을 개편해서 기필코 해결해야 할 과제이다.

그런데 이런 상황에서 수년간 건강보험 흑자를 저축하는 한편 의료 긴축이 강화되었다. 흑자 국면에도 정부는 2015년 2월 장기 입원 환자의 본인 부담률을 늘렸다. 과거 장기 입원 환자 통제책은 현재도 시행되고 있는 입원료 차등 인하책이었다. 이는 병원의 수입을 통제하는 방식의 공급자 규제를 이용해, 적정 입원 일수를 강제하는 메커니즘으로 작용했다. 그런데 본인 부담률을 높이는 방식은 수익자(환자)에게 경제적 부담을 늘림으로써 재정 절감을 하려는 시도로 공급자 드라이브 정책에서 수요자 드라이브 정책으로 전환을 의미한다. 즉 의료 공급자보다는 수요자의 도덕적 해이에 초점을 맞춘 경우다. 이렇게 되면 저소득층의 도덕적 해이가 초점이 되면서 사실상 빈곤층 의료 이용은 더 힘들어진다.

특히 본인 부담금 증가로 인한 긴축 효과는 전적으로 가난한 사람들의 의료 이용 자제에서 발생한다. 부자들이 하루 입원비의 일부 부담이 올라간다고 굳이 조기 퇴원을 할 필요는 없기 때문이다. 따라서 입원 진료에서 환자 부담 증가는 의료의 부익부 빈익빈을 확대하는 기전이 된다. 그리고 종국적으로는 각자 민간보험에 필연적으로 가입하는 문제와 연결될 수 있는 문제다. 그런데 빈곤층은 민간보험에 가입하기 어렵다. 민간보험은 미리 납부하고 사안이 있을 때만 혜택을 본다는 점에서 근본적으로 부자들과 중산층을 위한 보장 정책이다. 이후 보건복지부는 국가재정전략회의에서 입원 치료가 필요 없는 환자가 요양병원에 장기 입원 중일 때 건강보험이 해당 병원에 지급하는 입원비 수가를 축소하겠다고 보고했다. 요양병원의 주된 입원 환자들이 빈곤층이고 노동능력이 없는 노인들임을 고려하면 입원료 긴축도 빈곤층을 주된 표적으로 함을 보여준다.

거기다 직접적인 빈곤층을 주된 공격 대상으로 삼는 의료급여 환자에게 일종의 '경고장'을 날리는 정책도 도입되었다. '의료급여 진료 비용 알림 서비스'를 시행한다는 안이 그것이다. 이는 복지를 일종의 시혜로 폄훼하여, 복지 수급을 부끄럽게 만들려는 술책이었다. 그 과정에서 최종적으로 드러난 방안은 2015년 4월 1일 발표된 '복지재정 효율화 추진 방안'[26]이다. 이를 통해 박근혜 정부는 당시 기초생활 수급권자 등을 쥐어짜 약 2조 원을 절약할 수 있다고 발표했다. 이 안에는 '장기 입원 기간 외래 진료 본인 부담금(건강생활 유지비, 연 7만2천 원) 지원을 제외'하는 것이 포함되어 있었다.

즉 복지재정 긴축의 주된 피해는 대부분 빈곤층을 향했다. 현재 2.7% 수준인 의료급여 1, 2종은 2008년 이후 비율은 물론 총인원도 계속 감소했다. 의료급여 환자를 주된 표적으로 하는 일련의 긴축 정책은 사실 저항하기 힘든 사회적 약자들을 희생양 삼는다. 물론 수익자 부담 원칙의 확산이 가장 큰 목표이다. 또한 복지 혜택을 받는 쪽의 도덕적 해이를 강조함으로써 복지 축소의 명분을 쌓으려는 포석인데, 앞서 보았듯이 한번 빈곤층이 되면 못 벗어나는 개미지옥을 만드는 것은 결국 빈곤층의 건강 문제는 배제하겠다는 것이나 다름없다.

3) 대안과 노력

빈곤층 건강 문제에 대한 핵심 대안은 빈곤 해결이지만, 건강 문제 해결의 실마리는 빈곤층의 건강 이용에 대한 공격을 중단하고, 건강 혜택 긴축을 막는 것부터 시작되어야 한다. 축소되고 있는 빈곤층에 대한 의료지원 제도인 공공부조 대상도 최소 해외 경우처럼 상대적 빈곤선까지 올려야 한다. 그렇게 하려면 우선 부양의무제처럼 가족들에게 빈곤층을 맡기는 정책이 의료부조에서 철회되어야 가능하다.

그리고 의료비로 인한 빈곤층 추락을 막기 위해 '유급병가', '상병수

---

26. 관계부처 합동, 「복지재정 효율화 추진 방안」, 2015.4.1

당' 등을 도입해 질병으로 인한 소득 손실을 보장해 주어야 한다. 건강보험의 급여 진료만으로도 충분한 치료가 가능하도록 건강보험 보장률을 경제협력개발기구 평균 수준인 80%까지 올려야 한다. 보장성 상향을 위해서는 건강보험 재정을 이제는 노동자, 서민이 아니라 기업과 불로소득에서 거둬 국가가 직접 국고 지원을 확대해 해결해야 한다. 즉 건강보험 제도 전반을 정의롭고 실제로 건강보험만으로 보장되는 수준으로 상향해야 한다.

　물론 이런 건강보장 영역의 문제, 공공부조의 문제 외에도 지역사회 환경 개선, 빈곤의 대물림을 막기 위한 교육, 주거, 이동권 등 전반의 기본 서비스 도입도 건강권 확보의 전제다. 보편적 기본 서비스 도입을 통해 빈곤 문제의 원인을 해결하는 것은 몇 번을 강조해도 지나치지 않다.

해야 할 일

　① 기본소득 보장: 중위소득 50% 선까지는 기초생활 보장을 현금 급여로 해야 함.

　② 보편적 건강보장: 연간 총의료비 상한선이 있어야 함. 독일식으로 연간 소득의 2% 이상 의료비로 내지 않는 총의료비 상한선이 필요함.

　③ 상병수당: 아파서 일하지 못하게 되면 기존 소득의 60-80%를 보상하는 상병수당 제도가 제대로 도입되어야 함.

　④ 기본 사회 서비스: 빈곤의 악순환을 막기 위해서 정보 접근성, 주거, 이동권, 교육 등의 사회 서비스가 공적으로 평등하게 공급되어야 함.

하지 말아야 할 일

① 혼합 진료: 급여 진료와 선택 영역인 비급여 진료를 섞어서 진료하는 행위를 금지해야 함. 한국과 비슷한 의료 제도를 가진 일본에서는 혼합 진료가 금지되고 있음.

② 피부양자 의무 제도: 자녀나 부모가 법적 혈연관계에 있다는 것만으로 부양하고 있지 않음에도 피부양자 의무자로 등록되어 공공부조의 대상이 되지 못하는 건 심각한 문제임. 과거 대가족 시대의 유산인 피부양자 의무 제도는 폐기되어야 함.

질문

1. 빈곤이란 무엇이며, 빈곤층을 대체로 어떻게 정의할 수 있는가?

2. 건강의 사회적 결정요인은 무엇이고, 빈곤은 건강의 사회적 결정요인에 어떤 영향을 주는가?

3. 기본 사회 서비스는 빈곤 문제와 어떤 연관 관계가 있는가?

4. 보편적 건강보장은 빈곤 문제와 어떤 관련이 있는가?

4장.

의료인의

인권

의료계
권위주의와 인권[1]

_최규진

◆ 주요 내용

• 한국 의료계 권위주의의 역사적·사회적 기원을 고찰하고, 현재 그 권위주의로 인한 폐해가 얼마나 심각한 상황인지 알아본다. 특히 서열의 말단에 놓여 권위주의로 인한 피해가 가장 크고 그 권위주의가 재생산되는 공간이기도 한 의과대학의 상황에 대해 자세히 알아본다. 나아가 권위주의를 타파하는 방안에 대해서도 모색해 보고자 한다.

◆ 목표

1. 권위와 권위주의를 구분하여 설명한다.
2. 한국 의료계 권위주의의 역사적·사회적 기원을 설명한다.
3. 의료계 권위주의로 인한 폐해를 설명한다.
4. 의료계 권위주의로 인한 의대생 인권침해 실태를 설명한다.
5. 의료계 권위주의 타파를 위한 실천 방안을 제시한다.

◆ 글쓴이

최규진 인하대학교 의과대학 부교수, 인문의학 전공. 1999년 의과대학에 입학했다. 2000년 의약 분업 사태를 겪으며 의료계와 국민 사이 인식의 괴리에 충격을 받았다. 2005년 의과대학을 졸업한 후 강화도 섬에서 3년간 공중보건의사로 근무하며 지역의료를 접했다. 이후 환자-의사-사회관계에 대한 고민이 깊어져 병원 수련을 포기하고 대학원에서 인문의학을 공부했다. 여러 보건의료 단체에서 활동하였으며, 현재는 모교에서 의사학과 의료윤리를 강의하고 있다.
email: medhum@inha.ac.kr

1. 본 원고는 필자가 단독으로 썼거나 공저했던 「의료계의 권위주의 문제」(『의료, 인권을 만나다』, 2017), 「심층 인터뷰를 통한 의대생 인권침해 실태 연구」(『법과 인권교육 연구』, 2020), 『의과대학 학생들의 인권 상황 실태조사』(2018)를 바탕으로 작성한 것임을 밝힙니다.

1. 권위주의란 무엇인가?

한국에서 가장 권위주의가 심한 집단을 꼽으라고 하면 흔히들 군대를 꼽을 것이다. 그러나 의료계에 종사하는 사람이라면 의대나 병원을 먼저 떠올릴지 모른다. 실제 의대나 병원에서 군대 못지않은 권위주의의 모습을 쉽게 찾아볼 수 있다. 아직도 어느 의대 어느 병원에서 선배가 후배를 때렸다는 얘기가 심심치 않게 들려오기도 한다.[2]

그렇다면 한국 의료계에 짙게 배어 있는 이 권위주의란 무엇일까?

에리히 프롬에 따르면 권위란 단순히 재산이나 능력의 소유를 뜻하지 않는다. 그것은 '어떤 사람이 다른 사람을 자기보다 우월한 존재로 우러러보는 인간관계'를 말한다. 그리고 그 권위는 '합리적 권위(혹은 이성적 권위)'와 '억제적 권위(혹은 비이성적 권위)'로 나눌 수 있다. 프롬이 말한 합리적 권위는 긍정적 의미의 '권위'라 할 수 있다. 그리고 억압적 권위가 바로 우리가 흔히 부정적으로 얘기하는 '권위주의'에 해당한다.[3]

프롬의 얘기를 좀 더 들어보면, 권위는 바람직한 교사와 제자의 관

---

2. 「전공의 비장파열, 구조적 폭력이 부른 비극」, 『MEDICAL OBSERVER』, 2015년 5월 14일 자
3. 에리히 프롬, 『자유로부터의 도피』 김석희 옮김, Humanist, 2012, p.173

계처럼 권위에 복종하는 사람을 '돕기 위한 조건'이다. 이에 반해 권위주의는 주인과 노예의 관계처럼 '착취를 위한 조건'이다. 그 동태도 판이하다. 권위의 관계는 이상적인 제자와 교수의 관계처럼 시간이 지남에 따라 제자가 교수의 권위에 가까워지며 '스스로 해소되어가는 경향'이 있다. 그러나 권위주의적 관계에서는 그 관계가 지속하면 지속할수록 둘 사이의 격차는 커지고 굳어진다.[4]

관계에서 일어나는 심리·정서 역시 다르다. 권위의 관계는 '사랑, 칭찬 또는 고마움 등의 요소'가 작동하며 의식적으로나 무의식으로 자기 자신을 대상과 동일시하고 싶어 한다. 반면, 권위주의적 관계에서는 대상에 대한 '복종은 자기 자신의 이익에 반하는 것'이기 때문에, 대상에 대한 원한이나 적개심이 일게 된다.[5]

권위주의적 관계는 그 관계에 얽힌 인간의 내면까지도 변화시킨다. 프롬은 이를 '권위주의적 성격'이라 불렀다. 권위주의적 성격은 흔히 우리가 생각하듯이 억압하는 자들의 강압성만을 의미하지 않는다. 권위주의적 성격이란 동전의 양면처럼 사도마조히스틱(sadomasochistic)한 특성이 있다. 즉 자신보다 강한 자에는 절대복종하는 피학성을 보이고, 자신보다 약한 자에게는 가혹한 가학성을 보인다.[6] 의대나 병원에서 후배나 아래 연차 레지던트에게 악마처럼 굴면서도 선배나 교수에게 천사처럼 깍듯한 이들을 흔하게 볼 수 있는 이유가 여기에 있다.[7]

---

4. 에리히 프롬, 앞의 글, p.174
5. 덧붙여 프롬은 현실에서 두 유형의 권위가 한데 섞이지만 두 권위는 본질에서 다르며, 때문에 "권위의 구체적인 상황을 분석하여 각 권위의 구체적인 무게를 결정해야 한다"고 강조했다. (에리히 프롬, 앞의 글, p.175)
6. 에리히 프롬, 앞의 글, p.173
7. 캐나다의 심리학자 알트마이어(B. Altemeyer)는 이를 더욱 발전시켜, '보수적 권위주의'(Right-wing authoritarianism)라는 별도의 용어를 붙이고, 권위주의 성격의 특징을 다음과 같이 정리했다. 보수적 권위주의는 첫째, 기존 권위에 대하여 복종하는 성향이 아주 강하고, 둘째, 기존 권위나 규칙을 따르지 않는

아직도 많은 의대에서 반바지나 머리 염색 같은 아주 사소한 것조차도 튀는 행동으로 지적되며, 호칭 문제나 인사 예절 때문에 전체 과 회의가 열리고, 선배들의 집단 훈육 시간으로 이어지는 모습을 흔히 볼 수 있다. 그리고 이런 복종을 강요받은 후배들은 어느새 선배가 되어 똑같이 후배들의 '거슬리는 행동'에 분개하며 권위주의는 대물림된다.[8]

그런데 권위와 권위주의를 구분하는 것만큼이나 중요한 것은 권위주의라는 것이 단순히 개인 관계에서 나타나는 심리적 반응이 아니라, 역사적이고 사회적인 토대를 가지고 있다는 점이다.[9]

2. 한국 의료계 권위주의의 역사적·사회적 토대

그렇다면 한국 의료계의 권위주의가 이토록 짙어진 역사적·사회적 토대는 무엇일까?

가장 먼저 일반적으로 언급되는 것은 유교의 영향이다. 정당성 없는 권위에 자발적으로 복종하는 문화를 만들어낼 수 있는 것이 권위주의의 특징이라면, 유교적 전통은 권위주의를 조성하는 데 더없이 좋은 재료임은 분명하다.[10] 그러나 유교적 전통이 의료계의 권위주의 문화가 강화되는데 이바지할 수는 있어도, 특별히 의료계가 다른 계열보다 권

사람들이나 소수 그룹에 대하여 적대적이며, 셋째, 새롭거나 독립적인 생각들을 배척하는 특징을 가지고 있다(Altemeyer B. 『Right-Wing Authoritarianism. Winnipeg』 University of Manitoba Press, 1981 참조).
8. 이현석 외, 『의사가 말하는 의사』 부키, 2017, p.16
9. 에리히 프롬이 권위주의에 집중한 것도 독일 사회가 어떻게 파시즘에 물들어 갔는지 역사적·사회적으로 규명하기 위한 작업의 일환이었다.
10. 이혜경, 「양명학과 근대일본의 권위주의-이노우에 데츠지로와 다카세 다케지로를 중심으로-」 『철학사상』 30, 2008 참조

위주의가 강한 이유를 설명할 수는 없다.

그보다 설득력 있는 이유는 한국 근대식 의학교육의 정착 과정에서 찾아볼 수 있다. 한국 근대 의학교육은 사실상 일제 강점기에 이루어진다. 19세기 말 관립 의학교 등 자주적인 근대 의학교육 시도가 있었으나, 본 궤도에 이르기 전 일제에 병합되고 만다. 기간으로 보나 양성된 의사 수로 보나 한국 의료계의 틀은 일제에 의해 형성되었다고 할 수 있다. 이는 한국 의료계에 굳어진 문화를 파악하기 위해선 결국 일제가 한국 땅에 이식한 의학이 어떤 것이었는지 살펴봐야 함을 의미한다. 그러나 10년도 못가 일제의 개입이 이루어지면서 주체적인 근대 의료 도입의 흐름은 꺾이고 만다.[11]

잘 알려져 있듯이 일본의 의학은 독일의 것을 받아들인 것이다. 식민 지배를 받는 상황이 아닌데도 불구하고 타국의 제도를 전면적으로 채용한 독특한 사례로 꼽힐 만큼 일본은 독일 의학을 적극적으로 수용했다. 더 정확히 말하면 일본은 정책적으로 독일의 군진의학을 받아들였다. 이는 일본 의학이 짊어지게 될 봉건성도 함께 가져다주었다.[12]

일본이 수용한 독일 군진의학은 식민지 조선에 더욱 권위주의적인 형태로 이식된다. 일제가 의학 전문학교를 세우면서부터는 일본인 학생과 한 교실에서 함께 공부해야 했기에 더 심한 차별을 겪었다. 3.1운동에 참여한 학생 중 의학도가 가장 많았던 것은 결코 우연이 아니었다.[13] 문화 통치 시기에도 일본인 교수들의 차별적인 언행과 일본인 학

---

11. 물론 세브란스 의학교 등 선교부가 주도한 의학 교육 기관도 있었으나 당시 선교부 역시 서구사회에 팽배했던 사회진화론적인 시각에서 크게 벗어나 있지 않았기 때문에 권위주의적 성격이 적지 않았을 것이다.
12. 安田健次郎,「西洋医学の伝来とドイツ医学の選択」『慶應医学』, 2007, pp. 79-80
13. 식민지 조선에서의 의학교육 설계는 일본의 육군 대장이자 초대 조선 총독인 테라우치의 신복, 후지타 쓰구아키라에게 맡겨졌다. 군의관이었던 후지타에 의해 주도된 의학교육은 철저히 군대식이었고, 권위주

생들의 폭력은 끊이지 않았고,[14] 30년대부터 일제의 군국주의가 본격화되며 의학교육의 권위주의적 성격도 심해졌다.[15]

당시 의학교육에서 나타난 이러한 모습은 몇몇 일본인 교수나 일본인 학생의 잘잘못의 문제는 아니었다. 이는 심리학자 짐바르도가 말한, 썩은 사과 상자 안에서는 아무리 깨끗한 사과라도 썩을 수밖에 없는, 그런 구조적인 문제였다. 일본강점기 때 행해진 권위주의적 의학교육 체계 아래에서 아무리 깨끗한 '사과'라 해도 피학적이고 가학적인 권위주의적 성격에 물들 수밖에 없었고 이것은 조선인 학생들에게도 해당하는 것이었다.[16] 그런 이유로 해방 이후 조선인 의사들이 의학교육을 맡았어도 그들에게 체화된 일제의 권위주의는 그대로 이어질 수밖에 없었다.

물론 해방 이후 한국 의학교육은 일제에서 벗어나면서 많은 변화를 겪었다. 특히 미 군정을 거치고 많은 의사가 미국 연수를 다녀오면서 전문의 제도와 같은 미국식 제도들이 자리를 잡았다. 그러나 이는 어디까지나 교육내용이나 일부 제도적인 측면이었지 권위주의 문화와 성

의를 넘어 차별적이기까지했다. 후지타는 한국의 의학교육을 개편하며, 한글로 된 교재는 일체 소각하고, 일본어로 교육하도록 바꾸었다. 또한 조선인 교수 전원을 퇴임시키고 대신 일본 군의관들을 앉혔다. 그리고 수신과목을 신설하여 자신이 직접 정신교육을 담당했다. 심지어 조선인 학생들의 수준에 맞지 않는다며 각모까지 환모로 바꾸게 할 만큼 억압적인 모습을 띠었다. 일제 의학교육의 권위주의적 성격과 이에 대한 조선인 의학도들의 저항에 대해선 졸고 「후지타 쓰구아키라의 생애를 통해 본 식민지 조선의 의학/의료/위생」(『의사학』, 2016), 「일제 강점기 조선인 의학도들의 삶과 활동」(『의학도, 3.1운동의 선두에 서다』, 2019), 「한위건의 초기 생애와 3·1 독립운동 참여 과정 톺아보기」(『일본문화연구』, 2020) 참조.

14. 대표적으로 해부학 실습용 해골 분실을 조선인 학생의 소행이라 단정을 지으며 민족 차별적인 발언을 한 '쿠보 교수 망언 사건'을 들 수 있다. (서홍관, 신좌섭, 「일본 인종론과 조선인」, 『의사학』제8권 1호, 1999, p.77 참조)

15. 일제의 총동원 시기 경성의학전문학교를 나온 이용각은 당시를 "몇몇 분별력 있는 동문을 제외하고는 모두가 일본 군국주의의 집단정신병에 걸려 있었던 것 같았다"라고 회상했다(이용각, 『갑자생 의사』, 아카데미아, 1997 참조).

16. 권위주의적 구조에 놓인 인간이 너무도 쉽게 폭력적으로 변해가는 현상을 짐바르도는 스탠포드 죄수 실험을 통해 논증했다(필립 짐바르도, 『루시퍼 이펙트』 이충호·임지원 옮김, 웅진지식하우스, 2007 참조).

격까지 바꿀 정도의 구조적인 변화는 아니었다.[17] 그렇다고 현재까지 유지되어온 의료계의 권위주의적 성격이 전부 일제 때문이라고 탓할 수는 없다. 해방 이후 등장한 독재 정권과 군사정권 하에서 유지-강화된 한국 사회의 권위주의 문화 역시 의료계 권위주의를 유지·강화하는 데 영향을 주었을 것이다.[18]

사회가 그 안에 속한 집단들의 권위주의를 용인하고 조장하는 것도 문제지만, 의료계 스스로 권위주의를 타파할 만한 계기를 만들어내지 못한 것도 중요한 이유라고 할 수 있다. 사회가 민주화의 몸살을 앓는 동안 일부 의대생들과 의사들의 의식 전환이 있었을 뿐, 의료계 전체가 영향을 받을 만큼 노출된 적은 없었다. 권위주의가 문제시되더라도 어디까지나 내부적으로 무마되었을 뿐, '하얀 거탑'을 넘어 공론화된 적은 거의 없었다.[19]

또한 해방 이후 의료가 민간 영역에 의존하며 상업화의 흐름에 휩쓸린 것 역시 의료계의 권위주의가 유지·강화되는 데 적지 않은 구실을 했을 것이다. 특히 IMF를 기점으로 본격화된 신자유주의는 의료를 수익 창출에 전념하는 '서비스 산업'으로 만들었다. 2000년대 한국 병원들의 대형화 현상은 이러한 신자유주의가 낳은 이윤 추구 경쟁의 극단적 모습을 잘 보여준다.[20]

---

17. 임현선, 안서원, 「한국·중국·일본 의사 양성과정 비교 연구」, 『한국의학교육』 19-4, 2007, p.273
18. 안덕선, 「의사의 사회적 역량이란 무엇인가?」, 『대한의사협회지』 57-2, 2014, p.101
19. 80년대 한국사회의 민주화 과정에서 사회의학연구회 같은 조직이 만들어지긴 했으나 의료계 전체가 이렇다 할 변화를 겪진 못했다(최규진, 『한국 보건의료 운동의 궤적과 사회의학연구회』, 한울아카데미, 2016 참조). 이후 의약 분업 사태에서 의료계가 사회와 소통할 기회를 얻었으나 건설적인 형태로 나아가진 못했다. 오히려 사태의 진행 과정에서 권위주의적 행태가 빚어지기도 했다("집단 폐업 앞둔 의료계 왕따 현상으로 몸살", 중앙일보 2000년 6월 19일 자 기사 참조).
20. 그 전이라고 해서 의료계가 이윤을 추구하지 않았다는 것은 아니나, IMF 이후 김대중-노무현 정부를 거치며 의료가 서비스 산업으로 불리기 시작하는 등 신자유주의적 형태를 띠기 시작했다. 이러한 경향은 이명박-박근혜 정부에서 더 강화되었다(백재중, 『삼성과 의료민영화』, 건강미디어협동조합, 2014 참조).

이처럼 상업화된 의료 체계는 결국 인건비 비중이 높은 병원 구조의 특성상 노동강도의 강화로 이어질 수밖에 없다.[21] 특히 병원 생활이 노동이면서도 수련이기도 한 전공의에게는 프롬이 말한 '착취를 위한 조건'이라는 권위주의의 특성이 가장 쉽게 적용된다. 교수나 선임 전공의에게 폭행을 당한 전공의가 주당 100시간 이상 근무하는 업무 강도가 높은 과에 가장 많은 것 역시 결코 우연이 아니다.[22]

3. 한국 의대 내 권위주의에 대한 진단

그렇다면 현재 한국 의료계의 권위주의는 구체적으로 어느 정도이며 어떤 구조적인 문제를 가지고 있을까? 먼저 의과대학의 경우를 살펴보자.

한국 의과 대학생들을 대상으로 조사한 결과를 보면 다수의 학생이 의대 내에 만연한 권위주의를 인지하고 있었다. 그들은 교수를 의사소통이 어려운 상위자 혹은 복종해야 하는 대상이나 절대적인 권위를 가진 대상으로 인식하고, 선배의 경우에는 위계질서를 중요시하고 다소 어려운 존재로 인식하고 있었다. 군대 문화에 익숙한 남학생들이 주축

---

21. 국민건강보험공단의 연구 보고서에 따르면, "의료 서비스 생산비용의 약 40%가 인건비라는 점을 감안할 때 영리 병원들은 비용 절감을 위해 인건비를 최소화하려는 경향이 강할 것"이며 "따라서 영리 병원들이 수익 극대화를 위해 인건비 비중을 줄일 경우 의료 서비스 산업의 고용은 감소할 가능성이 크다"라고 분석했다. 이는 의료산업선진화위원회가 발표한 자료에서도 미국의 경우 영리병원의 고용 인력은 100병상당 평균 352명으로, 비영리 병원(평균 522명)의 67.4%에 불과한 것으로 나타났으며, 우리나라도 개인 병원이 비영리 병원보다 43%가량 적게 고용해 수익을 창출하는 것으로 조사됐다(전창배·윤태호·고민창·문성웅, 「의료기관 영리성에 관한 연구」, 국민건강보험공단, 2006 참조).
22. 「전공의 비장파열, 구조적 폭력이 부른 비극」, 『MEDICAL OBSERVER』, 2015년 5월 14일 자

을 이루는 공대보다 훨씬 심각한 수준이었다.[23]

이러한 상황은 2018년 국가인권위원회가 인권의학연구소와 공동 협력 사업으로 수행한 '의과대학 학생들의 인권 상황 실태조사'를 통해 구체적으로 확인할 수 있다.[24] 설문 조사 결과, 수업이나 병원 실습 중 전체 응답자의 절반에 해당하는 49.5%의 의과대학 학생들이 언어폭력에 노출되어 있었다. 회식 참석을 강요당한 경험이 경우가 전체 응답자의 60%였고, 음주를 강요당한 경우가 47%였다. 단체 기합을 받은 경험이 있는 응답자는 16%, 신체적 폭력을 당했다는 응답자도 6.8%에 달했다.

성희롱·성차별도 적지 않았는데, 성희롱 경험 문항에서 언어적 성희롱이 25.2%로 가장 높게 나타났고, 신체적, 시각적 성희롱 경험은 각각 11.1%, 11%였다. 특히 여학생의 37.4%가 언어적 성희롱을, 18.3%가 신체적 성희롱을 경험하였으며, 17.1%가 시각적 성희롱에 노출되었다고 응답하였다. 의학 교육과정 내에서 성차별적 발언을 들은 학생은 56.6%나 됐는데, 특히 여학생의 경우 72.8%로 남학생의 44.5%보다 1.6배 높았다.

위의 조사 결과에서 가해자는 절대다수가 교수와 선배였다. 이것이 특정 교수와 선배의 문제가 아닌 구조적인 '권위주의'의 문제라는 것은 신고와 신고에 대한 의과대학과 실습 병원의 대응을 통해 여실히 드러난다. 피해 경험 학생의 3.7%만이 피해를 대학 또는 병원에 신고하였는데 이렇게 신고율이 낮은 것은 신고해도 제대로 된 조치가 이루어지

---

23. 천경희, 박원균, 이상숙, 박영순, 강이철. 「의과대학에서의 교육풍토, 자기주도 학습, 그리고 창의적 사고에 대한 고찰-타 대학 유사 전공 학생들과의 비교를 기반으로」, 『사고개발』 6-1, 2010 참조
24. 해당 설문 조사는 온라인으로 진행되었으며 의과대학 및 의학전문 대학원 학생 총 1,763명이 참여했다. 심층 인터뷰에는 14개 대학 20명이 참여했다.

지 않을 거라는 생각이 크게 작용했다. 그리고 실제 신고했다고 응답한 경우 대부분 가해자가 제대로 처벌받지 않았거나 처리 경과에 대해 보고받지 못했으며, 심지어 학교 당국과 다른 학생들이 가해자를 두둔하는 등 이차 가해와 보복이 이루어졌다고 답했다.

심층 인터뷰를 통해 더 구체적으로 권위주의 속에서 의대생들의 인권이 어떻게 침해되고 있는지 확인할 수 있었다. 특히 위계질서의 말단에 있는 저학년 학생과 여학생의 상황이 심각했는데, '폭력행위로 인한 학업의 어려움', '강압적 분위기로 인한 자율성 상실', '남성 중심주의적 조직 문화로 인한 성적 침해' 등으로 범주화 할 수 있었다. 구체적인 사례로 오리엔테이션, 엠티, 학술 행사 등의 공식 행사와 동아리, 향우회, 동문회 등의 모임에서 교수나 선배들로부터 음주를 강요받고, 외모 품평과 성희롱을 당해도 참아야 했다.

하지만 신고하기가 어렵고, 성교육·인권교육이 미흡한 데다, 의과대학의 특수성을 고려한 처벌 제도가 부족하여 개선되기 어려운 상황이었다. 인권침해 문제를 공론화하려고 해도 인권센터가 부재하거나 있더라도 학생 입장에서 신뢰하기 어려웠다. 그나마 학생의 처지를 대변할 수 있는 학생회 같은 기구조차 없는 곳이 많았다. 또한 교수·선배·동기·후배 등 의대 구성원들이 인권에 대한 인식이 부족하여 가해자를 옹호하거나 사건을 은폐하려는 경향이 있었다.

이런 어려움을 감수하고 문제를 제기했음에도 집단 따돌림을 당하거나 향후 병원에서 전공과를 선택할 때 악영향을 끼칠 수 있다는 두려움에 떨어야 했다. 설령 문제 제기가 받아들여진다고 하더라도 의대의 특성상 공간 분리가 어려워 가해자와 수업 및 실습을 같이 들어야하는 등 피해자 보호가 제대로 이루어지지 않았다. 피해자들은 의대 생활 및 진로 선택에 악영향을 끼칠까 두려워 인권침해를 당해도 신고를 할 수 없었으며, 공론화를 하더라도 처벌·징계가 제대로 이루어지지 않았다. 피해자 보호는커녕 피해자가 비난에 못 이겨 휴학이나 자퇴를 하는 상황까지 발생하고 있었다.

결국 의대생들은 권위주의에 길들어 병원이라는 공간에서 예비 의료인(본과 3, 4학년)으로 활동할 무렵에는 아무런 문제의식 없이 인계장에 '교수가 치마를 입는다는 학생을 선호한다'와 같은 내용을 동기를 위한 정보랍시고 공유하는 수준으로 전락했다. 본과 3, 4학년은 의사가 되기 전 학생 신분으로 인권·성적 침해에 대한 감수성을 높일 수 있는 마지막 기회이지만, 오히려 병원이라는 공간에서 이루어지는 비인권적 교육에 그나마 있던 감수성마저 소멸하고 있었다. 문제는 인권 감수성이 소멸하는 데에서 끝나는 것이 아니라 그 빈 자리를 권위주의가 채운다는 데 있다. 이들은 병원이라는 공간에서는 가장 취약한 집단이지만 반대로 의대생 내에서는 위계질서의 최상층에 있기에 후배들에게 한층 고양된 권위주의를 투사하게 된다. 즉 병원 실습을 도는 본과 3, 4학년은 피학성과 가학성이라는 권위주의의 양면적인 모습을 자연스럽게 체화하며 의대에서 병원으로 연결되는 권위주의의 주요 매개자로서 기능하고 있었다.

4. 한국 병원 내 권위주의에 대한 진단

권위주의는 의대를 넘어 병원까지 연장된다. 전문성이 강한 집단일

수록 관료주의적 정도도 강해지는 경향이 있기에[25] 의대보다 더 강한 권위주의를 보이곤 한다. 2004년 월요의료포럼에서 전공의 473명을 대상으로 조사한 내용을 보면, 폭언을 경험한 적이 있는 경우는 절반이 넘었다. '폭언을 한 사람이 누구냐'라는 질문에 대해서는 92%가 상급 전공의나 교수라고 응답했다. 폭언보다 심한 폭행을 당한 경험이 있다고 응답한 전공의도 14.2%나 됐다.[26]

폭언 및 폭행을 한 당사자에 대한 처리 결과를 보면 앞서 살펴본 의대에서 벌어진 일들이 고스란히 병원에도 이어지고 있음을 알 수 있다. 52.5%가 '별다른 처벌을 받지 않았다'라고 응답했고, '공식적인 사과를 했다'라고 답한 사람은 3.4%, '공식적인 처벌을 받았다'라고 답한 사람은 0.8%, '해직됐다'라고 답한 사람은 0.4%밖에 되지 않았다. 결국 별다른 처벌을 받지 않은 사람이 94.9%인 것이다. 의료계의 권위주의가 폭력을 용인하는 수준으로까지 유지되고 있음을 여실히 보여주고 있었다.

10여 년이 지난 지금도 상황은 크게 달라지지 않았다. 대한전공의협의회가 발표한 '2016 전국 수련 병원 수련 평가 설문 조사' 내용을 보면 병원 내 폭언과 폭행은 여전히 심각한 수준이었다. 전국 121개 수련 병원 전공의(인턴, 레지던트) 1만 5천 명을 대상으로 설문 조사(응답자 3,063명, 응답률 20%)해 정밀 분석한 결과에서 교수 또는 상급 전공의에게 언어적, 신체적 폭력을 당한 경험이 있다고 답한 전공의는 31.2%나 됐다. 약 3분의 1에 달하는 전공의가 여전히 폭력을 경험하고 있다.

25. 임기영, 조선미, 송호정, 「의사집단 내 폭력 현황 및 권위주의와 공격성, 충동성, 성격 특징과의 상관」, 『한국 의학교육』 16-3, 2004, p.306
26. 임기영, 「의료 현장에서의 폭력 문제」, 『대한의사협회지』 48-5, 2005 참조

심지어 여자 전공의의 경우에는 수련을 위해 임신을 포기할 것을 강요당하거나, 임신 가능성으로 인해 아예 의국에서 뽑지 않는 경우도 비일비재했다.[27] 또 '교수 또는 상급 전공의에게 불쾌한 성희롱 또는 성추행을 당한 적이 있느냐'는 질문에 66개 병원 중 57개 병원의 236명 전공의가 경험이 있다고 답을 했다. 이는 전체 응답자의 8.1%에 해당하는 것으로, 그 비율도 낮지 않지만, 상당수 병원에서 성추행 사건이 벌어지고 있다는 사실 자체로도 충격을 준다.[28]

더 큰 문제는 이러한 권위주의가 전공의 선에서 끝나지 않는다는 점이다. 한국의 대표적인 병원을 대상으로 직종 간 갈등 관계를 조사한 연구를 보면, 간호사나 기타 보건직 노동자들은 전공의와의 관계에서 심한 갈등 관계를 보였다. 그들은 전공의가 명령조로 지시하는 등 권위적인 태도로 일관하는 것을 갈등 관계의 주된 원인으로 꼽았다.[29]

이 권위주의의 폐해는 결국 울타리를 넘어 환자에게까지 영향을 미친다. 이미 해외의 여러 연구는 이러한 전공의들을 비롯한 병원 의료진들의 열악한 노동조건이 의료 과실을 증가시키는 주요 원인이란 점을 지목해 왔다.[30]

이와 관련해, 2015년 환자 진료를 보는 과정에서 전공의 4년 차가 전공의 1년 차를 폭행한 사태에서 대한전공의협의회가 내놓은 발언은 의미심장하다. 당시 대한전공의협의회는 전공의 간의 폭력은 '살인적인 업무 속에서 환자 안전을 지키기 위해' 발생한 '최후의 보루'였으며,

27. 「각종 폭력에 시달리는 전공의들…'언어폭력 65.8%·신체폭력 22%'」, 『중앙일보』, 2015년 3월 11일 자
28. 「의사 보조 PA가 처방전 변경… 수술하는 것도 본 적 있다」, 『동아일보』, 2017년 4월 1일 자
29. 최규진 외, 「의료윤리교육을 위한 동료 의료인 간 갈등에 관한 연구」, 『생명윤리』 9-2, 2008 참조
30. 김승섭, 「전공의 근무 환경과 환자 안전: 너무 아픈 수련은 수련이 아니었음을」, 『대한의사협회지』, 2016 참조

'결국 폭행사태는 의사 사회에서 가장 약자인 전공의들에게 업무량을 편중시켜 발생한 구조적 폭력이 원인'으로, '전공의에게 인간의 한계를 넘어서는 업무를 부담시키는 병원들에 책임을 물어야 한다'라고 호소했다.[31] 즉 현재의 병원 시스템은 '구조적인 폭력'에 의존해 환자의 생명을 지키고 있으며, 그 권위주의를 감당 못 하면 언제든지 환자의 생명과 안전에 피해가 갈 수 있단 얘기다.

5. 한국 의료계 권위주의 문화를 타파하기 위한 과제

지금까지 살펴본 바와 같이 권위주의는 견고한 구조로 되어 있으며, 권력 관계를 타고 끊임없이 약한 고리를 찾아 확대·재생산된다. 이 구조를 깨기 위해선 그만큼 구조적이고 근본적인 접근이 필요하다. 물론 무 자르듯 단번에 해결할 수 없기에 그 구조를 깨기 위한 다양한 파열구가 필요하다. 일례로 전공의 특별법과 같이 권위주의에 맞서 최소한의 바리케이드 역할을 할 수 있는 제도의 정착이 진행되어야 한다.

특히 폭력에 대해서만큼은 단호해져야 한다. 한나 아렌트는 "권력과 폭력은 같지 않은 정도가 아니라 서로 대립한다"라고 했다. 폭력에 의존하는 권위는 이제는 합리적 권위가 아닌 권위주의이며, 결국 파괴될 수밖에 없는 권력이란 얘기다. 다시 말해 의료계 내에서 폭력 문제를 종식하지 못한다면 의사로서 정체성, 전문 직업인으로서 권위는 유지될 수 없다.

31. 「전공의 비장파열, 구조적 폭력이 부른 비극」, 『*MEDICAL OBSERVER*』, 2015년 5월 14일 자

미국 등 선진국 의사 사회에서는 의사들이 전문가로서 양식 있고 품위 있는 행동을 하도록 의무화하고 있다. 더불어 이를 위반할 경우 자율 정화 차원에서 강력히 제재하고 있다. 한국 역시 의료계 내부적으로 폭력에 대한 신고 및 조사를 위한 전담 기구를 운영해야 하고, 법적, 제도적으로도 의료계 내 폭력에 대해서만큼은 강력한 규제를 가해야 한다.[32]

의과대학 교육에 대해서도 많은 수술이 필요하다. 사실 뜯어고칠 수만 있다면 선발 과정에서부터 바꿀 필요가 있다.[33] 아울러 6년 동안 비판적 사고와 협력적 자세를 질식시키는 단순 암기식 교육과 경쟁에 의존한 교육과정도 바꿔야 한다.[34] 다행히 최근 일부 의과대학에서부터 절대 평가제를 도입하거나, 의사의 사회적 역량을 강조하는 교육이 강화되는 등 다채로운 시도가 이루어지고 있다.

그러나 이러한 흐름이 '유행하는 교육 패턴'에 그치지 않기 위해선 보다 강한 자극이 필요하다. 안타깝지만 현실적으로 외적 개입을 고려할 수밖에 없다. 현재 의료계에서 가장 강력한 외적 규제 장치는 보건복지부의 병원 인증 평가다. 2016년 '전공의의 수련 환경 개선 및 지위 향상을 위한 법률'이 제정된 이후 실제 보건복지부 차원에서 '전공의 폭력과 성희롱 등 예방 및 관리를 위한 지침'이 발표되는 등 폭력 및 성희롱에 노출된 전공의들을 보호할 수 있는 조치들이 이루어지고 있다. 보건복지부와 교육부가 협력하여 이러한 개입을 의대생 전체로 확대

32. 임기영, 앞의 글 참조
33. 일례로 네덜란드에서는 의사들의 특권 의식과 권위주의를 줄이기 위해 일정 수준 성적이 되는 학생들의 지원을 모두 받아 제비뽑기 방식으로 의대생을 선발하기도 했다.
34. 유효현, 「의과대학의 잠재적 교육과정과 학생문화」, 『Korean Medical Education Review』 17-3, 2015 참조

할 필요가 있다.

한국의학교육평가원의 의학교육 평가인증 제도를 통한 개입도 의미 있을 것이다. 물론 이 한국의학교육평가원의 핵심 인사들이 의대 교수들이고 의학교육 평가인증 역시 대부분 다른 의대 교수들이 진행하는 것인 만큼 한계가 크다. 그런데도 부족하나마 현재 외부에서 의대생 전체에 구체적으로 관여할 수 있는 거의 유일한 제도인 만큼 최대한 활용할 필요가 있다. 최근 한국의학교육평가원에서 추진하고 있는 새로운 의학교육 평가인증 체계인 'ASK2019 의학교육 평가인증 기준'을 검토하였으나 의과대학 내 폭력 예방을 위한 교육이나 규정을 찾기는 어려웠다. 참고로 미국의과대학협회(AAMC)는 매년 졸업생 대상으로 부당한 대우와 관련한 전수 조사를 시행하여 전 의대에 공개하고 있다.

구체적으로 의과대학 학생 선발 과정에서부터 인권 및 성적 침해에 대한 인식을 확인할 수 있는 기준을 마련하고, 의과대학 교육에서 인권교육·성교육을 보다 체계적으로(전임 담당 교육자 배정 등) 진행할 필요가 있다. 더하여, 거의 합숙 생활이나 마찬가지인 의대 생활의 특수성을 고려하여 익명성을 보장하고 다가가기 쉬운 인권센터(반드시 의대와 관련 없는 외부 인사가 포함되어야 함)를 만들고 재발 방지를 위한 강력한 처벌 제도(의과대학 특수성을 고려한 별도 규정 마련)가 마련될 필요가 있다.

인권 보호를 위한 제도 및 정책 마련도 중요하지만, 궁극적으로는 의대 구성원 특히 학생들의 주체적인 움직임이 요구된다. 아무리 좋은 인권센터가 있고, 학생들을 이해하는 교수가 있어도 학생의 입장을 온전히 대변하기 어렵기 때문이다. 따라서 학생들의 입장을 대변하고 피해자가 안심하고 도움을 요청할 수 있는 학생회 인권국과 같은 조직을 구성할 필요가 있다. 인권·성적 침해가 발생했을 때 학생들의 집단적인 대응을 도모하는 자치 조직이 존재한다면, 피해자가 인권침해를 공론화하기 수월할 것이고, 비록 그 결과가 만족스럽지 못하더라도 외로움과 낙인에 대한 두려움이 훨씬 덜할 것이다. 물론 견고한 권위주의가 작동하는 의대에서 이런 학생 자치 기구가 등장한다는 것 자체가 어려운 일이다. 하지만 권위주의가 확대·재생산되는 구조의 근간이라고 할 수 있는 학생들이 개선의 중심에 설 때 구조의 근본적 변화를 가져올 수 있어 그 의미와 파급력은 매우 크다.

의과대학 학생들이 이러한 변화의 중심에 서려면 결국 사회와의 접촉이 뒷받침되어야 한다. 의대생 스스로 사회화되려고 노력하고 쓰리더라도 의료계의 권위주의 폐단을 사회에 드러내야 한다. 미국 의료계에서 권위주의 폐해가 줄어든 것도 바로 이 때문이었다. 1960-1970년대에 미국에서 광범위하게 진행된 시민운동의 영향을 받은 의대생들이 의료계 권위주의에 저항하며 다양한 의료계의 문제를 공론화시켰다. 이를 통해 사회개혁 운동의 하나로 의료계 문제에 접근하는 문화가 정착됐으며, 환자 치료에도 가부장적인 모습의 의사보다는 환자에 대한 인도주의적인 입장이 강조되는 문화가 형성됐다.[35]

앞서 언급했듯이 해방 이후 한국 사회는 권위주의를 청산하기 위한 적지 않은 사회 변화를 거쳤음에도 불구하고 의료계는 이러한 흐름을 건설적으로 수용하지 못했다.[36] 하지만 현재 한국 사회는 중요한 변화의 흐름을 맞고 있다. 2016-2017년을 기점으로 독재적 권위주의, 비민주적인 관료주의, 자기반성 없는 전문가 주의의 폐단이 드러나며 이를

35. 한달선, 조병희, 배상수, 김창엽, 이상일, 이영조, 「의대생의 전문직 사회화 과정에 대한 고찰」, 『예방의학회지』, 1996. p.267
36. 유형준, 이현석, 「의료 커뮤니케이션의 사회적 의미」, 『의료정책포럼』 5-4, 2007 참조

해소하기 위한 움직임이 일고 있다. 그 폐단에 의료계 역시 직간접적으로 포함되어 있었던 만큼, 해방 이후 가장 강력하다고 평가되는 이 변화의 흐름에 영향을 받지 않을 수 없을 것이다. 실제로 최근 의사가 범죄를 저지를 시 면허를 취소하거나 의대생이 범죄를 일으킬 시 의료인이 되지 않도록 국가시험을 제한하는 방식으로 처벌을 강화하자는 논의가 이루어지고 있다.

이제 의식 있는 의대생들과 의사들이 적극적으로 나서서 시대의 흐름에 조응하며 의료계 문화를 새롭게 바꾸어내야 할 차례다. 진정한 의사가 되고자 권위주의에 저항하고 인권을 존중했던 슈바이처의 다짐이 지금 우리에게도 필요하다.

"온갖 방법으로 개인을 손아귀에 쥐고 있는 과도하게 조직화한 사회로부터 어떻게 해서든지 자주적인 개성을 되찾고 그 사회에 반격을 가해야 한다."[37]

참고문헌

· 국가인권위원회, 『의과대학 학생들의 인권 상황 실태조사』, 인권의학연구소, 2018
· 김승섭, 「전공의 근무 환경과 환자 안전: 너무 아픈 수련은 수련이 아니었음을」, 『대한의사협회지』, 2016
· 백재중, 『삼성과 의료민영화』, 건강미디어협동조합, 2014
· 서홍관, 신좌섭, 「일본 인종론과 조선인」, 『의사학』, 1999
· 신유나, 최규진, 「심층 인터뷰를 통한 의대생 인권침해 실태 연구」, 『법과인권교육연구』, 2020

37. 에리히 프롬, 『건전한 사회』, 범우사, 2013, p.231

- 안덕선, 「의사의 사회적 역량이란 무엇인가?」, 『대한의사협회지』, 2014
- 에리히 프롬, 『건전한 사회』, 김병익 옮김 , 범우사, 2013
- 에리히 프롬, 『자유로부터의 도피』, 김석희 옮김, Humanist, 2012
- 유형준, 이현석, 「의료 커뮤니케이션의 사회적 의미」, 『의료정책포럼』, 2007
- 유효현, 「의과대학의 잠재적 교육과정과 학생문화」, 『Korean Medical Education Review』, 2015
- 이용각, 『갑자생 의사』, 아카데미아, 1997
- 이현석 외, 『의사가 말하는 의사』, 부키, 2017
- 이혜경, 「양명학과 근대일본의 권위주의-이노우에 데츠지로와 다카세 다케지로를 중심으로-」, 『철학사상』, 2008
- 이화영 외, 『의료, 인권을 만나다』, 건강미디어협동조합, 2017
- 임기영, 「의료 현장에서의 폭력 문제」, 『대한의사협회지』, 2005
- 임기영, 조선미, 송호정, 「의사집단 내 폭력 현황 및 권위주의와 공격성, 충동성, 성격 특징과의 상관」, 『한국의학교육』, 2004
- 임현선, 안서원, 「한국·중국·일본 의사 양성과정 비교 연구」, 『한국의학교육』, 2007
- 장근호, 최규진, 「일제 강점기 조선인 의학도들의 삶과 활동」, 『의학도, 3.1운동의 선두에 서다』, 허원북스, 2019
- 전창배, 윤태호, 고민창, 문성웅, 「의료기관 영리성에 관한 연구」, 국민건강보험공단, 2006
- 천경희, 박원균, 이상숙, 박영순, 강이철, 「의과대학에서의 교육풍토, 자기주도 학습, 그리고 창의적 사고에 대한 고찰-타 대학 유사 전공 학생들과의 비교를 기반으로」, 『사고개발』, 2010
- 최규진 외, 「의료윤리교육을 위한 동료 의료인 간 갈등에 대한 연구」, 생명윤리, 2008
- 최규진, 『한국 보건의료 운동의 궤적과 사회의학연구회』, 한울아카데미, 2016
- 최규진, 「후지타 쓰구아키라의 생애를 통해 본 식민지 조선의 의학/의료/위생」, 의사학, 2016
- 필립 짐바르도, 『루시퍼 이펙트』, 이충호, 임지원 옮김, 웅진지식하우스, 2007
- 하세가와 사오리, 최규진, 「한위건의 초기 생애와 3·1 독립운동 참여 과정 톺아보기」, 『일본문화연구』, 2020
- 한달선, 조병희, 배상수, 김창엽, 이상일, 이영조, 「의대생의 전문직 사회화 과정에 대한 고찰」, 『예방의학회지』, 1996
- Altemeyer B., 『Right-Wing Authoritarianism. Winnipeg』, University of Manitoba Press, 1981
- 安田健次郎, 「西洋医学の伝来とドイツ医学の選択」, 慶應医学, 2007

의료 현장의
의료인 안전 쟁점[38]

_백종우

- 안전한 의료 환경과 마음이 아픈 사람들이 편견과 차별 없이 쉽게 치료와 지원을 받을 수 있는 사회

1. 고 임세원 교수 사망 사고와 안전한 의료 환경의 의미를 생각해 본다.
2. 의료인 대상 폭력의 현황을 이해한다.
3. 안전한 의료 환경을 위한 대책을 논한다.
4. 마음이 아픈 사람들이 나쁜 사람으로 몰리지 않는 사회를 생각해 본다.
5. 의대생의 정신 건강은? 나와 동료를 생각해 본다.

글쓴이

백종우 경희대학교 의과대학 교수, 정신의학 전공. 1990년 고려대 의대에 고 임세원 교수와 함께 입학했다. 고인과 '보고 듣고 말하기' 한국형 자살 예방 교육 프로그램 개발 간사 등 여러 일과 마음을 함께했다. 한국자살예방협회 사무총장, 중앙자살예방센터장을 역임했고 대한정신건강재단 고 임세원 추모사업위원회 간사이다. 현재 경희대학교 의과대학 정신건강의학교실 주임 교수로 행동과학과 정신의학을 강의하고 있다.
email: paikjw@khu.ac.kr

38. 본 원고는 고 임세원 교수의 저서 『죽고 싶은 사람은 없다』(알에이치코리아)와 필자의 서울신문 기고 내용을 바탕으로 작성했고 마음드림의원 정찬승 원장의 의료인 폭력에 대한 대한신경정신의학회 발표 내용에서 일부 재인용한 것임을 밝힙니다.

1. 고 임세원 교수와 안전한 의료 환경

2018년 12월 30일 고 임세원 교수가 환자에 의해 우리 곁을 떠났다. 대학병원에 근무하는 전문의이자 교수가 생명을 살리는 병원 내에서 방치된 조현병 환자의 피해망상에 의해 사망한 사건은 적지 않은 사회적 충격을 주었다. 필자는 고 임세원 교수의 동기이며 친구이자 함께 일했던 동료로서 의료인 안전 이슈를 고 임세원 교수의 이야기로 시작해 보고자 한다.

사고가 있던 그 날 10시 45분 고대에서 '보듣말'(보고 듣고 말하기 한국형 자살 예방 교육 프로그램) 본2에서 '자살 예방을 위한 의사의 역할'이라는 주제로 3시간 수업 배정을 받았으니 나눠서 하자는 카톡이 마지막 대화가 될지는 상상조차 하지 못했다.

그날 저녁 사망 소식을 듣고 충격에 빠진 동료들은 다음날 모두 학회 사무실에 모였다. 다들 모였지만 무슨 말을 해야 할지도 떠오르지 않았다. 일단 성명서는 준비했지만, 유족을 만난 후에 유족을 뜻을 존중하며 해야 할 일을 하자는 것이 유일한 결론이었다.

1월 2일 오전 7시 반 유족에게서 전화가 왔다. "가족이 모두 마음을 모았습니다. 우리는 고 임세원 교수의 유지는 안전한 의료 환경과 마음이 아픈 사람들이 편견과 차별 없이 쉽게 치료와 지원을 받는 사회라고 생각합니다." 커다란 망치로 뒷머리를 맞은 듯하더니 순간 정신이 들었다. 어떻게 이 상황에서 유족들은 이런 생각을 했을까? 절규하며 누군가를 비난해도 이상하지 않을 상황에서 유족들은 오히려 환자들이 비난받는 것을 걱정하고 있었다. 저희도 마땅히 해야 할 일을 하겠다고 말씀드렸다. 그리고 동료들이 충격으로 아무것도 할 수 없는 상황에서 그가 어떤 일을 했고 어떤 마음으로 환자를 대하며 살아왔는지 언론을 통해 증언했다. 다음 날 아침에는 조의금을 기부하겠다는 의사를 밝히는 전화를 받았다. 3일째 발인하는 날 유족들의 마음을 생각하며 눈물을 곱씹던 우리는 "우리 세원이~ 바르게 살아주어서 고마워"라는 어머님의 마지막 인사에 이제는 눈물을 참기는 힘들었다.

고 임세원 교수는 고려대 의대 90학번 동기로 인연을 시작해 뒤늦게 졸업한 필자보다 먼저 정신건강의학과 전공의를 시작하여 위 연차로 100일 당직을 함께 했다. 항상 책임감이 강하고 진지한 표정으로 공부하는 걸 좋아해 독일 병정으로 불리기도 했다. 하지만 환자에게는 참 따뜻했다. 동기였지만 응급실 환자를 보고하면 항상 꼼꼼히 지적해서 한 환자를 5시간 동안 보기도 했다.

그러던 어느 날 1년 차엔 우상 같던 친구가 어두운 표정으로 앉아 있었다. 본인이 보던 할머님이 퇴원 후 자살로 돌아가셨다는 것이었다. 예약 없이 갑자기 오셔서 잠시 인사만 하신다며 중간에 들어와 선생님 그동안 너무 감사했다고 인사를 하셨단다. 뭔가 이상하다고 느꼈지만, 뒤에 예약 환자는 밀려 있었고 잘 지내시라고 배웅만 해드렸는데 그게 마지막 인사가 될 줄을 몰랐다고 했다. 그리곤 본인이 자살의 경고 신호를 놓쳤다고 자책하고 있었다.

자살로 환자를 잃는다는 것은 정신과 의사에게도 커다란 상처이다. "왜?"라는 질문이 그치지 않고 왜 막지 못했을까 하는 자책감은 무겁다. 다행히 이 친구는 거기서 멈추지 않았다. 10년 후 각자 대학에 자리를 잡고 난 후 우리는 서울대 김재원 교수와 함께 한국형 표준 자살 예방 교육 프로그램의 간사로 모였다. 여러 해외 프로그램을 살펴보고 워크숍도 참여했지만, 한국형이 어떠해야 하는지 방향을 잡기는 힘들었다. 그러던 2011년 임 교수는 우리를 대학로 학림다방으로 불렀다. 전날 밤을 새워 부스스한 얼굴로 가방에서 본인이 그린 그림을 꺼냈다. 눈, 코, 입 옆에 보고 듣고 말하기라고 쓰여있었다. '보고 듣고 말하기'는 그렇게 시작되어 2020년까지 130만 명의 국민이 생명 지킴이 교육을 수료하게 되었다. [39]

기업 정신건강연구소의 부소장으로 특허도 여러 개 내고 100편이 넘는 논문도 발표하면서 이 분야의 앞서나가는 임상의이자 연구자가 된 시점에서 그에게 불행이 찾아왔다. 끔찍한 허리 통증이 시작된 것이었다. 수술을 포함해 여러 시도를 했지만, 통증의 해결은 만만치 않았다. 그러던 어느 날 『죽고 싶은 사람은 없다』[40] 란 책의 원고를 들고 왔다. 통증으로 시작된 자신의 우울과 자살 생각 경험을 책으로 쓴 것이었다. 정신과 의사가 경험한 우울증을 드러낸 그 책에 사람들은 어떤 반응을 보일지 친구로서 나는 걱정했다. 동료로서는 너를 지지하지만, 친구로서는 걱정이라고 말했다. 그런데 그 친구는 본인이 감내할 일이

---

39. 보고 듣고 말하기 한국형 자살 예방 교육 프로그램은 여러 의과대학 강의에 포함되어 있지만, 온라인으로도 수료할 수 있다. 생명존중희망재단 홈페이지 https://www.kfsp.or.kr 에서 생명지킴이 교육 신청
40. 『죽고 싶은 사람은 없다』(알에이치코리아), 고 임세원 교수가 남긴 마지막 선물로 일독을 권한다.

라고 했다. 우리 모두 인생의 한 시점에서 마음의 위기에 빠질 수 있다. 심지어 우울증을 치료하는 정신과 의사도 비껴가지 않는다. 그래서 우리는 서로가 서로를 지키는 사회로 나아가야 한다. 이 말을 전하고 싶어 했다

사고 이후 3년의 세월이 지나가고 있다. 피의자에 대한 재판은 끝났다. 한차례 입원에서 자의 퇴원했던 피의자는 병원과 정부에서 자신의 머리에 폭탄 칩을 설치했다는 망상에 사로잡혀 범행을 저지른 것이었다. 의료인 안전과 정신 건강 관련한 수십 개의 법안이 '임세원법' 이름으로 국회에서 논의되었고 몇 가지 법안은 통과되었다. 하지만 그 숙제는 여전히 남는다.

자신만 살려고 했다면 살았을 상황이었다. 2020년 9월 정부는 고 임세원 교수를 대한민국 의사자로 지정하고 국립서울현충원에 안장하였다.

2. 의료인에 대한 폭행과 자살

의료인에 대한 폭력에서 우리나라에서 가장 쟁점이 된 사고는 고 임세원 교수 사망 사고였지만 이전부터 의료인에 대한 폭력은 특히 응급실 등 임상 현장에서 흔하게 발생하고 있었다. 실제 2018년 응급실 안전에 관한 법률이 개정되기도 하였다.

고 임세원 교수 사망 사고 이후 보건복지부, 의협, 대한신경정신의학회는 안전 진료 TF를 구성하고 실태조사를 시행하였다. 전체 의료기관 가운데 약 10%인 7,290개 의료기관의 조사 결과, 병원급 의료기관

10곳 가운데 1곳은 최근 3년 동안 병원 안에서 상해·폭행·협박·진료 방해 사건 등이 있었던 것으로 나타났다. 또 대형병원과 정신과는 10곳 가운데 4곳이 진료 환경을 위협하는 사건이 있었다고 응답했다. 가해자 대부분은 환자나 환자의 보호자였고, 상당수는 술을 마신 상태였다. 폭행 발생의 원인은 음주가 45.8%로 가장 많았고 진료 결과에 대한 불안이 20.3%, 대기시간 및 순서 불만이 5.7%, 기타가 25.9%였다. 피해자의 67%는 의사와 간호사였고, 응급실이나 정신과에서 근무하는 인력에서 사건 경험 비율이 높았다. 하지만 병원의 대비는 미흡한 편인 것으로 나타났는데, 보안 인력이 배치된 병원은 전체의 32.8%에 불과했고 보안 인력이 있더라도 외부 보안업체 직원이나 청원경찰 등 전문 인력은 20% 미만이었다. 외래 진료실·입원실에 보안 인력과 연결되는 비상벨이 설치된 병원은 39.7%, 경찰서와 연결되는 비상벨을 보유한 병원은 2곳에 불과했다.

폭행 사건 등이 발생하더라도 의료기관은 신고에는 매우 소극적이었다. 병원의 신고 비율은 36.7%에 불과했고, 고소 비율은 9.9%에 그쳤다. 의원의 경우 신고 비율은 34.4%였고, 고소한 경우는 아예 없었다.

실제 의료인에 대한 폭력은 우리나라만의 일은 아니다. 미국의 노동통계국이 2018년 발표한 통계에 따르면, 보건복지 서비스 종사자들이 겪는 폭력은 전체 근로자의 평균보다 5배가 높았다. 경찰이나 교정시설 교도관이 다치는 비율보다 높았다고 한다. 미국에서는 이미 1990년대에 치명적이지 않은 폭력 또한 일반 직장과 비교해 의료 및 사회 서비스 근로자에게서 16배 높게 발생하여 1996년 직업안전건강관리청(OSHA)은 의료 및 사회 서비스 근로자를 위한 직장 폭력 예방 가이드

라인을 발표하기도 하였다. [41]

　2019년 국회는 '임세원법'으로 불리는 의료법 개정안을 통과시켰다. 의료인 폭행에 대한 처벌을 강화했다. 의료기관에서 의료인을 폭행해 상해에 이르게 한 경우 7년 이하의 징역 또는 1,000만 원 이상 7,000만 원 이하 벌금에 처하도록 했다. 중상해는 3년 이상 10년 이하 징역, 사망은 5년 이상 징역 또는 무기징역에 각각 처하도록 처벌을 높였다. 의료기관이 보건복지부령으로 정하는 바에 따라 의료인과 환자 안전을 위한 보안 장비를 설치하고 보안 인력을 배치하도록 하는 내용도 개정안에 담겼다. 이에 정부는 100병상 이상 의료기관에 경찰과 연결된 비상벨을 설치하고, 1명 이상의 보안 인력을 의무적으로 배치하도록 했다. 앞서 2018년 말에는 응급실에서 응급의료 종사자에게 상해를 입혔을 경우 10년 이하 징역 또는 1,000만 원 이상 1억 원 이하 벌금, 중상해는 3년 이상 유기징역, 사망은 5년 이상 징역 또는 무기징역에 처하는 내용으로 응급의료법이 개정된 바 있다.

　의료인의 안전 이슈로 빼놓을 수 없는 것 중 하나가 의료인의 자살 문제이다. 미국과 유럽의 연구 결과는 일반인과 비교해 의사의 자살률이 2배 이상 높다고 보고되고 있다. 국내에서는 아직 의료인 자살에 대한 통계조차 제대로 제시되고 있지 않다. 주로 언론에 보도된 자살 사망은 병·의원의 경영난과 관련이 높았다. 흔히 의료인의 자살률이 높은 이유로 자살 수단 접근성이 쉽다는 것이 주요한 이유로 다루어진다. 생명을 다루는 의료 현장은 스트레스가 적지 않다. 우리나라 자살 사망자는 40-50대에 많고 이들의 자살의 주요인은 경제적 어려움이었다.

---

41. 백경희, 「정신건강의학과 분야의 환자 폭력과 보건의료 종사자 보호에 관한 법적 검토」, 『입법과 정책』 제1월 1호, 국회입법조사처, 2019, pp. 285-301

의료인이 일반인보다 정신 건강 서비스의 접근성이 높을까? 오히려 낮을 수 있다. 따라서 주변의 동료 의료인 및 의대생의 생명과 관련된 자살 문제에 관한 관심을 가져야 할 시점이다.

3. 안전한 의료 환경과 해외 사례

"아무리 성실하고 세심한 의사라 하더라도 언제, 어디서든 부당한 공격이나 악의에 찬 비난, 협박, 소송의 대상이 될 수 있다."[42]

"보건의료인은 진료나 검사, 수술 등 일련의 의료 행위를 수행함에 이어서 불가피하게 환자와 상호작용할 수밖에 없으므로, 그 과정에서 환자로부터 폭력을 당할 가능성이 내재하여있다."[43]

서구에서는 1990년대부터 직장 안전 차원에서 보건의료인의 폭력 피해가 사회문제화되기 시작했다. 이러한 폭력은 부상과 사망과 같은 신체적 손상 외에도 불면증, 우울증, 외상후스트레스장애와 같은 정신 질환을 유발할 수 있다. 또한 장기적으로 의료인의 직업 만족도와 생산성을 저하하고 결근과 소진증후군을 높이며 의료인에게 방어적 태도를 초래하는 것으로 보고된다.[44] 이에 따라 미국 대부분 주에서는 의료인 폭력에 대해 가중 처벌을 법으로 규정하고 있다. 영국에서는 1년간 NHS 근무자의 15%, 정신과 의사의 12.4%가 폭력 피해를 경험한다

---

42. "Assaults upon Medical Men", *JAMA*, 18:399-400, 1892
43. Michelle A. Dressner, "Hospital workers: an assessment of occupational injuries and illnesses" *Monthly Labor Review*, June 2017
44. Phillips, J. P, "Workplace Violence against Health Care Workers in the United States", *The New England Journal of Medicine*, 374(17), pp. 1661-1669, 2016

는 보고 이후 1999년부터 의료진 대상 폭력에 무관용 원칙을 적용하고 있다. 폭력 감소를 위해 의료인 보고도 장려한다. NHS는 경찰, 검찰과 협력하여 피해자가 증거를 제출하고 기소할 수 있도록 가장 빠르고 효과적인 방법으로 지원한다. 치매와 정신질환을 돌보는 의료진에게 폭력 대응 방법을 교육한다. 폭력을 당한 의료진에게 정신 건강 지원 서비스를 신속하게 제공한다.[45] 영국의 보건복지부 장관 매트 핸콕(Mat Hancock)은 다음과 같이 말했다. "우리가 곤경에 처했을 때 NHS 직원들은 목숨을 바쳐 헌신해왔습니다. 그들에 대한 공격이나 폭력은 절대로 용납할 수 없습니다." "NHS 직원들이 안전한 환경에서 안심하고 일할 수 있도록 하는 것이 내 사명입니다." "우리는 이 문제를 부끄럽게 여기고 감추지 않을 것입니다. 기관들의 효과적인 조치와 사법 체계의 일관성 있는 조사를 통해서, 직원들이 폭력 피해를 보고할 수 있도록 격려하고 확신을 줄 것입니다." 실제 1999년 무관용 원칙의 도입 후 영국의 의료인 대상 폭력은 감소해왔고 오히려 보고율은 상승한 것으로 나타났다.

중국에서도 의사 대상 폭력의 증가를 해결하는 방안으로 정부의 건강 분야 투자 확대, 국민의 의료에 대한 이해 증진, 의사의 직업윤리 강화, 부정적인 편견을 조장하는 대중매체의 보도 행태 개선 등이 논의되기도 하였다. 1985년 경제개혁 후 공립 병원에 대한 정부 지원이 삭감되면서 병·의원의 진료 환경이 악화한 점이 투자 확대 필요성의 이유가 되었다. [46]

45. Dhumad, S.,et al, "Violence against psychiatrists by patients: survey in a London mental health trust" *Psychiatric Bulletin*, 31(10), pp. 371-374, 2018
46. Wang, X.-Q., et al, "How to end violence against doctors in China", *The Lancet*, 380(9842), pp. 647-648, 2012

시설 기준에 대한 가이드라인도 제시된다. 미국의 산업안전보건청이 발표한 직장 내 폭력 방지 가이드라인의 보안 경보 시스템 항목의 요구사항에 의하면 개인 알람 장치, 탈출구, 금속 탐지기, 탈출구, 대피실 등 안전을 위한 시스템을 포함하고 있다.[47]

4. 아픈 사람을 나쁜 사람으로 만드는 사회

한국에서 일하다가 2021년부터 캐나다 웨스턴대 슐릭 의과대학 교수로 근무를 시작한 이재헌 교수는 청년의사와의 인터뷰에서 이렇게 전한다. "환자 1명당 진료 시간이 짧아야 수익이 나는 한국과 달리 캐나다 정신과는 최소 20분 이상 진료해야 수익이 나는 구조였다. 초진 환자는 최소 76분은 상담하고 진료해야 의료보험 수가를 받을 수 있다. 정신과 전문의 1명이 하루 진료하는 환자가 10명을 넘지 않는 이유다. 한국 정신과의 경우 환자 1명당 진료 시간은 보통 10-15분이다."[48] 덴마크나 이탈리아와 같은 유럽의 나라들도 정신과 전문의를 만나려면 일차의료를 거쳐도 6주 이상이 소요된다. 대게 전문의 1인이 하루 5-10명을 진료하기 때문이다.

한국의 건강보험 제도는 의료 접근성과 치료 기술 측면에서는 어느 나라보다 빠른 성장을 해왔고 비용 효율적이라 말할 수 있지만, 의료 현장에서 환자와 충분하게 소통하기는 매우 어렵다. 이러한 환경은 환자, 보호자, 그리고 의료진 모두에게 스트레스를 높일 수 있는 환

47. U.S. Department of Labor Occupational Safety and Health Administration, 2016
48. 「캐나다에 가서 깨달은 '한국 대학병원에 오은영 박사 없는 이유?」『청년의사』 2011.11.27

경이다.

또한 의료 시스템에서 환자의 증상 해결에 초점을 두면서 퇴원 후 집으로 돌아갔을 때의 삶에 대한 평가는 이루어지지 않고 있다. 간병 살인으로 재판 중인 김도영(가명) 사건을 다룬 셜록의 기사[49]에 따르면 유일한 소득원이었던 아버지가 뇌출혈로 쓰러진 후 간병비 등 병원비 2천만 원 나왔으나 22세 청년은 이미 월세, 전기세 등 체납으로 경제적으로 위기 상태에 빠진 상황이었다. 병원비는 삼촌의 도움으로 밀리지 않고 겨우 완납하여 병원은 이런 사실조차 알지 못했다. 이러한 일은 서구는 물론 일본에서도 구조적으로 있을 수 없는 일이다. 병원에서 지역 연계가 활성화된 일본은 뇌출혈로 급성기 병원에 입원하면 의료 사회복지사가 퇴원 후 생활 계획을 지자체에 제출해야 한다. 지자체는 뇌출혈이 있는 환자가 집에서 생활할 수 있게 집 구조 변경을 지원하기도 하고 집으로 찾아가는 커뮤니티 케어에 연결하기도 한다. 사보험 천국인 뉴욕에서도 정신질환으로 입원했다가 퇴원하면 퇴원 후 지역사회 치료계획을 주 정부에 제출해야 한다. 이를 제출하지 않으면 5%의 수가를 삭감하기도 한다. 입원 중에 이미 퇴원 후 치료, 주거, 재활 프로그램의 배치가 준비되는 것이다.[50]

뇌출혈이나 중증 정신질환과 같은 질병은 본인과 가족의 삶에 커다란 변화와 스트레스를 초래한다. 증상의 치료뿐만 아니라 그 삶의 다양한 측면에 관한 관심과 서비스가 병원 단계에서 시작되지 않는 상황은 환자 처지에서는 감당할 수 없는 현실이 될 수 있고 분노의 방향이 의

---

49. 박상규, 「누가 아버지를 죽였나」, 『진실탐사그룹 셜록』, 2021.11.6
50. 백종우 등, 「적정치료 서비스 강도 판정을 위한 다면적 평가 도구 개발 및 시범 조사 중 해외 사례 편」, 경희대학교 산학협력단, 보건복지부 정신건강기술개발사업단, 2018.10

료진을 향한다면 역설적으로 의료인도 위험하게 만들 수 있을 것이다.

안전한 진료 환경은 이처럼 우리나라의 의료 현장이 환자 의료진 간의 의사소통을 증진할 수 있는 환경, 환자가 처한 삶의 위기에 포괄적으로 접근할 수 있는 체계로의 변화로부터 시작해야 할 것이다. 물론 폭력에 대한 예방과 대처를 위한 의료인 교육 그리고 신뢰할 수 있는 분위기를 만드는 언론의 노력도 필수적이다.

영국과 같은 무관용 원칙으로도 해결할 수 없는 폭력의 영역은 중증 정신질환과 관련이 있다. 가중 처벌은 이 경우에는 효과가 없을 수밖에 없다. 오히려 고 임세원 교수 사고의 가해자를 비롯해 진주 방화사건, 남양주 사건 등 최근에 발생한 일련의 중증 정신질환에 의한 사고는 모두 방치된 환자에 의해 발생했다.

우리나라가 혈연, 지연, 학연에 기초한 대가족 사회일 때 중증 정신질환에 대한 책임은 가족에게 있었다. 가족과 정신과 의사가 결정하면 안전과 치료를 위한 입원은 항상 가능했고 병원으로의 이송도 가족이 책임져왔다. 그러나 핵가족화된 한국 사회에서 가족 책임제는 작동하고 있지 않다. 임세원 교수의 가해자와 진주 방화사건 안인득 등 피의자의 공통점은 혼자 살고 있었고 보호자는 노모 한 명이었다. 현행법에 이미 있는 응급 입원, 행정 입원도 경찰이나 지자체의 책임하에 작동하지 않았다. 백방으로 입원을 알아본 안인득의 형은 보호 의무자 입원을 시키라는 답변만 반복해서 들었고 이웃이 경찰에 7번 신고했지만 아무런 조치도 이루어지지 않은 상황에서 20명의 사상자가 발생하는 참혹한 결과로 이어졌다. 이러한 사고가 반복되면 조현병에 대한 사회적 인식은 나빠진다. 조현병 포비아라는 표현까지 등장하기도 했다. 편견과 차별이 악화하면 이들은 숨게 되고 방치된 환자에게서 사고가 또 발생

하는 악순환으로 이어질 수밖에 없다. [51]

2016년 대선에서는 치매 국가 책임제가 대통령 선거공약으로 제시된 바 있다. 치매뿐만 아니라 발달장애, 중증 정신질환도 간병 부담이 큰 질환이다. 거기에 중증 정신질환은 급성기엔 자·타해의 위험까지도 있을 수 있다. 이제는 가족의 책임만으로 중증 정신질환을 감당할 수 없다. 잇따른 사고의 피해자는 의료진뿐만 아니라 아무 관련 없는 시민들도 다수 포함되어 있다. 이때 가족이 아니라 국가와 사회가 안전과 치료권을 위한 책임 있는 결정을 행동으로 옮길 수 있어야 한다. 코로나 환자에게만 행정명령이 필요한 것이 아니다. 또한 이들이 지역사회에서 우리의 선량한 이웃으로 살아갈 수 있는 권리를 지역사회 서비스를 통해 제공해야 한다. 이러한 안전을 위한 조치가 작동해야 아픈 사람이 나쁜 사람으로 내몰리지 않고 의료 현장도 더 안전해질 수 있을 것이다.

5. 의대생 정신 건강

세계 어느 나라에서나 코로나 시기 20대와 같은 젊은 세대의 정신건강이 모든 연령대 중 가장 타격이 컸다. 보건복지부와 한국트라우마스트레스학회의 국민 정신건강 실태조사 결과를 포함해 모든 유사한 온라인 설문에서 20대의 우울, 불안, 자살 생각은 모든 연령대 중 가장 높

---

51. 권준수 외, 「조현병 환자의 현황과 적정치료를 위한 제언」, 『한림연구보고서』 137, 대한민국한림원, 2020

왔다.[52] 사실 이러한 경향은 이전부터 시작되었다. 지난 10년간 다른 연령대의 자살은 감소해 왔지만, 청소년과 20대 그리고 여성의 자살은 증가해왔다. 5년간 정신건강의학과를 찾는 20대는 딱 2배 증가하여 다른 연령대를 압도했다. 물론 스스로 치료를 시작하는 비율이 늘었다는 점에서 긍정적인 변화이기도 하지만, 20대 정신 건강은 적신호다.

과거 혈연, 지연, 학연으로 구성된 사회에서는 웬만한 문제는 가족의 힘으로 알아서 해결해 나갈 수 있었다. 2021년 대한민국에서는 41%가 혼자 살고 있다. 누구든 몇 가지 스트레스가 겹쳐서 오면 삶의 위기에 빠질 수 있는 사회다.

이러한 상황에서 의대생도 예외가 아니다. 본과 2학년 때 임상 강의에서 접하는 우울증, 불안증, 불면증이 나에게도 다가올 수 있다. 결코 부끄러운 일도 아니며 나중에 의사로 일하는데 결격 사유도 될 수 없다.

우울증 치료의 최고 전문가였던 고 임세원 교수도 우울증을 앓았다. 우울증 환자들이 "선생님은 몰라요"라고 할 때 "저도 그 병 알아요"라고 이야기했다. 그런데 처음엔 몰랐다고 한다. 남겨진 저서 『죽고 싶은 사람은 없다』엔 그도 처음엔 본인이 우울증에 빠진 것을 인식하지 못했다고 기록한다. 우리는 흔히 첫 번째 화살을 피할 수 없다. 첫 번째 화살은 질병, 사고, 경제적 어려움 같은 고통이다. 그런데 두 번째 화살은 우울, 불안, 비관과 같은 내 마음속에서 일어난 일이다. 두 번째 화살은 선택할 수 있다. 그런데 때로 우리가 두 번째 화살로 우울증에 빠져들면 이를 분리해서 인지하기 어렵다. 실제 고 임세원 교수도 사고로

---

52. 보건복지부, 한국트라우마스트레스학회, 「코로나19 대국민 정신건강 실태조사」, (http://kstss.kr/) 2020년부터 분기별 시행

위장해 자살을 결심하고 차 키를 찾다가 잠든 아이들의 모습에 마음을 돌린다.

고 임세원 교수는 사고가 일어나기 직전 12월 15일에 페이스북에 남긴 글에 나에게 찾아온 분들, 참혹한 경험에서 마음의 병을 얻었던 환자들이 보내온 감사의 편지를 담은 상자가 다 찼다며 새로운 상자를 마련해야겠다는 글을 남겼다.[53] 그리고 본인의 목숨이 위협받는 최악의 순간에서 환자와 동료를 먼저 생각해 행동하고 의사자가 되었고 본인이 희망의 근거가 되었다.

참으로 어렵고 힘든 의대 교육과정과 수련 과정에서 어느 날 마음의 위기가 찾아온다면, 그때 도움을 요청할 용기가 필요하다. 그 용기는 분명 선물을 남긴다. 물론 학교는 쉽게 치료와 도움을 요청할 수 있는 시스템을 만들어야 한다.

필자가 우울증 치료를 긴 시간 모두 끝내고 치료를 종결하는 날 환자분께 꼭 물어보는 질문이 있다. 우울증이 없었으면 좋았겠지만, 우울증 때문에 얻은 것이 있으신가요? 한 분의 예외가 없이 답을 내놓는다.

정말 소중한 사람이 누구인지 알게 되었어요.
이렇게 재미있는 것을 여태 모르고 살았어요.
조금 더 성숙해진 것 같아요.

부러진 뼈가 더 단단해지듯 우리의 삶도 조금 더 단단해질 것이다.

---

53. 『죽고 싶은 사람은 없다』 개정증보판에 해당 내용이 수록되어 있다.

의료인 교육 프로그램과 인권

_신좌섭

◆ 주요 내용

• 의료인 교육 프로그램에서 인권교육의 중요성을 파악하고 인권교육에서 다루어야 할 핵심 내용과 교육과정, 효과적인 학습 방법을 논의한다.

◆ 목표

미래의 의료인으로서
의료인 교육에서 인권 문제를 다루어야 할 당위성을 설명할 수 있다.
의료인이 갖추어야 할 필수적인 인권 역량의 범주를 나열할 수 있다.
의과대학에서 바람직한 인권 교육과정을 설명할 수 있다.
의료인 인권교육의 향후 과제와 발전 방향을 제시할 수 있다.

◆ 글쓴이

신좌섭 서울의대를 졸업하고 동 대학원에서 의료역사학 석사, 한양대학교 사범대학에서 교육공학 박사를 마친 뒤 서울의대 휴먼시스템의학과 교수, 의학교육학 교실 주임 교수로 일하고 있다. 세계보건기구 교육개발협력센터장으로서 개발도상국 보건의료 인적 역량 강화를 위한 개발 협력 사업을 수행하는 한편, 참여적 대화를 조직하고 집단 의사결정을 촉진하는 전문 퍼실리테이터로도 활동하고 있다.
email: hismed1@snu.ac.kr

　의료인 교육에서 인권을 주요 주제로 다루어야 할 이유는 많다. 몇 가지 예를 들자면, 의료인을 찾아오는 환자는 으레 어떤 종류의 의학적 요구를 하고 있기 마련인데 그것이 신체적인 요구든 정신적인 요구든, 환자를 둘러싼 사회적, 경제적, 정치적 환경에서 비롯되는 차별, 빈곤, 학대, 폭력, 방치 등 작위적 혹은 비작위적인 인권침해와 관련되었을 가능성이 있다. 의료인은 환자를 둘러싸고 있는 환경에서 인권침해의 가능성에 민감해야 한다. 또한 우리 사회에는 출신, 성별, 나이, 빈부 격차 등에 따른 건강권의 불평등이 엄연히 존재하고 있다. 의료인은 이들에게 적절한 의료와 돌봄을 제공해야 할뿐더러 이 같은 사회적, 제도적 문제를 해결하기 위해 노력해야 한다.

　환자와 의사의 불평등한 관계도 문제가 된다. 의료인과 환자 사이에는 피할 수 없는 지식의 비대칭성이 존재하는데, 이 때문에 의료인은 의학적 개입의 과정에서 환자의 인권을 침해할 가능성이 있다. 또한 의료인이 몸담은 병원 조직은 한 치의 실수도 용납되지 않는 업무 특성 때문에 전통적으로 위계적이고 권위적인 조직문화를 갖고 있어서 함께 업무를 수행하는 동료 간, 다양한 전문직 간에 암묵적인 위계가 존재한다. 따라서 명시적 혹은 암묵적으로 인권침해가 일어날 가능성이 크다. 이 같은 이유에서 의료인 양성 교육에서 인권은 반드시 다루어져야 할 주제라고 할 수 있다.

그런데도 아직 우리나라에서 의료인을 대상으로 한 인권교육을 온전하게 시행하고 있는 의과대학이나 교육병원은 찾아보기 힘들다. 흔히 인접 영역으로 인식되는 의료윤리나 연구윤리, 프로페셔널리즘 교육이 이십여 년 전부터 널리 받아들여지고 있는데 비해 인권교육이 아직 중요하게 다루어지지 않고 있는 이유는 무엇일까? 이와 관련된 질문들은 다음과 같은 것들일 것이다.

그렇지 않아도 넘쳐나는 교육과정에 인권이라는 주제를 넣을 여유를 확보할 수 있을까? 전문지식과 첨단 기술을 활용해 환자를 잘 치료하면 되는 것이지, 오지랖 넓게 환자의 인권까지 신경 쓸 이유가 있을까? 강의실에서의 윤리나 도덕교육이 별 효과가 없다는 것은 익히 알려진 사실인데, 인권교육을 한다고 해서 뭐가 달라질까? 교육한다면 어떤 내용을 어떤 방식으로 가르쳐야 할까? 세상이 빛의 속도로 변하고 이에 따라 인권의 개념도 끊임없이 달라질 수밖에 없는데, 이 같은 변화에 유연하게 적응하는 교육을 시행하는 것이 가능할까? 오랜 세월 의과대학이나 병원의 위계적, 권위주의적 문화와 업무 환경에서 몸에 익은 습성이 있는데, 이것을 바꾸는 것이 가능할까? 환자에게 최선의 의료를 제공하기 위해서는 업무에 아직 익숙하지 않은 신입자들을 '태움'을 통해서라도 교정해야 하는 것 아닌가? 등.

이번 장에서는 의료인 혹은 미래의 의료인이 의과대학이나 교육병원의 인권교육과 관련해 고민해 볼 만한 다양한 문제의식을 촉발하고, 교육내용과 방법 등 의료인 인권교육 프로그램이 갖추어야 할 요건들을 살펴보는 한편 독자 스스로 인권 감수성을 성찰하고 인권 역량을 개선해나가는 데 도움이 될 만한 사고 틀을 소개하고자 한다.

사례

> 모 대학병원에 근무하는 의사 A씨는 수년 전 전공의 시절, 입대를 앞두고 병원에서 시행하는 인권교육에 참여했는데 정신없이 바쁜 와중에도 내심 '바람직한 일'이라고 생각한 적이 있었다. 3년의 군 생활을 마치고 병원으로 돌아와 보니 인권교육은 여전히 계속되고 있었다. 그러나 뭔가 이상하다는 생각이 들어 병원 돌아가는 상황을 보니, 환자가 처한 사회적 상황이나 인권침해 여부에 대한 감수성은 교육 시행 이전과 다를 바가 없는 것 같았고, 의사-의사, 의사-간호사 등 의료인들의 관계에서도 개선된 것은 거의 없는 것 같았다. 수년간 지속해서 인권교육을 시행한 것은 틀림이 없는데 도대체 어떻게 된 것일까? 궁금증을 해결하고 싶은 A씨는 지난 3년간 무슨 일이 있었는지, 병원에 남아있던 동료들과 대화를 나누어보기로 했다.

1. 의료인 교육 프로그램에서 인권 문제를 다루어야 할 당위성

제2차 세계대전 직후인 1948년 유엔이 채택한 세계인권선언은 인권이 '인류 세계에 자유와 정의, 평화를 실현하는 기초'임을 천명했다.[54]

---

54. Center for the Study of Human Rights, Universal Declaration of Human Rights: Twenty-Five Human Rights Documents, New York, NY: Columbia University Press, 1994

이 선언은 시민권, 참정권, 경제적 권리 등 어떤 종류의 인권침해도 건강에 심각한 위해가 될 수 있다는 것을 밝힌 최초의 공식 문건이라고 할 수 있을 것이다.

인류 역사상 가장 참혹했던, 극단적 인권침해로 얼룩진 전쟁 체험을 토대로 한 국제연합의 당위적 선언에도 불구하고 건강의 필수적 요건으로서 인권 개념이 본격적으로 다루어지기 시작한 것은 1990년대 중반[55,56]으로, 이 무렵부터 개인과 집단의 건강, 국제보건에서 인권의 중요성이 의료전문직 사회에 점차 드러나기 시작하였다. 예를 들어 1999년 세계의사협회는 의료윤리와 인권이 '의료 전문직의 업무와 문화에 필수 불가결한 영역이며', 따라서 '의료윤리와 인권은 의과대학 교육의 필수 과목으로 포함되어야 하고 졸업 후 교육, 평생교육에서도 지속하여야 한다. (이를 위해) 의과대학들은 의료윤리와 인권교육을 수행할 수 있는 역량을 갖춘 교수진을 확보해야 한다'라고 권유한 바 있다.[57] 이것이 의사의 전 생애주기에 걸쳐 인권교육을 시행해야 한다는 최초의 공식 문건이라고 하겠다.

이와 더불어 2000년 유엔은 1966년 채택한 「경제적·사회적·문화적 권리에 관한 국제규약(International Covenant on Economic, Social and Cultural Rights)」 제12조에 덧붙인 주석을 통해, '건강이란 식량권, 주거권, 노동권, 교육권, 존엄한 대우를 받을 권리, 생명권, 차별받지 않을

55. Mann JM, et al, Health and human rights. Health Hum Rights 1: 6-23, 1994
56. Iacopino V, Human rights: health concerns for the twenty-first century. In: Majumdar SK, Rosenfeld LM, Nash DB, Audet AM, eds. Medicine and Health Care Into the Twenty-First Century. Philadelphia: Pennsylvania Academy of Science. pp 376-392, 1995
57. World Medical Association, World Medical Association Resolution on the Inclusion of Medical Ethics and Human Rights in the Curriculum of Medical Schools World-Wide, 1999 (https://www. wma.net/policies-post/wma-resolution-on-the-inclusion-of-medical-ethics-and-human-rights-in-the-curriculum-of-medical-schools-world-wide/)

권리, 평등권, 고문을 당하지 않을 권리, 사생활권, 정보 접근권, 결사의 자유, 집회의 자유, 이동의 자유 등 다양한 측면에서 인권 존중의 결과'[58]라고 하여 건강과 인권의 연관성을 보다 명료하게 밝혔다.

이어서 2011년 유엔은 「인권교육과 훈련에 관한 유엔 선언」을 채택하였다. 선언은 '인권교육과 훈련은 인간의 제반 권리와 근본적 자유를 존중하고 준수하도록 하는 것을 목적으로 하는 모든 종류의 교육, 훈련, 정보제공, 인식 제고와 학습 활동을 의미한다. 인권교육은 사람들에게 지식, 기술, 이해를 제공하고 사람들의 태도와 행동을 변화시킴으로써 인권 존중의 보편적 문화를 구축하고 촉진하는 데 이바지할 수 있는 능력을 갖추도록 함으로써 인권침해와 남용의 예방에 이바지할 수 있다'라고 강조하였다.

또한 이 선언은 인권교육이 인권에 관한 교육, 인권을 통한 교육, 인권을 위한 교육을 담아내야 한다고 하였다. 즉 인권교육은 인권의 규범과 원칙, 가치를 이해하도록 하는 교육(인권에 관한 교육, education about human rights), 교수자와 학습자 모두의 인권을 존중하는 방식의 교수-학습(인권을 통한 교육, education through human rights), 그리고 참가자 스스로 자신의 인권을 향유하고 발휘하며 동시에 타인의 인권을 존중하고 옹호하는 교육(인권을 위한 교육, education for human rights)이어야 한다는 것이다. 이 선언은 인권에 관한 교육이 인권의 원칙에 바탕을 두어야 한다는 점을 부각했다는 의미를 지닌다.

이처럼 의료인 대상 인권교육의 필요성을 깨달아온 역사적 흐름과 더불어 현대 의학의 환원주의적 접근에 대한 반성도 인권교육의 중

---

58. CESCR, General Comment 14 to Article 12 of the International Covenant on Economic, Social and Cultural Rights. United Nations. E/C.12/2000/4, 2000

요성을 인식하게 하는 동력으로 작용하였다. 1977년 엥겔(George L. Engel)이 제안한 생물심리사회(Biopsycho social)모델[59]은 질병과 건강의 사회적 결정요인을 의학적 실천의 영역으로 통합하고자 하였고, 1978년 세계보건기구의 알마아타(Alma-Ata) 선언은 '건강이란 단지 질병이나 장애가 없는 상태가 아니라 신체적, 정신적, 사회적으로 완전한 안녕 상태로서 근본적인 인간의 권리[60]'라고 강조했다. 이와 더불어 1999년 세계보건기구가 도입을 시도한 생물심리사회-영적(Biopsychosocial-Spiritual) 모델 역시 건강의 생물의학적 요인만이 아니라 정신적, 사회적, 영적 결정요인을 부각하는 데 이바지했다고 할 수 있다.

10여 년 전부터 미국을 중심으로 주목받기 시작한 헬스 시스템 과학(Health Systems Science)을 포함하여 21세기 들어 주목받는 의학에 대한 전체론(holism)적 접근 경향은 사회경제, 정치 시스템, 제도, 환경, 테크놀로지 등이 건강과 질병에 미치는 영향을 파악하고, 이것을 개선하기 위해 사회와 제도, 환경, 테크놀로지를 혁신할 수 있는 의학, 의료 전문직 양성을 추구한다는 점에서 의학교육에서 인권의 중요성을 부각하는데 이바지할 것으로 전망된다.

그렇다면 의료법, 의료윤리, 생명윤리 등 관련 영역에 대한 교육과 인권교육은 어떤 연관성을 갖는가? 인권의 원칙은 의료인들의 행동 규범을 다루는 의료법의 토대를 이루고 보건의료에 관련된 정책 개발의 판단 기준이 되며, 인권은 의료인들이 윤리적 결정을 하고 상황 판단을

59. Engel, George L, The need for a new medical model: a challenge for biomedicine. Science. 196 (4286): 129-36, 1977
60. health, which is a state of complete physical, mental and social wellbeing, and not merely the absence of disease or infirmity, is a fundamental human right

하는 사고 틀을 제공한다는 측면에서 서로 밀접한 관계에 놓여있다. 그러나 의료윤리나 생명윤리와는 달리 인권은 국제 규범으로서 모든 국가와 정부 기구, 비정부 활동 기구에도 폭넓은 구속력을 갖는다. '자율성 존중의 원칙, 악행 금지의 원칙, 선행의 원칙, 정의의 원칙'을 핵심으로 하는 생명의료윤리의 원칙이 개별 환자와의 임상적 만남에서 지켜야 할 행위 규범이라고 한다면, 인권은 건강증진과 인간 존엄성 존중을 위한 사회·경제·문화·정치적 조건을 포괄적으로 다루는 보다 넓은 개념이라고 할 수 있다. 요컨대 인권은 넓은 의미에서 건강과 행복한 삶의 조건을 추구하고, 고통을 조장할 수 있는 상황으로부터 인간을 자유롭게 하는 것을 추구한다. 따라서 의료윤리나 생명윤리, 의료법 교육은 인권교육을 대체할 수 없다는 점을 기억해둘 필요가 있다.

의료윤리와 인권교육을 강조한 1999년 세계의사협회 선언을 전후하여 의과대학 의료윤리 교육은 선진국을 중심으로 비교적 빠른 속도로 확산하였다. 그러나 이 같은 선언적 노력에도 불구하고 2009년 미국의 한 조사에 의하면 인권교육을 교육과정(선택과목 포함)에서 다루고 있는 대학은 32%에 불과했다.[61] 우리나라 경우도 사정은 마찬가지여서 한국 의과대학에서 인권교육의 현황을 다룬 문헌은 아직 보지 못했다. 우리나라 의과대학의 교육과정 표준을 제시하고 대학의 교육 프로그램을 인증하는 한국의학교육평가원의 최신 평가 기준인 『ASK 2019』[62]에서도 인권 관련 항목으로는 '2.4.1 의과대학은 의료인문학 교육과정을 적절하게 운영하고 있다'라는 평가 기준 중 의료인문학 개념

61. Cotter LE, et al, "Health and Human Rights Education in U.S. Schools of Medicine and Public Health: Current Status and Future Challenges", PLoS ONE 4(3): e4916, 2009
62. Accreditation Standards of Korean Institute of Medical Education and Evaluation 2019

을 설명하기 위한 각주에 '환자의 권리'가 한 차례 언급되고 있는 정도이다. 우리나라 의과대학에서 인권교육은 의료인문학 교육과정 내에서 부분적으로 혹은 선택과목으로 다루어지고 있는 것으로 파악된다.

이 같은 상황이 벌어지고 있는 이유는 무엇일까? 가장 흔하게 언급되는 이유는 4년이라는 의학 교육과정의 물리적 한계이다. 엄청난 속도로 팽창하는 의학지식을 4년의 교육 기간으로 감당할 수 없다는 주장은 이미 20세기 중반부터 나오기 시작했고 이것은 실제로 누구도 부정할 수 없는 현실이기도 하다. 기초 의학, 임상 의학, 프로페셔널리즘 등 교육과정에 담아내야 할 교육내용은 지금 이 순간에도 빠른 속도로 늘어나고 있다. 그러나 2000년 의약 분업 사태 직후 당시에도 이미 포화 상태였던 의학 교육과정에 환자·의사·사회 혹은 의료인문학 교육과정이 '사회의 요구'를 명분으로 대대적으로 도입되었던 정황을 돌이켜보면, 아직 의사 양성과정에 인권교육을 포함해야 한다는 사회의 압력이 그리 강력하지 않기 때문이라고 해석할 수도 있겠다. 다른 한편 우리 사회에서 인권과 의료가 만나는 주요 접점이 끊임없이, 빠른 속도로 진보, 변천하는 유동성에서도 이유를 찾아볼 수 있겠다. 우리 사회는 일제 강점기, 한국전쟁기, 군부독재 시절 학살, 강제 구금, 고문치사와 같은 국가 폭력이 만연하던 시대를 거쳐 이제는 과거 사소한 일로 여겨졌던 병영 내 구타, 훈육을 명분으로 한 아동 학대, 직장 내 괴롭힘, 성차별 등이 중대 범죄로 여겨지는 시대에 살고 있으며, 이런 현상은 의료 현장에서도 다를 바가 없다. 이같이 급속한 시대적 변화를 의학 교육계가 아직 잘 따라가지 못하는 것도 의학교육에서 인권 문제가 충분히 다루어지지 못하고 있는 이유 중의 하나일 것이다.

2. 의료인이 갖추어야 할 필수적인 인권 역량의 범주

　의료인이 갖추어야 할 필수적인 인권교육의 목표는 인지 영역, 태도와 가치관 영역, 기술과 절차 영역으로 나누어 볼 수 있다. 인권교육이 궁극적으로 목표하는 것은 인권침해를 예방하고 인권을 보호하며, 인권을 더욱 향상하는 역량(competency)이다. 여기서 역량이란 전문직으로서 직무를 수행하는데 필요한 지식, 기술, 태도의 총체이자 지식, 기술, 태도의 조화로운 구현 능력이고, 특정 상황에 직면했을 때 자신이 해결할 수 있는 과제인지, 아닌지를 판단하는 판단 능력까지 포함한다.

　아래 나열된 학습 목표들은 유럽안보협력기구 민주 제도와 인권국(OSCE/ODIHR)의 의료인 인권교육 목표 개발 프로젝트를[63] 통해 만들어진 것을 편집, 변형한 것이다. 한국적 상황을 반영한 목표를 개발하기 위해서는 여러 의과대학 관계자와 현장 경험이 풍부한 전문가들이 참여하는 개발 프로세스를 새로이 조직할 필요가 있다. 인권교육의 보편적 목표는 세계적으로 같다고 간주하더라도 현 단계의 인권 상황, 역사적 문화적 맥락에 맞는 교육 목표로 맞춤화할 필요가 있기 때문이다. 이처럼 국지적 상황에 맞는 자체 개발 프로세스는 매우 중요한 의미가 있다. 방대한 인권교육 내용을 선별하고 우선순위를 부여함으로써 교육의 효과성과 각급 교육 기관의 수용성을 증진할 수 있으며, 학습 목표를 개발하는 과정에 참여한 교수들이 인권교육에 대한 주인 의식과 사명감을 획득할 수 있기 때문이다. 국가인권위원회와 한국의과대학·

---

63. Organization for Security and Co-operation in Europe, Office for Democratic Institutions and Human Rights. Guidelines on Human Right Education for Health Workers. OSCE/ODIHR. 2013을 참고로 하였으나 우리 현실을 고려하여 변형하였다.

의학전문대학원협회 등의 관심이 필요한 시점이다.

1) 인지 영역(cognitive domain)

OSCE/ODIHR 지침에 따르면 인지 영역의 학습 목표들은 (1) 인권의 법률적, 철학적 기초, (2) 건강과 인권의 관계, (3) 평등, 차별 금지, (4) 보건의료 인력의 인권 등으로 구분될 수 있다.

(1) 인권의 법률적, 철학적 기초
- 인간의 천부적 존엄성과 성별, 나이, 인종, 언어, 정치적 신념, 종교, 국적, 빈부, 출생 등에 무관하게 인간의 존엄성을 보호할 필요성
- 시대에 따라 인권 개념이 변천되어온 역사적, 철학적 배경
- 인권의 원칙과 기준을 제시한 주요 선언과 문서
- 인권을 다루고 있는 각종 법률(헌법, 국민건강증진법 등)과 이에 따른 국가 및 민간부문(제약 회사 등)의 책무
- 국제, 국가적 차원의 인권 보호 기구와 역할
- 인권 보호에 있어서 시민사회, 언론의 역할
- 인권침해의 정의, 고정관념이나 편견 등 인권침해의 근본 원인, 인권침해의 신체적 정신적 결과

(2) 건강과 인권의 연계성
- 건강권의 점진적 실현(progressive realization) 개념과 이에 대한 국가의 의무
- 건강과 인권, 의료 접근권, 분배의 정의, 표준 치료, 삶의 질 등에 관한 적절한 교육을 의료 인력에게 제공할 국가의 책무

- 인권 규범과 보건의료 인력 임무의 관계
- 아동과 청소년, 노인, 억류자, 소수 집단, 이주민, 신체·정신적 장애인, 고문 피해자 등 권리를 주장하기 어려운 사람들에 대한 의료 행위에서 법적, 윤리적 판단 기준으로서 인권
- 건강에 영향을 미치는 인권침해를 예방하고 대처하는 데 있어서 의료인의 역할, 불건강이 지역사회에서의 문화·정치 생활, 교육, 고용, 주거를 비롯한 인권에 미치는 영향
- 기후변화, 자연재해, 전쟁, 공해 등 환경 악화가 건강에 미치는 영향
- 폭력, 인신매매 등 인권침해가 피해자의 건강에 미치는 영향
- 인권침해를 예방하고 기록, 보고할 의료인의 법적, 윤리적 의무
- 생명공학 등 테크놀로지에 관련된 인권 문제
- 건강에 관련된 인권침해와 새로이 등장하는 이슈들을 법제화할 정부의 책무
- 전염성 질환의 유행 등으로 개인의 인권과 다른 사회 구성원의 인권이 상충할 경우 인권의 제약이 용인될 수 있는 예외적 상황
- 질병의 국제적 전파 상황에서 인구집단의 전반적 건강의 보호
- 보건정책의 인권 부합성
- 건강권과 건강 관련 권리의 부합성
- 달성 가능한 최고 수준의 건강을 누릴 권리
- 식량, 영양, 주거, 안전한 식수, 위생, 안전하고 건강한 노동조건, 건강한 환경 등 건강의 결정요인들에 대한 권리
- 건강권의 구성 요소: 가용성(보건시설, 물품, 서비스), 접근성(비차별, 물리적 접근성, 경제적 접근성, 정보 접근성), 수용 가능성(의료윤리의 존중, 문화적 적절성, 성별이나 생애주기 요건 충족), 질적 수준(과학적, 의학적으로 적절한 수준)
- 건강권과 여타 인권 영역의 상호 관련성, 상호 의존성

- 환자와 가족, 지역사회 구성원의 권리

- 충분한 정보에 근거한 동의(informed consent)를 포함한 환자의 자기 결정권, 자율성 존중의 원칙

- 인간 대상 연구와 유전공학에 관련된 인권: 특히 취약 집단, 사회적 약자 관련

- 진료 기록에 대한 접근을 포함한 정보권

- 의료 이용에 있어서 품위 있게 존중받을 권리

- 가족계획, 피임, 임신을 포함한 성과 생식에 관련된 권리

- 신체적 통합성의 권리: 고문, 비인간적이고 모멸적인 처우의 금지, 고문이나 신체적 처벌에 의료인 관여 금지, 해로운 전통요법의 시술이나 관여 금지, 신체적 정신적으로 불필요한 고통을 초래하는 의학적 기술의 금지

- 사생활권: 의료 정보의 프라이버시

- 신체의 자유: 환자의 시설 수용 관련

- 통증을 적절히 낮추면서 치료받을 권리

- 장애인의 건강권

- 보건정책 입안 과정에 참여할 권리

- 보건의료 정책의 기획, 실행, 모니터링에서 인권에 근거한 접근

(3) 평등, 차별 금지

- 성별, 나이, 인종, 피부색, 언어, 정치적 신념, 종교, 국적, 빈부, 출생, HIV 같은 감염성 질환이나 만성병에 따른 차별의 금지

- 아동, 청소년, 노인, 억류자, 소수 인종, 망명 신청자, 이주민 등 취약 집단에 대한 차별 금지

- 질병으로 인해 자기 권리를 주장하기 어려운 사람의 보호

- 이주민의 보건의료 접근권 보호

- 신분 증명 등이 갖추어진 경우에만 치료의 연속성을 보장하는 제한의 금지
- 환자가 이해할 수 있는 언어로 정보를 제공
- 모든 상황에서 성 인지적 관점(gender perspective)[64]의 적용

(4) 보건의료 인력의 인권

- 적절하고 우호적이며 안전한 업무 환경
- 노동조합 등 단체를 구성하고 가입할 권리
- 업무로부터 발생하는 대리 외상(vicarious traumatization), 동정심 감퇴 (compassion fatigue) 등을 적절하게 관리하고 치료받을 권리

2) 태도와 가치관 영역(attitude and values domain)

- 자신에 대한 존중, 환자를 비롯하여 보건의료의 영향력 안에 들어와 있는 모든 사람에 대한 존중적 태도
- 환자, 동료, 그 밖의 사람들에 대한 비심판적(non-judgemental), 비차별적(non-discriminatory) 관점
- 성별, 나이, 인종, 피부색, 언어, 정치적 신념, 종교, 국적, 빈부, 출생에 따른 차별 금지 등 다양성을 존중하는 태도
- 전 생애주기에 걸친 여성 건강권을 지지하는 태도
- 아동, 노인의 권리에 대한 감수성
- 자신의 편견과 편향을 자각하고 이를 극복하기 위해 노력하는 자세
- 전문직으로서 역할을 수행할 때 문화적 맥락과 여타 맥락을 이해하는 개방성

---

64. 성 인지적 관점(gender perspective)이란 각종 제도나 정책에 포함된 특정 개념이 특정 성에게 유리하거나 불리하지 않은지, 성 역할 고정관념이 개입되어 있는지 등의 문제를 검토하는 관점을 말한다.

- 다른 인격을 지지하고 존중하는 태도

- 소외된, 사회적 약자집단, 취약 집단에 관한 관심과 연민

- 인권침해로 고통받는 사람들에 대한 연민, 이들을 돕고자 하는 신념

- 진실성(integrity), 독립성(independence), 정직성(honesty)

- 인권을 존중하고 보호하고 증진해야 할 책무자로서 인권 수호의 임무를 책임성 있고 투명하며, 효과적, 효율적으로 수행할 자신감

- 인권침해 상황을 외면하지 않을 뿐만 아니라 인권 존중의 문화를 구축하고 건강 권을 실현하는 데 있어서 개인적으로, 전문직으로 참여하는 리더십

- 인권의 가치와 원칙을 지키기 위해 스스로 성찰하고 피드백을 수용하며 개인과 팀의 수행을 개선하는 자세

- 자신의 업무 범위 안과 밖에 걸쳐서 인권을 보호하고 증진하기 위해 다른 사람들 과 협력을 지향하는 태도

- 공공의 책무성, 환자의 신뢰 증진을 위해 개방적이고 투명한 방식으로 업무를 수 행하는 태도

3) 기술과 절차 영역(skills and procedures)

- 일상적 업무 수행에 있어서 인권 특히 보편적 건강권을 존중하고 보호하는 기술

- 보건 정책과 전략의 기획, 실행, 모니터링에 있어서 인권에 근거한 접근 방법

- 환자를 비롯한 타인과 존중의 의사소통 기술

- 인권 옹호와 건강증진에 이바지하는 자신의 역할에 대한 성찰

- 전문직 업무 환경과 공적 영역에서 일상적으로 인권 향상을 위해 노력

- 자신의 전문직 업무 환경에서 인권에 관련된 이슈를 찾아내고 분석하며, 인권 원 칙을 적용하여 적절한 해결 방안을 창출

- 이주민 등의 법적 지위와 무관하게 의료 접근권을 보장하고 각계각층의 의사결정 권자에게 이 같은 필요성을 제기
- 건강권 침해가 발생했을 때 이를 시정하기 위해 의료시설, 국가인권기구, 법정, 의료 인력 관리기구, 의료전문직 조합 등에 이의제기 절차를 밟거나 이를 안내
- 사회적 맥락에서 발생하는 건강 문제를 인권의 관점에서 인지하고 분석, 이를 시정하기 위한 적절한 과정을 밟음
- 인권과 관련된 정책적 결정을 평가하는 방법
- 다른 보건의료 인력들이 인권 문제를 인지하고 이에 대해 적절한 행동을 취할 수 있도록 교육을 시행
- 인권침해 피해자의 인간적 존엄과 권리를 존중하고 적절한 지원을 제공하며 그들의 안전과 신체적, 정신적 웰빙, 사생활권을 존중
- 환자를 비롯하여 모든 사람에게 건강하고 안전한 환경을 제공
- 이중충성(dual loyalty) 상황에서 돌봄을 필요로 하는 자의 의견을 존중
- 의학 연구 프로젝트의 피험자를 모집하고 연구를 설계하고 실행하는 데 있어서 개인과 지역사회의 권리를 존중
- 개인적, 전문적으로 필요한 인권에 대한 정보를 찾아내고 전파
- 일상 업무를 수행하는 데 있어서 성별, 나이에 민감한 비차별적인 접근
- 인권침해를 당하고 도움을 구하는 사람을 대상으로 교육을 시행하고 시정 요구 절차를 도우며, 적절한 기관에 의뢰
- 자기 자신과 다른 사람들의 인권을 주장
- 인권침해 상황을 발견
- 인권침해를 다루는 상담 구조와 시스템 구축에 기여
- 인권침해에 대한 비밀 상담, 비밀 지원의 안전한 환경을 구축하고 환자들의 접근을 보장하는 기술

3. 의과대학에서 인권 교육과정

인권과 건강의 밀접한 관계를 생각한다면 의과대학에서 인권을 교육 주제로 다루어야 한다는 데 이의를 제기하는 사람은 거의 없을 것이다. 그러나 앞에서도 언급했듯이 의과대학 교육과정은 이미 20세기 중반 무렵부터 반드시 다루어야 할 필수 교육내용으로 넘쳐나고 있다. 새로운 교육 주제를 수용한다는 것은 결코 쉬운 일이 아니며, 당장의 의학적 성과를 창출하는 것과 다소 거리가 있는 교육 주제는 순위에서 밀려날 가능성이 크다. 인권이라는 주제가 교육과정에서 아직 심도 있게 다루어지지 못하는 데에는 이런 이유가 있다고 보아야 할 것이다. 따라서 인권 주제를 교육과정에 도입하는 데에는 다소 전략적 접근이 필요하다. 여기서 전략적 접근의 중요원칙 몇 가지를 제시하고자 한다.

인권이 아직 보편적으로 다루어지지 않는 전반적 경향을 바꾸기 위해서는 변화 이론에 근거한 접근이 필요하다. 변화의 첫 단계(위기의식의 고취와 비전의 창출)로 인권교육을 통해서 무엇이 달라질 수 있는지(비전), 인권교육을 등한시하면 어떤 부정적 결과를 얻게 될지(위기의식: 전문직 집단에 대한 사회적 신뢰의 훼손)에 대한 폭넓은 공감대를 형성하는 것이 중요하다. 다음 단계로는 이 같은 비전과 위기의식을 토대로 인권교육을 실제로 담당할 관계 기관, 교수진의 컨소시엄을 형성하고 앞에서 언급한 바와 같은 표준 학습 목표를 개발하는 프로젝트를 수행할 필요가 있다. 이 같은 프로젝트의 실체적 성과는 '잘 다듬어진 지금, 이곳에 적합한 학습 목표'이며 실존적, 경험적 성과는 '실제 인권교육을 시행할 주체들의 주인의식과 사명감, 효능감'이다. 다음 단계로는 의학 분야에서 수용성이 높은 실험대조군 연구를 통해 교육의 효과성을 검증

하고 프로젝트 결과 보고를 위한 공청회 등을 개최하면 폭넓은 확산이 가능할 것이다.

　다음으로 생각할 것은 교육과정에 어떤 형태로 자리 잡도록 할 것인가이다. 이미 교육내용으로 넘쳐나는 교육과정에 '인권'이라는 명칭이 들어 있는 새로운 독립(stand-alone) 교육 프로그램을 편성하기보다는 '환자·의사·사회'나 '의료인문학', '프로페셔널리즘' 등 기존 교육과정의 일부로 자리 잡도록 하는 유연한 전략이 필요하다. 기존 교육과정 내에서 의료윤리, 법률 등의 교육내용과 연계시켜 통합적으로 교육하는 접근 방식을 택한다면 부드러운 초기 안착(soft landing)이 가능할 것이라는 견해이다. 이런 접근은 교육과정의 팽창에 대한 부담을 줄여줄 수 있다. 예를 들어 의료인문학 교육 등에 많이 활용하는 사례 학습에서 한 사례 안에 '법률, 윤리, 인권'의 주제들이 포함되도록 하는 것이다.

　학습 목표를 필수(need to know) 학습 목표와 권장(nice to know) 학습 목표로 구분하여 필수 학습 목표는 모든 학생에게 가르치고, 권장 학습 목표에 해당하는 것은 선택 과정(의학 연구 과정처럼, 여러 개의 심화 과정을 개설하고 학생이 선택하도록 하는)에 개설하여 관심 있는 학생이 참여하도록 하는 전략도 고려할 수 있다. 이미 몇몇 대학에서 성소수자 인권, 이주민 인권 등에 관한 프로그램 등을 선택 과정에 시범 운영한 사례를 확인할 수 있다.

　다소 이상적 접근이기는 하지만, 학생들의 임상 실습이나 인턴, 레지던트 공통 교육에서 기본적인 인권 개념을 교육한 후 진료 현장에서 접한 인권침해 사례를 수집하고 논의하는 토론 세션을 조직하는 방법도 고려할 수 있을 것이다. 의료윤리교육이 처음 도입되던 시절, 임상 실습 학생들과 인턴, 레지던트로부터 윤리적 딜레마 상황을 수집, 토론하도록 한 몇몇 사례가 있다. 이런 접근은 강의실에서의 이론교육보다 현장성이 높은 실제적 교육 방법으로 큰 효과를 기대할 수 있을 것이며, 평생학습 역량, 성찰적 실천 역량을 배양하는 데에도 도움이 될 것이다.

인권의 법률적, 철학적 기초, 각종 인권선언의 의미 등 관련 이론은 강의를 통해 교육해야 하겠지만, 더 실제적인 교육 방법으로는 토론 학습이 권장된다. 인권과 건강의 문제가 항상 정답이 있는 것이 아니므로, 여러 학습자가 모여 인권침해 사례, 실제 경험자의 증언 등을 놓고 토론을 하다 보면 다른 사람의 견해를 통해 자신의 견해를 보완하고 분석의 깊이를 더할 수 있는 집단지성의 장점을 기대할 수 있다. 물론 이 같은 교육 세션을 효과적으로 운영하기 위해서는 심도 있는 집단 대화를 이끌어갈 수 있는 퍼실리테이션 역량이 필요하다.

토론 학습과 더불어 실제 인권침해 사례를 찾아내서 이것을 분석, 해석하는 이야기나 짧은 영화로 만드는 프로젝트 학습도 고려할만하다. 이 같은 접근은 학습자들의 창의성을 자극하고 동료 간 팀워크를 배양하는 데에도 도움이 된다.

의료인이 인권 옹호에 적극적으로 나선 긍정적 사례를 찾아내고 그 의미를 재해석하여 전파하는 것도 효과적인 방법이다. 1987년 박종철 고문치사 사건 당시 물고문에 의한 사망이라고 증언한 중앙대 오연상 교수와 같은 사례들을 발굴하고, 널리 알려진 장기려 박사, 이태석 신부 등의 사례를 인권 옹호라는 입장에서 재해석하고 의미를 부여하는 것도 고려할 필요가 있다. 마찬가지로 한 의료기관 내에서 인권 옹호의 사례를 발굴하고 이를 롤 모델(role model)로 전파하는 것은 중요한 의미가 있다.

공식 교육과정(formal curriculum)에서 아무리 인권을 강조하고 가르쳐도 비공식 교육과정(informal curriculum), 잠재 교육과정(hidden curriculum)이 다른 방향으로 움직인다면 학습자들은 잠재 교육과정과 비공식 교육과정의 영향을 더 많이 받게 되어 있으며, 잠재 교육과정의 핵심 요소는 롤 모델과 조직문화이기 때문이다.

앞에서 제시한 인권 학습 목표 중에는 지식, 기술 외에도 태도와 가치관에 해당하는 학습 목표들이 있다. 태도와 가치관의 변화가 지식, 기술의 습득에 비해 훨씬 어렵다는 것은 익히 알려진 사실이므로 인권교육에서는 이에 대한 고려가 필요하다. 인권 감수성의 증진, 편견이나 편향의 극복 등 학습자 개인 차원의 근본적 혁신이 요구되는 경우에는 아래 표에 요약된 메지로우(Mezirow)의 전환 학습 이론(transformational learning theory) 등을 고려할 필요가 있다. 물론 이를 위해서는 전환 학습 퍼실리테이션에 훈련된 교수가 필요하다.

변화의 단계	학습자에게 일어나는 일
1. 준비 단계	안전지대, 참여의 자유
	기존 신념에 대항해 보려는 결심
2. 비판적 자기 성찰	기존 가정(assumption)에 의문
	의식의 고양(의식화)
	기존 가정에 도전
3. 전환 학습	가정의 수정
	주변의 지원
	학습자 네트워크 형성
	새로운 행동(필요할 때)

4. 자기 결정권 증대	비판적 자기 성찰
	전환 학습(transformative learning)의 확대
	자율성 개발

의과대학에서 인권 주제를 다루는 경우 의학적 실천 영역에 국한하여 인권 문제를 다루는 편향이 생겨 학습자의 사고가 협소해지고 제한될 가능성을 경계할 필요가 있다. 인권의 원칙은 인공지능의 등장이나 빅 데이터 활용, 코로나 대유행 등 시대와 환경에 따라 끊임없이 변화를 겪을 수밖에 없으므로 학습자들의 사고의 유연성을 기르기 위해서, 인권선언의 전범이라고 할 수 있는 1948년 유엔 세계인권선언과 같은 보편적 원칙을 놓고 각 원칙을 당면한 시대적 상황, 의료와 의학의 맥락에 적용하고 재해석하는 방식의 토론도 고려할만하다.

4. 의료인 대상 인권교육의 향후 과제와 발전 방향

이상에서 의료인 대상 인권교육의 당위성, 교육에서 다루어야 할 인권 역량, 그리고 인권 교육과정과 교육 방법에 대해 살펴보았다.

의과대학의 인권교육이 아직 보편화하지 않은 현 단계에서 가장 시급한 당면과제는 앞에서도 이미 언급한 것처럼 우리나라의 인권 상황, 역사적 문화적 맥락에 맞는 학습 목표를 개발하는 것이다. 이 같은 자체 개발을 통해 방대한 인권교육 내용을 선별하고 우선순위를 부여함으로써 교육의 효과성과 각급 교육 기관의 수용성을 증진할 수 있으며, 학습 목표를 개발하는 과정에 참여한 교수들이 인권교육에 대한 주인 의식과 사명감을 획득할 수 있기 때문이다. 물론 수많은 한국인 의사들이 개발도상국의 의료 발전을 위해 헌신하는 현실에서 '우리나라의 인권 상황'이라고 해서 글로벌 수준의 사고가 필요 없다는 의미는 아니다.

이와 더불어 학습 목표에 따르는 표준 교재가 개발되어야 한다. 표준 교재에는 인권의 원칙 등 기본적 내용과 더불어 인권침해 상황의 예방, 인권침해 상황이 발생했을 때 적법하게 처리하는 절차, 인권침해를 조장하거나 방치하는 제도와 시스템의 혁신 방법 등이 제시되어야 실천적 지식을 전달할 수 있을 것이다.

또한 인권의 원칙은 인공지능의 등장이나 빅 데이터 활용, 코로나 대유행 등 시대와 환경에 따라 끊임없이 변화를 겪을 수밖에 없으므로 기획-설계-시행-평가의 사이클을 통해 끊임없이 새로이 등장하는 환경에 적응하는 유연한 교육을 추구할 필요가 있겠다.

해야 할 일

① 인권 감수성의 제고와 같이 태도와 가치관에 변화를 일으키기 위해서는 비판적 자기 성찰, 학습자 네트워크를 중심으로 한 전환 학습 이론을 활용하자.

② 인권교육을 효과적으로 도입하기 위해서는 조직 전체를 염두에 두고 변화 이론에 근거한 접근을 하자.

③ 전통적으로 환자 안전을 위해 권위적, 위계적 조직문화를 용인해 온 의료계의 특성을 모두 인지하게 하자.

④ 인권교육에서 비공식, 잠재 교육과정의 영향을 심각하게 고려하자.

⑤ 인권침해가 발생했을 때 혹시 시스템적인 문제가 배경에 있지 않

은지 살펴보고 분석하자.

⑥ 인권에 대한 감수성은 세대 간에 차이가 있을 수밖에 없다. 새로운 세대의 인권 감수성을 파악하고자 노력하자.

하지 말아야 할 일

① 우리의 업무 환경이 인권침해에서 벗어난다고 가정하지 말자.

② 의료윤리, 생명윤리, 의료법 교육이 인권교육을 대체할 수 있다고 생각하지 말자.

③ 환자를 돌보아야 하므로 권위적, 위계적이거나 어느 정도의 인권침해는 용납할 수 있다고 생각하지 말자.

④ 교실에서의 공식 교육과정만으로 인권교육이 완성될 수 있다고 생각하지 말자.

⑤ 인권침해가 발생했을 때 개인의 책임으로만 돌리는 태도를 보이지 말자.

질문

1. 인권교육에서 잠재 교육과정(hidden curriculum)이 중요한 이유는 무엇일까? 잠재 교육과정을 강화하기 위해서는 어떤 방법이 가능할지 토론해 보자.

2. 사회경제·정치적 변화, 국제화, 테크놀로지의 발전 등 환경 변화에 따라 인권과 건강권이 위협받는 상황도 끊임없이 변화할 수밖에 없다. 미래의 변화된 사회에서도 인권 문제에 유연하게 대처할 수 있도록 하려면 어떤 교육 방식을 적용해야 할지 토론해 보자.

참고문헌

- Center for the Study of Human Rights, Universal Declaration of Human Rights: Twenty-Five Human Rights Documents, Columbia University Press, 1994
- Cotter LE, et al, "Health and Human Rights Education in U.S. Schools of Medicine and Public Health: Current Status and Future Challenges", *PLoS ONE* 4(3): e4916, 2009
- CESCR, General Comment 14 to Article 12 of the International Covenant on Economic, Social and Cultural Rights. United Nations. E/C.12/2000/4, 2000
- Engel, George L, "The need for a new medical model: a challenge for biomedicine", *Science*, 196 (4286): 129-36, 1977
- Iacopino V, "Human rights: health concerns for the twenty-first century In: Majumdar SK, Rosenfeld LM, Nash DB, Audet AM, eds." Medicine and Health Care Into the Twenty-First Century, Pennsylvania Academy of Science, pp. 376-392, 1995
- Mann JM, et al, Health and human rights. *Health Hum Rights* 1: 6-23, 1994
- Organization for Security and Co-operation in Europe, Office for Democratic Institutions and Human Rights, Guidelines on Human Right Education for Health Workers, OSCE/ODIHR, 2013
- World Medical Association, World Medical Association Resolution on the Inclusion of Medical Ethics and Human Rights in the Curriculum of Medical Schools World-Wide, 1999 (https://www.wma.net/policies-post/wma-resolution-on-the-inclusion-of-medical-ethics-and-human-rights-in-the-curriculum-of-medical-schools-world-wide1)

사단법인 인권의학연구소

- 2009년 설립된 비영리민간단체이다.
- 사회적 약자의 건강권 증진, 인권 피해자의 치유 지원, 인권에 기초한 건강한 사회 실현을 위해 연구, 교육, 의료 지원 활동을 한다.
- 연구 조사 활동으로 군, 수감 시설, 정신병원 등 인권 사각 지대에 대한 인권 상황 실태 조사, 인권에 기초한 정책 제안을 해 왔다.
- 의료 현장에서 환자 인권을 보호하고 인권 피해자의 적절한 의료 지원을 위해 보건 의료인의 인권 의식을 높이는 교육 활동과 우리 사회에 인권의 중요함을 널리 알려 인권 침해가 발생하지 않도록 인권 옹호 활동을 한다.
- 그리고 국가 폭력 피해자 등 인권 피해자의 치유를 위한 다면적 의료 지원 활동을 함께하고 있다.

인권의학 강의

초판 1쇄 발행 2023년 11월 25일
엮은이 인권의학연구소
지은이 이화영 외 13명
펴낸이 이보라
펴낸곳 건강미디어협동조합
등록 2014년 3월 7일 제2014-23호
주소 서울시 중랑구 사가정로49길 53
전화 010-2442-7617 팩스 02-6974-1026
healthmediacoop@gmail.com
값 20,000원
ISBN 979-11-87387-30-5 03300